spot

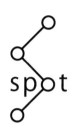

SPOT 25

湯姆生鏡頭下的晚清中國

十九世紀末的中國與中國人影像

Illustrations of China and Its People

本書中文譯文及圖片由 Éditions René Viénet 授權使用。

作者：約翰．湯姆生（ John Thomson）
譯者：葉伶芳
圖片掃描：麥可．葛雷（Michael Gray）
特約編輯：許景理
責任編輯：張雅涵
設計：林育鋒
排版：薛美惠
校對：呂佳真

出版者：英屬蓋曼群島商網路與書股份有限公司臺灣分公司
發行：大塊文化出版股份有限公司
105022臺北市松山區南京東路四段25號11樓
www.locuspublishing.com
TEL：(02)8712-3898　FAX：(02)8712-3897
讀者服務專線：0800-006689
郵撥帳號：18955675　戶名：大塊文化出版股份有限公司
法律顧問：董安丹律師、顧慕堯律師

總經銷：大和書報圖書股份有限公司
地址：248020新北市新莊區五工五路2號
TEL：(02)8990-2588　FAX：(02)2290-1658
製版：瑞豐實業股份有限公司

初版一刷：2020 年 8 月
定價：新臺幣 1200 元
ISBN：978-986-98990-2-4

Printed in Taiwan

國家圖書館出版品預行編目 (CIP) 資料

湯姆生鏡頭下的晚清中國：十九世紀末的中國與中國人影像 / 約翰 . 湯姆生 (John Thomson) 著 ; 葉伶芳譯 . -- 初版 . -- 臺北市 : 網路與書出版 : 大塊文化發行 , 2020.08
632 面 ; 17*23 公分 . -- (Spot ; 25)

譯自 : Illustrations of China and Its People

ISBN 978-986-98990-2-4(平裝)

1. 晚清史 2. 照片集

627.6　　109009448

湯姆生
鏡頭下的
晚清中國

十九世紀末
的中國
與中國人影像

著　約翰·湯姆生
譯　葉伶芳

ILLUSTRATIONS
of
CHINA
and
ITS PEOPLE

JOHN THOMSON,
A Pioneer
of Documentary Photography

第二部

第三部

第四部

導言

約翰・湯姆生的中國與台灣行

針對湯姆生一八六八至一八七二年攝影應用棉膠濕版法之觀察，兼論《湯姆生鏡頭下的晚清中國》運用的珂羅版印刷法

麥可・葛雷（Michael Gray）

「旅行者常常認為，任何人都會攝影，所以這門藝術只要一個下午便能學會，且只有在絕對必要時才需要加以研究。多年來，我不斷嘗試修正這種錯誤觀念，卻徒勞無功。我個人已涉獵這門藝術超過二十五年，仍持續埋頭苦幹，努力追趕科技的腳步；然而，攝影技術進展飛快，我盡力邁步，只能勉強跟上。」——約翰・湯姆生《攝影與探險》（一八九一年）

約翰・湯姆生一邊遊歷中國和台灣，一邊攝影，留下不少棉膠濕版負片，這些收藏極為珍貴無價。這些負片後來被應用在他出版的《湯姆生鏡頭下的晚清中國：十九世紀末的中國與中國人影像》（*Illustrations of China and Its People*，又譯《中

國人與中國影像》）中；這本著作極具影響力，讓西方讀者認識了中國高度發展的文化。湯姆生是個活力充沛、意志堅定的人，才華滿溢又富創新思維；在遠東的十年光陰，使他滿載具有高度美學和專業素質的影像重返歐洲。

玻璃版攝影：棉膠濕版法

要運用棉膠版攝影法，攝影師須將含有碘化鉀的火棉膠跟酒精、乙醚混合溶解成溶液後，倒在玻璃版的正中央，晃動之，使黏稠的乳白液體均勻分布在版面，凝結但不乾燥。緊接著，將玻璃版迅速浸入硝酸銀洗浴，經由所謂的複分解過程，在纖維素膜內形成一層感光的碘化銀。所有的操作步驟（包括顯影）都必須在感光玻璃版仍濕潤時完成。如湯姆生這般水準的攝影師，會運用各種顯影劑，根據曝光當下的狀況以及希望負片呈現的反差程度來謹慎挑選、調整每種顯影劑的配方。

此時，在盡可能不耽誤的情況下，將潮濕的感光版插入暗片中，放置在相機背部，曝光五到三十秒。隨後，攝影師立刻回到暗房帳篷，將玻璃版感光面朝上放入含有硫酸亞鐵或鄰苯三酚顯影溶液的馬來樹膠盤。待影像細節完全顯現後，攝影師會先清洗玻璃版，去除殘留的顯影劑，並以強烈的氰化鉀溶液定影，接著再次洗去所有殘劑。一旦回到一間設備齊全的暗房時，湯姆生便會揀選、準備、運用各式各樣的減薄、加厚及化學反應技巧，把眾多負片影像昇華成一件件卓越的作品。

從某些方面來說，比起世界上第一種在紙上生成正負像的卡羅法，棉膠版法帶來的問題其實更多，尤其是在偏遠地區操作時。首先，紙張非常輕盈，容易攜帶，玻璃版則是笨重又脆弱。其次，棉膠濕版法要求操作者在曝光當下準備／裹覆玻璃版，並且要馬上顯影，因此他必須將化學原料和暗房帳篷帶在身邊，也必須找到乾淨的水清洗玻璃版。

湯姆生在偏遠地區時，極難取得攝影過程所需的基本材料。檢視他拍攝負片所使用的大量玻璃版，就能看出他經常重新切割、使用已經用過的玻璃版。攝影過程對人體很不健康，回想起在自己設計打造的暗房帳篷工作時的光景，他這麼提醒：「即使把帳篷搭在涼爽的樹蔭下，竭盡所能讓室內通風，工作了十分鐘後，快速揮發的化學物質依然會使空氣充滿毒性，尤其是如果從裹覆火棉膠到氰化鉀定影的每一個步驟都在室內完成。」他接著又說：「在這樣充滿化學物質的帳篷內工作一整天後，我覺得自己都可以被用來裹覆玻璃版或印出影像了。」

準備玻璃版負片時，湯姆生建議使用約略等量的酒精和乙醚；液態棉膠層尚未浸入硝酸銀時，酒精可以在棉膠層達到凝膠點前減緩其揮發速率。這樣一來，操作者不僅能迅速完成所有的必要步驟，又不需要匆忙倉促。在極為炎熱潮濕的條件下，他建議：「如非必要，切勿在篷內多停留一秒。可在戶外裹覆棉膠層，接著在使用硫酸亞鐵完成顯影並將玻璃版清洗過後，在戶外使用氰化鉀定影，接著就可以風乾、收好負片，有空時再重新顯影。」

高溫高濕不是唯一的問題。他曾提到在芝罘發生的一件事：「成功拍好一張照片後，我到隔壁的小屋找一瓶水，想清洗負片，但是當我將玻璃版從暗房帳篷拿出來，把水倒在上面時，水馬上就在玻璃版的表面凍結成冰，邊緣凝成小冰柱。阿洪（湯姆生的助理）站在幾乎及膝的雪中，把臉埋在大衣袖子裡，至於水瓶，已經凍成一大塊冰了。雖然遭遇種種困難，我們終究仍得以在一戶友善人家歇息，在炭火堆上解凍玻璃版，再以熱水清洗。」

拍攝負片時，幾乎是沒有辦法控制反差的。因此，攝影師在後續的顯影、穩定和重新顯影階段，必須好好操控。挑選、運用單一或綜合的顯影或加厚劑，是濕版攝影師必備的技能。湯姆生在一八六六年為《英國攝影雜誌》(*British Journal of Photography*) 撰寫了一系列有關攝影過程和工序的文章，文字清楚簡潔，資訊豐富，點出他獨特的攝影技巧。

一九〇七年，湯姆生憶道：「棉膠濕版法這旅伴……在任何冒險旅程都最要求化學與技術精準，每當我行經森林和熱帶叢林時，其缺點就變得顯而易見。」然而，他也大肆稱讚這個方法，說：「我得點出它一個獨特的強項，那就是玻璃版得當場曝光、顯影、完成，所以在拆除帳篷前，便能立判成敗。」此法的主要特點是：「棉膠濕版負片可顯現非常極致精微的細節，呈現絕佳的漸層與印刷品質，是目前已知的所有技法都無法超越的。」直至今日，幾乎沒有人會提出異議，而這也是棉膠濕版法之所以能夠一直延續到一九六〇年代中期的原因。

實際操作

約翰・湯姆生當然受了所處時代和西方教育的影響，但是他這個人同時也極為複雜。他操控棉膠濕版法的老練手法，清楚顯現出他對中國文化和民族的觀察與認識。他對中國社會擁有學術方面的興趣，使他能夠獲得模特兒的信任。許多複雜的社會標準都使中國人忌諱人類形體的再現。例如，湯姆生曾描述過：「如果可以避免，中國人不會願意被拍到側臉或甚至四分之三側臉的照片，因為其肖像一定要展現出兩個眼睛和兩個耳朵，且圓臉必須跟滿月一樣完美。整個身體也必須遵守同樣謹慎的對稱感，臉部也必須盡可能不帶任何陰影。倘若真有陰影，也得左右相等。他們說，陰影不該存在。」威爾康醫學史協會所藏的湯姆生正式人物肖像中，幾乎所有的作品都尊重這些文化考量。他既富有同理心，也很會發揮創意。拜訪柬埔寨時，他拍攝國王，國王首先「……穿著當地的王袍，第二次則是法國陸軍元帥的制服。在拍攝後者時，我記得靴子方面有點問題，因此最後國王陛下向廚師借了一雙來穿。」

然而，有些時候他會決定不拍攝任何照片：「我曾遇過許多懼怕迷信的不幸之人跪倒在地，懇求我不要用致命的鏡頭拍出跟他們神似的影像。這種事在不久的過去也曾發生在我們的國家，人們相信照片是魔鬼的作為。」

我要提及的最後一張照片，再次凸顯攝影師必須將當地的敏感議題列入考量的重要性，否則攝影對象可能會把無心之舉視為邪惡的行徑：「有天早上，我在日出前便起床，想要拍攝一座跨河的古橋。我左思右想，認為這次這麼早起，應該不會遇到城裡的大批群眾。沒想到，橋上竟然有個市集……我才剛現身，拍了一張照片，一群大吼大叫的民眾便衝過來，跑向站在小船附近岸上的我。在各種投擲而來的物品之中，我趕緊解開相機，相機裡面還有未顯影的照片，把設備夾在腋下，然後一邊舉著尖尖的三角鐵架向迅速靠近的凶神惡煞揮舞，一邊退後踩進河水，匆匆忙忙爬上小船。我弄丟了相機的蓋子，明亮的鏡片也潑到河川的泥濘。然而，最後出來的照片很不錯，我也得以誇耀自己使用了三腳架拍攝這座橋梁。」

這種經歷很少見。湯姆生對於中國人的敏感議題似乎隨著時間變得愈發了解、尊重。他留給我們的中國社會影像十分人道且充滿同理心。

湯姆生的作品試圖處理一個非常龐大的主題：中國及其人民。他知道，如此重要的作品會需要同等程度的攝影技術。他的性情和性格正好能幫助他通過層層阻礙，完成有時看起來幾乎是不可能掌握的攝影過程。他清楚地回憶攝影現場的操作流程，憑著個人經驗使文字具權威性，並流露出對於這門「黑暗藝術」的敬意與情感。

湯姆生的中國攝影作品散布、傳播得很廣，有時候運用了各種印刷方式（石版、凸版、雕版），因此不是那麼易於辨識。製圖者和版畫師一直到十九世紀末都還會轉譯、詮釋他的影像。例如，在巴黎國家圖書館的地理學會藏品中，就有一系列寄給地理學家雷克呂斯（Elisée Reclus）的湯姆生攝影作品及註釋，是他著作的出版起源。

約翰・湯姆生四冊巨著《湯姆生鏡頭下的晚清中國：十九世紀末的中國與中國人影像》的印刷歷程

「試圖用照片來說明旅途見聞，是一項新奇的實驗。幾年前，這些照片既容易腐朽又難以複製。但如今這項技藝已進步許多，我們可以用相同的設備來複製多張，並用相同的材料印出來，像是木刻印刷或雕刻法的情況一樣。總之，我對這項任務樂觀以對，也希望我所採取的方式能夠讓其他旅人有所依循，因為這些照片所呈現的忠實影像，能夠讓讀者以最近的距離，來檢視相中的情景。」（取自《湯姆生鏡頭下的晚清中國》第一冊自序內容）

一八五五年，法國攝影師柏德范（Alphonse Poitevin）獲得珂羅版印刷法的英國專利。此印刷法是根據重鉻酸膠質的感光特性發展而來，屬於平版印刷，也就是印刷與非印刷區域之間沒有物理性的區別，但暴露在紫外線之下的膠質層會硬化、呈現網狀，能吸收油墨，而相對應的「負片」區塊則具保水力，因此無法印上油墨。

湯姆生便是運用這種具開創性的新式照片複印技術來印刷、重製他的作品。跟桑普森洛與瑪斯登出版社（Sampson Low, Marston and Company）商討之後，他指示影印公司（Autotype Company）以新近改良的珂羅版印刷法印製「兩百一十八張人物與風景攝影照片」，再插入由奇司威克印刷社（Chiswick Press）印出的描述性文字對照。我們不清楚這份出版品的印刷量，只知今天世界上僅剩不到四十份完整、狀態良好的副本。魏延年（René Viénet）先生所藏之全四冊叢書，不僅保存狀態極為良好，並且顯示主體部分在最早的印刷階段就已進行裝幀。

仔細檢視威爾康基金會所收藏的湯姆生負片與玻璃中間正片，可以證實他在這四冊著作的印刷與製作過程中，確實扮演非常重要的密切監督角色，是過往的攝影師沒有做到的。此點特別值得注意：他對攝影過程和複印藝術兩者的結合具備很深的了解，在當時是無人可比、前所未有的。

先前，湯姆生已經出版過《柬埔寨的古蹟》（*The Antiquities of Cambodia*）和《福州與閩江》（*FooChow and the River Min*）這兩部重量級著作，同樣是以自己的攝影作品做為插圖。前者附有十六張蛋清印刷圖片，後者則有八十張碳版印刷圖片，全都是來自原始的玻璃版負片。珂羅版比先前這兩種方法還要好的原因是，它可以提升出版品的印刷量，遠遠超出當初的市場所能負荷的程度。

仔細檢視一張珂羅版，就能看出這種印刷法的細密網狀特色。這是為了精準複製漸層色調所必須運用的結構，可以印出最深的陰影和最亮的區域。

1| 珂羅版印刷（葛雷收藏）

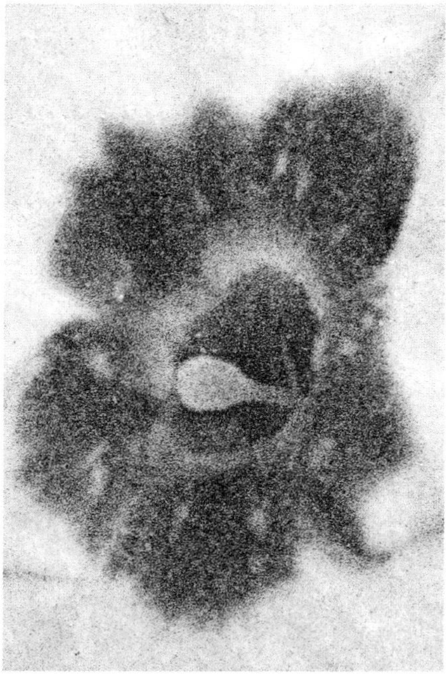

3| 珂羅版印刷法的特色網粒結構（葛雷收藏）

2| 珂羅版的報春花影像，可由圖 3 看出此印刷法的特色網粒結構（葛雷收藏）

4| 以珂羅版印刷法印製而成的明信片（葛雷收藏）

參考資料

Thomson, John: *Illustrations of China and Its People. A Series of Two Hundred Photographs, with Letterpress Descriptive of the Places and People Represented.* London: Sampson Low and Marston, 1873-1874.

Thomson, John: *Photography and Exploration: Proceedings of the Royal Geographical Society and Monthly Record of Geography New Monthly Series*, Vol. 13, No. 11 (Nov. 1891), pp. 669-675. The Royal Geographical Society (with the Institute of British Geographers).

Thomson, John: *Through China with a Camera.* Westminster: A. Constable & Co., 1898.

Ovenden, Richard. *John Thomson: Photographer* / and a Chapter by Michael Gray on Specialist Photographic Printing, The Stationery Office Limited, Edinburgh 1997.

White, Stephen. *John Thomson : A Window to the Orient.* Albuquerque: University of New Mexico Press, 1989.

Sara Stevenson & A. D. Morrison-Low, *Scottish Photography: The First Thirty Years.* Edinburgh: National Museums Scotland Enterprises, in press.

誌謝

Kristine Baril, Bibliothéque nationale, Paris; John Falconer, The British Library, London; Dr. Sara Stevenson, Edinburgh, MacDermid-Autotype, Wantage UK; West Ealing Archives, London.

自序

本書的設計，是希望透過一系列有關中國及其子民的照片，以對中國各省所盛行的藝術、習俗及風土人情，傳達一個精確的印象。為了達成這個目的，相機成了我旅途上的忠實伙伴，多虧它為我的途中所見以及所接觸到的不同民族，留下忠實的影像。

凡熟悉中國人和他們根深蒂固的迷信，就會知道，要執行這個任務所牽涉到的困難和危險。有些地方，人們壓根沒見過白種人。識字階層則相信，世人應小心避開各種邪靈，其中最應極力迴避的，莫過於「蕃鬼」或「洋鬼子」。他們化為人形，出沒人間只圖己利。他們藉助神奇視力，得以透視天地間的隱秘財寶。我因而被冠上不祥風水師之名，我的相機也被視為巫術的法器。加上我用自然或超自然的方法所造就的非凡眼力，賦予我看穿岩石和山巒的能力，可以洞察當地人的靈魂，並以巫術製造出神奇的圖片，它同時會令相中人元氣大傷，並很快一命嗚呼。

由於攝影被視為必死的徵兆，我很難拍攝到孩童。在這個百善孝為先的國度，說來奇怪，子女竟然帶著他們年邁的父母，來到那神秘靜默、致人於死的相機之前。對於人像攝影，我付給當事人的微薄小錢，或許可以幫他們買一口棺木。這份禮物會被人鄭重地搬運到老者的家中，等待老人西歸之日，讓為兒的用來光耀往生者的遺體。讀者不要以為我在說笑，在中國，用體面的喪禮來榮耀先人的觀念已經極端至此，以致父母認為孩子獻上一口清涼舒適的棺木，是表達孝心，也是人子所應為。

中國人的迷信，正如我前面提到的，讓我飽受猜疑。人們不只一次地朝我扔石頭，或是用其他各種粗暴的方式對待我。而且，愈是在那些大城市，對外國人的憎恨表現得愈是明顯。在很多鄉村地區，不管是與歐洲人有來往的地方官員，還是那些因與西方的交流而受益匪淺的普通民眾，都向我展示了他們的友好，給予我這個外國人最真誠的款待。試圖用照片來說明旅途見聞，是一項新奇的實驗。幾年前，這些照片既容易腐朽又難以複製。但如今這項技藝已進步許多，我們可以用相同的設備來複製多張，並用相同的材料印出來，像是木刻印刷或雕刻法的情況一樣。總之，我對這項任務樂觀以對，也希望我所採取的方式能夠讓其他旅人有所依循，因為這些照片所呈現的忠實影像，能夠讓讀者以最近的距離，來檢視相中的情景。

圖片所搭配的文字，可以為這些照片提供有趣而清晰的內容，而這些資訊的來源都非常可靠，有一些是我拍攝之時所取得，或是我旅居中國將近五年期間所做的筆記。

我盡可能依自然順序或旅途的先後來整理這些筆記與照片，我的足跡則粗估大約有四千到五千哩之譜。

我將從英國殖民地香港說起。這裡一度被稱為歐洲人的墳場，然而今日香港以其維多利亞城金碧輝煌的公共建築、公園與花園、碼頭、工廠、電報機，及汽船隊伍，或可稱為東方文明新時代的誕生地。接著我將循珠江前往廣州，對外國人而言，該城比其他城市更富歷史趣味，因為這裡正是他們早期試圖在中國尋找一個立足點的基地。

接著我將前往福爾摩沙，一個有著熱帶繁茂景象與宏偉山勢的島嶼，早期葡萄牙水手稱它為「美麗之島」（Isla Formosa）一點也不為過。在台灣，熱蘭遮城的古碉堡遺址既奇特又有趣，國姓爺鄭成功就是從這個要塞驅逐了荷蘭人。他們有些人據稱向原住民尋求庇護，這些原住民如今還保有荷蘭人的文書，並延續著他們仁心的紅毛弟兄的行事作風。這個島嶼日趨重要，主要是開放港口所發展出來的貿易與日俱增，也因它是中國重要的煤礦場之一，而注定在未來扮演重要的角色。

越過海峽回到大陸，我會走訪汕頭與潮州府，兩地以優質蔗糖和稻米聞名，其氏族紛爭與村莊械鬥也讓人不禁想起蘇格蘭的封建時期。

然後我會北上廈門。這是外國人最早到訪的港口之一，一波波移民浪潮從這個福建省的港口湧向麻六甲海峽和美洲，這裡的人民也是最後屈服於滿清統治的一群。福建境內的高山景觀隨處可見，閩江沿岸也不乏大山景致。靠著這條河流，每年七千萬磅的茶葉得以被運送到福州的市場。

再順著這條路線往北走，我接著會帶讀者到上海，它是中國最大的通商口岸，短短幾年，外國人的社區在吳淞江畔迅速建立，它占地如此遼闊，會讓訪客誤以為他一轉眼來到了英國的港口——那擁擠的船運、碼頭、倉庫、棧橋、堤岸、貴氣豪華的建築、街上人車喧囂、川流不息的光滑馬路，以及河岸邊那些展示外國人優雅品味的花園，都會令人有此錯覺。但只要走出社區，看到當地人擁擠不堪的住所，錯覺就會幻滅，彷彿它們被迫往後退，好讓路給這個較高尚的文明在它們中間築起的城市。離開上海，我會去寧波及雪竇山，這是上海人最喜歡的春遊勝地，這時剛好有萬紫千紅的杜鵑花、山景、大小瀑布；然後去揚子江，途中會拜訪一些通商口岸以及古都南京，並穿過揚子江上游峽谷的奇特景觀，一路遠達夔州府。最後的旅程會到芝罘、北河、天津和北京，城中那些非凡無比的古蹟、宮殿、寺廟、觀象台、這座龐大首都的不同種族、圓明園的遺址和明陵，也都會一併呈現給讀者。接著我會帶大家到南口隘口，然後在長城畫上休止符。

註釋

1 本書原版四冊所列之照片為分冊編號，繁體中文版為求圖文對照理解通暢，故將所有照片重新編號。

第一部

恭親王

恭親王年約四十，是西元一八二〇年到一八五〇年統治中國的道光皇帝的第六個兒子，是已故皇帝咸豐的弟弟，也是當今同治皇帝的叔叔。一八六〇年之前，他在朝廷之外還鮮為人知，然而當皇帝從圓明園出奔，是他出面與英法聯軍議和。他主掌數個高層文職和武職，其中最重要的是軍機處大臣，該處集合數個部會，幾乎等於我國的內閣。其人聰敏，察納雅言，而且觀點較為開放，是中國朝廷一小撮開明派政治人物的領袖。

有別於他的各種官職，一如他的頭銜所示，恭親王是皇室位階最高的貴族成員。為了避免誤解，容我稍作解釋。源自中國最古老的時代，有功之人可以受封五種等級的榮銜，而此一頭銜只傳給男性子嗣，但也必須重新敕封，後者才能繼承。即便如此，繼承人所繼承的頭銜會比被繼承者低一級。用我們的體制來說，公爵的爵位在五代之後，就會縮減成從男爵。

5| 恭親王

這個統治中國的滿清家族，或者說得更正確一點，這些皇室成員，他們所擁有的頭銜超過十八個。一如上面談到的古老襲爵方式，頭銜會逐步喪失，除了少數一些情況特殊而能確保該頭銜永久承襲。

恭親王是於一八六五年取得世襲罔替的榮譽，也就是永久世襲而不會降階。

香港

珠江口北端有一群島嶼，其中一個就是香港，它長約十哩，寬四哩半，屬於火成岩地形。其中央有一條東西向的岩成山脊，主要是花崗岩，而形成一連串的鋸齒狀山峰，最高峰達海拔一千九百呎。遠遠看去，香港與周遭島嶼的不同之處在於它的粗線條輪廓，而且山峰較高。它們在許多方面的鮮明對照，恍如蘇格蘭的阿蘭島（Arran）與布特島（Bute）。它的花崗岩層在某些地方已經呈現崩解狀態；但大片的堅硬石塊仍然可見，它被用來建築碉堡、碼頭及維多利亞城。

該城位於香港島的北端，在一座名為維多利亞山的山坡上，面對大陸地區的英屬九龍。九龍海岸與香港島的北岸共同組成了全世界最優的港口之一，占地六哩長、二哩寬，可供最大船隻安全停泊，下頁前面的景觀就是從東角怡和洋行的宅第所拍，最前方就是黃泥涌（又稱跑馬地）的入口，這裡以美麗山景、跑馬場及歐洲人的墓園聞名。左邊的高處是摩理臣山，山上有眾多外僑住宅，坐擁港口壯闊的視野。

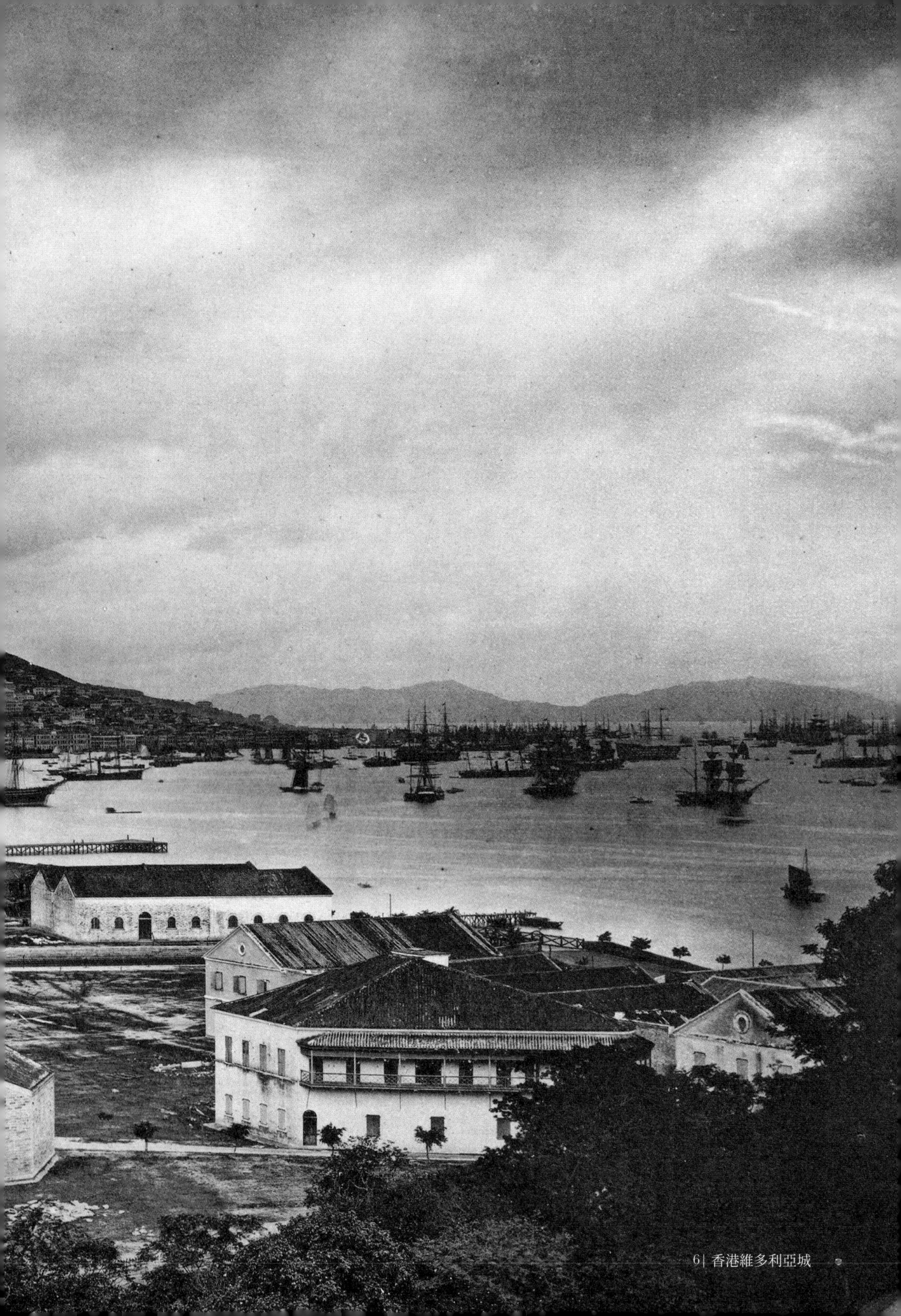

6| 香港維多利亞城

維多利亞城有一長排的碼頭、倉庫、公共建築、及優美的私人宅第，整個坐落在山腰上。當山頂籠罩在形狀奇特的朵朵白雲之下，一支支聳立在船隻上的桅杆就像維多利亞岬角上的森林，讀者可以想見我們在香港的貿易有多繁忙。一八四二年的《南京條約》將香港島割讓給英國，並在一八四三年四月五日正式成為英國的殖民地。

在此之前，香港是個不毛之地，與現今周遭的島嶼一樣無趣。在英國插旗之前，這裡只有幾個不知名的小漁村，過著頗為富庶的生活。只有一種古老特權的喪失，令這些島民深感惋惜。不過區區二十五年前，這些裝扮祥和的漁民碰到機會來臨，也會幹一點海盜的勾當。他們性好海上劫掠，即便殖民法律針對此罪施以嚴厲刑罰，也無法完全根除這種惡行。時至今日，香港或附近港口的海盜行為雖然少了很多，依然時有所聞。下面這段紀錄在早期的香港並不罕見，但令人欣慰的是，這種情事今日已經不多見。紀錄寫著：「一八四六年三月，一大群海盜約有八十人，在石排灣大肆劫掠。」[1]石排灣如今名為亞伯丁（Aberdeen），以擁有一個大型碼頭為豪。「一八五四年四月二十五日，警方與一群搶匪在石排灣激烈交鋒，好幾個匪徒遭到射殺。」[2]「一八五六年十一月一日至一八五七年一月十五日之間，香港水域發生二十二件海盜案。」[3]

一八五七年一月十五日，一群中國麵包師傅在麵包裡摻了砒霜，意圖毒死整個外僑圈。如果當時砒霜少放一點，這個大慘劇也許就發生了。但這些毒藥的出現很容易被察覺，相關單位立刻出動人馬，因而及時阻止許多人吃下麵包。這些麵包師傅無疑是被某些更有力的勢力所賄賂，但我們相信，這些犯行者就算遭到法辦，也只有少數。除了上述這些犯罪紀錄，花崗岩散發的瘴癘之氣所引起的熱病，也趕走了大量外國人。在維多利亞城建立之時，這些崩解的花崗岩還大量裸露在外。就此，我們必須承認香港被稱為「歐洲人的墳場」，絕非空穴來風。

過去二十五年間，香港和當地民眾這兩者都有長足的進步，一座輝煌的城鎮如今佇立在荒涼的岩石上面，山丘覆蓋著綠樹，不僅增添了它如畫般的美景，也有助於淨化空氣，改善居民的健康。由於警政制度日趨完備，當地富人和仕紳也樂意協助維護治安，人民的品德操守也有所提升，雖然不是這麼顯著。

島上擾民的流氓幫派也正在迅速消失，雖然在海盜及暗殺之外，警方還須與其他罪惡辛苦奮戰。法律的嚇阻還不足以降低僕人和其他雇傭的偷竊行為與順手牽羊；法庭上的偽證也屢見不鮮，主要是中國的低下階層認為說謊可以幫助朋友脫罪，在庭上說真話則會害到朋友。在英國的統治下，香港人口從一八四一年的七千四百五十人增加到一八六五年人口普查報告所得出的十二萬五千五百零四人。[4]外國社區的居民估計超過二千人，主要是歐洲人和美國人，在當地出生的只有少數，如果有的話。他們主要從事貿易，而且只有在香港住得夠久，累積到足夠的能力，才能讓他們返回家園安享退休生活。眼前的商業活動和競爭日益激烈，即使只是為了累積一點財富，延長在香港的居留也變得有必要。愈是如此，各種不同路線的輪船使得交通運輸更加便利，返鄉之旅不再那麼昂貴，也快了許多，方便那些有能力支付的人可以經常返鄉。

註釋

1 *Treaty Ports of China and Japan*, p. 60.

2 出處同前，頁六八。

3 出處同前，頁七三。

4 出處同前，頁一七。

香港港口

這是一八六九年愛丁堡公爵造訪香港時所拍的照片，畫面裡，「蓋拉提亞號」（Galatea）停泊在必打碼頭。熟悉此地的人，一定很快認出，在九龍那一邊，有一排廣為人知的山丘護衛著港灣；而那些迎接公爵到訪的人，也一定很難忘記港口當時的景象。各國船隻爭奇鬥豔，排成長龍的商船守護著港口。上千艘當地船隻結掛各種彩飾，黑壓壓的船民或是在甲板上萬頭攢動，或是成群倚在桅杆船索上面，碼頭和登岸平台也滿布黃臉人海，為的是爭睹這位偉大的英國王子的到訪。對於某些人的失望之情，我也難以忘懷。當他們發現王子不過是凡人，畢竟王子只身穿簡單的船長制服，而非帝王紫袍或綾羅綢緞，也沒有什麼襯托皇家身分的神秘標誌。和我們不同的是，他們的皇帝是太陽的手足，是月亮的至親，凡人看見帝王光芒四射的龍顏，必死無疑。

這港口雖然被大陸及香港的山丘及附近的島嶼所防護，冬季卻經常遭到來自南中國海的颱風所摧殘。在颱風季節裡，為數大約三萬的船民細心研判天候的徵兆，

可以精確掌握風暴的來襲。他們通常是藉由天候的觀察，加上港內船長們所掌握的氣壓變化資料，來修改他們的預測。一旦他們認為颱風將至，所有的船隻和船民會集體越過港口躲進九龍灣，直到颱風過境。港口四周的景色頗為優美，冬天附近的島上有多處宜人的野外聚餐場所，特別是青洲和昂船洲，以及那些豐富九龍地貌的碧綠山丘和肥沃溪谷。

一頂香港的轎子

香港沒有出租馬車，轎子是唯一的公共運輸工具。對於這種取代家鄉有輪車輛的交通工具，初來乍到的外國人都有點不敢恭維。總有那麼一段時期，他們對這些把他扛在肩上的可憐人，有一種同情之心。但這種心情很快就會消散，畢竟在這種令人不舒服的氣候下勞累了一整天，他需要休息。何況那些為了替他服務以便賺取工資的結實轎夫，他們的臉孔歡欣愉悅，全然不顧顏面地喧嚷擾攘，為的只是要爭取他定期的惠顧。

所有的飯店和主要幹道的角落，都可以找到轎子招呼站，碼頭亦然，在這裡，一群樂於效命的轎夫會撲向每一個剛上岸的外國人。轎夫們會將轎子打理得乾淨美觀來爭取顧客，還不忘展示其陽剛健碩的體魄，好讓顧客們不用擔心行轎於那些又陡又彎的街道，或是蜿蜒於山丘上的熾熱小徑。他們碰到水手就喊「Jack」（傑克），碰到衣著體面的外國人就喊「Captain」（船長）。簡單是他們的嗜好。大半年裡，他們居無定所，通常找個便於早起營生的地方席地而睡，並在路邊攤打理三餐，假如他們想偷閒玩樂幾天，也可以輕易找到替換者。

公共轎子需要執照，轎上會有一張印好的價目表，從十分錢起跳，最高一天兩元。中國使用轎子的歷史悠久，今天在中國各地，它是文官行頭的重要配備，官階愈高，轎夫愈多，轎後的隨扈也愈多。武將不許搭轎，假如他們不想走路，可以騎馬。

在內地的一些地方，例如寧波附近那些山區的鄉下，用來爬升山丘的轎椅體型較輕巧，那是一張綁在兩根竹竿上的藤椅，椅子還用兩條繩索吊掛一塊窄板，好讓乘客放腳。

最重要的椅轎是新娘轎，它裝飾華麗並貼以金箔，還垂以紅色絲簾，好在大婚之日遮蓋裡頭那含羞美人，以防閒雜人等的窺視。新娘轎及其相關的喜氣行頭，都是向商家租來。

8| 香港的轎子

一位中國學童

香港各地早就設有公立學校供當地小孩讀書，連同各基督教傳教團體所設立的教育機構，共容納了約兩千名學童，他們受普通英語教育，以便能投身一些工作，像是通譯、買辦、會計或職員。這些受過教育的中國人在我們的政府或商業部門所擔當的工作，都是我們歐洲人所無法勝任的。這些中國人熟稔當地人的語言和習性，而外國人並不具備這種能力。但他們對英文的嫻熟程度，還不足以讓他們晉升到比那些謹慎又勤奮的謄寫員或會計更高的職位。然而，他們熟悉我國的會計方法，又對他們家鄉的制度瞭若指掌，使得他們在我國商圈裡具有無比重要的價值。

我聽過有人大力讚揚中國學童的用功和資質，這些人都有在此地指導外籍學童和本地學童並肩就讀的經驗；而我確信，雖然中國勞方在學習外語及外國人的思考習慣上居於劣勢，但是他們的學習能力卓越，有朝一日必能與他的歐洲對手並駕齊驅。

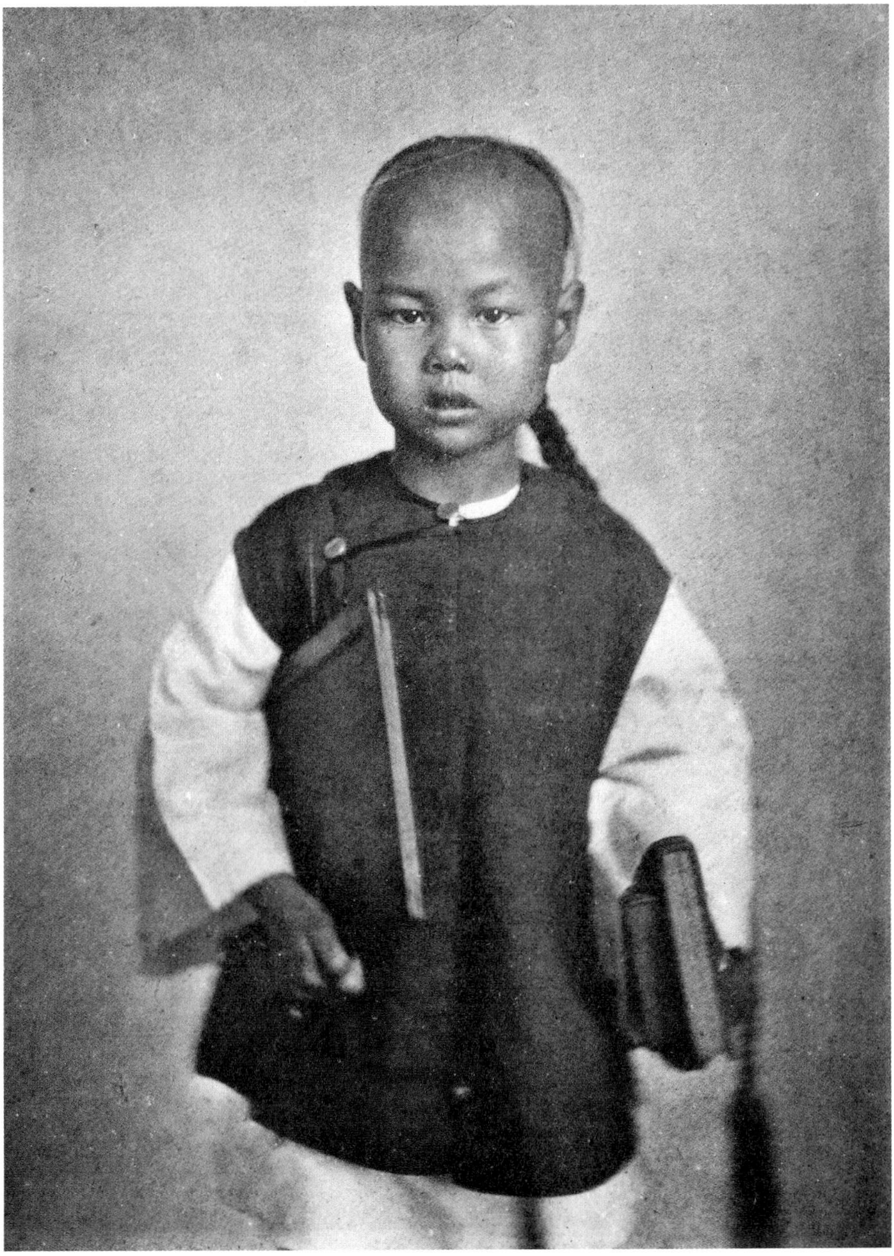

9| 中國學童

中國各地有一些政府所成立的學校，由外籍及本地師資教授外語與科學，其中最重要的是由丁韙良博士[1]所領導的北京同文館。福州也有一所大規模的船政學堂，在這裡，學員必須學習軍艦的建造、工程學、機械學及航海學。在這所學校裡，理論的訓練被簡化成按國外最受認可的模式建造輪船以及航海相關實務的操作。

註釋

1 譯註：Dr. Martin，即美籍傳教士William Alexander Parsons Martin。

一位中國女孩

中國家庭的女子教育是在家裡進行。她們嚴禁外出，過著與世隔絕的生活，其所造成的結果是，中國歷史上極少有女子在文學的領域成就斐然。中國上層階級的婦女所接受的教育，也僅夠粗淺認識她們本國的文學，她們的言談舉止也必須嚴守禮教，以合乎她們做為有學養的男士妻女的身分。在一些情況下，她們被教導以各種優雅的才藝，例如彈奏古琴，以便在老爺的閒暇時刻，彈上一曲，為老爺助興。但她們最汲汲學習的技能，還是梳妝打扮之學的奧秘，也就是如何塗抹得濃淡合宜，最後再於上唇點上亮眼朱砂；如何在秀髮插上翠鳥羽毛或別上珍珠髮飾；如何優雅地移動她們的三寸金蓮；如何坐下而不弄皺她們的絲綢彩緞。低下階層的婦女除了做家事，或者承受更多繁重的工作，或者與男人一起下田，鮮有受教育的機會。採茶和養蠶也是婦女的職責。由於她們被訓練出嚴守勤勞與節儉的習慣，這樣的教育還算合乎她們低下的身分。

10| 中國女孩

一位香港畫家

林呱是一位香港的藝術工作者，是錢納利[1]的學生。後者是知名外國藝術家，一八五二年卒於澳門。林呱創作了不少卓越的油畫，香港和廣州還有人在複製他的作品。假如他出生於其他任何國家，他必定是某種繪畫流派的開創者。在中國，他的徒子徒孫抓不住他作品的精髓，他們費盡心力地模仿林呱或錢納利的作品或任何其他東西，只因他們必須在一定的時間內，依每平方呎畫作的價格完成被交付的工作。香港有一些在此建立字號的畫師，但他們全都從事相同種類的繪畫，收費也大致相同，依畫布的大小而定。這類畫匠的工作主要是將照片放大。每個畫坊都雇用一名業務員，他帶著樣畫在碼頭的船舶上拉客，以在外籍水手裡面找到很多現成的顧客。這些水手拚命討價還價，以讓畫師把瑪麗或蘇珊的照片畫得愈大愈好，價錢愈低愈好，而且必須在船隻出海前大約二十四小時內裱好框送來。

畫師們的分工如下：學徒只畫身體和手，面容部分則由師父操刀，因此畫作可以在很迅速的時間內完成。畫師可以自由揮灑漂亮的顏色，因而傑克的夢幻美人有

11| 香港畫家

時會穿上天藍色的洋裝，戴上一條很粗的金鍊子或其他各式珠寶。假如畫得好，鮮豔的色彩也都塗抹得宜，它們應該是很不錯的藝術作品。但那些因攝影技術不佳而遭到扭曲的部分，也隨著畫作而被放大。這些畫師最好的作品是外籍和本地船隻的照片，這些船隻畫得真好。為了放大照片的圖像，他們先在帆布上畫出一格格方塊，再根據較小的原作複製影像。香港和廣州的纖筆畫師也做象牙畫，其精緻程度與印度最上乘的當地象牙畫家無分軒輊，也可以和我國舊日的纖筆畫作相提並論，而這纖筆畫如今大部分已被攝影所取代。

我會在本書隨後的部分為大家介紹中國的藝術及其工作者。

註釋

1 譯註：即英國畫家George Chinnery（1774-1852）。

香港的鐘樓

香港的鐘樓是羅林斯氏（Mr. Rawlings）於一八六一年所設計，這建築並為該城生色不少。上頭的大鐘只要妥善調校，其所提供的服務並不容抹殺。總之，受制於當地的氣候，它容易出現毛病，在最糟糕的季節停擺，彷彿無法承受當地的酷熱。鐘樓的矗立也有利於港口，它發光的鐘盤指引黑暗中航行的掌舵員駛進必打碼頭。從碼頭到鐘樓的街道聳立著好幾座這殖民地最老的建築。在圖12的右側，我們看見最近才進駐的亨特洋行（Messrs. Hunt and Co.）的所在。前方靠左看到的是甸特洋行（Messrs. Dent）的西翼，這棟宮殿似的建築是該洋行在這個社區商業最興盛的時期所建。這棟雄偉的建築目前由三家不同商號所進駐。在它的左邊，最靠近的是香港大酒店，是仿倫敦大型酒店的形式所蓋。它的規模大到超過當地所需，因此還沒法向股東證明是獲利豐厚的事業。目前它由一位中國人承租營運，只雇用了中國廚子和服務生。飯店的管理不錯，也挺舒適。對一個訪客來說，偌大的用餐大廳呈現一種生動有趣的場景，而在稍後的經驗中，他會發現布置完美而收費不貴。那些本土服務生不管是在敏捷度和禮貌上面，都表現良好，身上的薄絲或亞麻長袍都潔白無瑕，連用來與人應對的洋涇濱英文都很流利；總之，這種混合語只有他們當地人才聽得懂。年輕一點的服務生英文口音純正，他們可以流利地讀、寫及計數，畢竟他們大部分出身公立學校。

右邊包頭巾的是一名印度警察，有一段時間他們在警政部門大約有三百名。他們現在逐步被徵調到印度，而以歐洲人及西印度群島的黑人取代之。這些印度警察的作用純粹是裝飾性的，事實證明他們在維持中國人的秩序方面作用不大。除了一、兩個表現出色的，他們既不會說英文，更遑論中國語言。另外，有一、兩個轎夫看起來正在等待乘客上門，由於這些人為本地及外僑圈提供重要的交通服務，我打算在另一個篇章提供讀者更多關於他們的介紹。

WEDDING & FANCY CAKES
SODA & TIFFIN BISCUIT

香港的海傍

海傍出自葡萄牙語 Praya，指的是維多利亞城前面沿著港灣那條寬廣的石面路，綿延數哩長，可以讓人愉快馳騁。它在鯉魚門接上筲箕灣的路徑，透過這條路，我們從東隅抵達該港口。照片中的景物是從美利操場的前面所拍，是海傍主要商業區的代表。左邊面海那個區塊的建築物，是香港上海匯豐銀行以及有利銀行的館舍，中間那雄偉的建築是旬特洋行所建。商行人員通常在一樓辦公，住在樓上。當他們漫步於寬敞的迴廊，海風微微吹來之際，放眼望去就是港灣的遼闊景觀。

建築物巨大而堅實，但設計師還是有辦法為它造出輕盈的外觀，會讓人以為它不足以抵抗颱風，而颱風的摧毀力有時簡直不可思議。記得有一次在颱風最肆虐的時刻，好幾個外國人試圖搶救一艘中國船隻上的中國婦女，她們的小船非常接近照片中央現在被遊艇所占據的地方，這兩個船婦拚死將船撐在那裡，以防它在海傍圍牆撞個稀爛。這圍牆當時已完全被海浪摧毀，只呈現一列鋸齒狀的花崗岩塊，點綴著海上船隻殘骸的碎片。狂風巨大到將海面捲得像浪尖一般高，並化為炫目的浪花衝向海邊的房屋。我們必須倚在燈柱和鐵船的支柱上，在牆壁及門道尋求遮蔽。營救者在風雨稍歇的時候發射火箭式投射器，但它們卻像鴻毛般被吹了回來。兩艘大艇被拖到石造防波堤邊試圖下海，第一艘碰到海面的剎那就損壞且失去動力，第二艘的命運也類似，艇上的英勇船員全掉進怒海。所有的營救企圖都徒勞無功，當黑暗降臨，只好眼睜睜看著這兩個不幸的婦人隨風而去。

翌晨整個海傍呈現一幅殘破景象。許多本地人不幸喪生，還有更多人的船隻遭到摧毀而失去所有身家財產；對他們而言，船隻是他們的水上住所，更是他們謀生的工具。由於外僑及當地人士迅速出錢出力，颱風帶來的災難很快得到平復。慷慨解囊是香港及中國各地外僑圈的特性。他們之間有一種博愛的基督教慈善情懷，不需要在布道台演講說服，也不需要私底下循循善誘，更不需要透過公共餐會來敦促。只要一紙簡單的通告，表示有個寡婦或孤兒需要幫助，慰問與專款就隨時來到。我不應該漏掉維多利亞城山頂上看到的旗杆，這是此殖民地最早的設施之一，有一個信號手常駐在那裡，還配有一套信號的代碼。

它是歐僑圈熱心關注的目標，因為當有外國船隻進入港口時，它就會顯示告知。

13| 香港的海傍

那些長期以香港為家的人，無不帶著熱切之心看著那光禿禿的旗杆發出信號，心裡深感安慰，或激動莫名。當他們看到那小旗子展開來，山頂發射閃光，這就表示有信件進港了。

船家女

這是一個可敬船家的兩個女兒，她們從很小的年紀就學習划槳及經營船隻。幸好她們不是那些鐵石心腸的太太買下的婢奴，而能免於更悲慘的命運。

姊姊戴的是編織緊密的藤帽，並塗上了防水亮光漆。它是防晒及防水兩用，取代了傘的所有功能。它的優點是，戴上帽子就能防護全身，讓使用者可以空下雙手來做事。

在廣州的碼頭，數百艘出租營生的小型客船，都是由年輕女孩掌舵，她們以保持晶亮及迷人的外型自豪。每艘船都有個小船艙，前頭敞開，地上鋪著白色蓆子，還有一個鋪著類似材質的高起的寬闊座位，座位上有一根菸管和紙捻，以及點燈的設備。船艙的壁上飾以圖片和小鏡子。船家女在後面划槳，並以木頭隔板或艙壁與前面的船艙隔開。從外面看，船隻的外表還滿有吸引力的，甲板上的每一塊木板都用沙子刷得和裡面的白色蓆子一樣潔白，而船艙竹製屋頂上固定的架子則

14| 船家女

支撐著一個小小的花園。那些女孩的穿著頗算簡潔，總是在烏黑亮麗的秀髮插上一朵鮮亮的花兒，更加烘托她們的黑色明眸和深色肌膚。

一名廣州船婦與小孩

數以千計的廣州人口在船上生老病死——在船上出生，直到在船上往生。這些水上住所提供其貧窮的屋主不少便利，這些人如果住到陸地上，也只能悲慘地擠在那些衛生狀況極差的簡陋茅舍，在那裡他們只能吸著漠不關心的鄰居所製造出來的污濁空氣，不過即使是在中國城市最繁華的地段，衛生條件也同樣無人聞問。在船上，主人可以為自己和家人找到最有利的工作、而在很多方面也為自己找到一棟乾淨、舒適及外型吸引人的住家，而且可以隨心所欲漂流到合意的地點靠泊，找到一個他所喜歡的地點，夜夜在不同之處享受一點社交生活，而這些地方可能都是生活在陸地上的人未曾知曉的。當他前往拜訪朋友時，他的房舍和家人也同去。生病的時候，他就泊近某個環境衛生的鄉下地區就醫，在這裡病弱之人可以呼吸到較純淨的空氣。又或許，他可以泊近一個中意的廟宇神壇，祈求他所默默信仰的神明顯靈庇佑。

圖15中的老婦是一位祖母，她與兒子同住船上，她仍樂於在船尾搖槳幫忙家計，

15| 廣州船婦與小孩

並且照顧孫子。他也許是長子，是家庭引以為傲的成員，同時是她老年的依靠。寶寶是用一塊懸在背上的布揹著，是漢族的習慣，他睡著時，臉龐就壓在揹負者的背上。這個方法頗為普遍，某種程度上可以說明，何以中國的船民及勞力階層有著扁臉和寬鼻子。

樂師

中國人很早就知悉樂理，根據中國古籍的[1]記載，早在西元前兩千年，他們就用六管來製造音階上的高音，另以六管製造低音。這些管子最初是用蘆葦或竹子所製。後來隨著音高的標準化，他們開始用某種寶石來製作管子。[2]這些管子應該是最早將管風琴的概念具體化的東西，最後卻變成測量長度和音調的標準。我稍早在中國見過一種小樂器，據稱是古樂器，它在某些方面符合理雅各博士（Dr. Legge）對那些管子的描述，它有一個小吹口，管上還有一排製造不同音高的孔。今日北暹羅的寮國人也用蘆葦做出一種簡單的樂器。

中國人在不少婚喪喜慶的場合吟唱以及表演管弦樂器。但他們似乎不懂和弦，他們的樂團不是演奏同音，就是嘈雜喧鬧，彷彿一群各自演奏的樂師擾攘不休，看誰能在最短的時間裡面奏完最多的音符。雇用樂團來驅魔避邪顯然是好主意，假如這些邪魔具有懂得欣賞和聲的音樂品味的話，但和聲可是在《馬克白》（*Macbeth*）的悲劇裡，為黑凱特與她的女巫姊妹們提供了邪惡的樂趣。

如今我等圍釜高歌，
彷彿妖魔繚繞成環，
顛倒其心醉其魂魄。

圖16及17呈現的是二胡和琵琶，以及受聘於喜慶場合彈奏的樂師。

註釋

1 Dr. Legge, translation of *Shoo King*, Part II. Book I.

2 Grosier：「有人或許可以從以下的〈拉娜如珂〉（Lalla Rookh）的評註推斷出中國古人不但擁有充滿詩意的才華，也具有一種稀有條理的天分。『有一位《書經》的古老評析者說，中國古人發現水流激起一些河岸邊的石頭，發出某種聲音，他們將石頭分開，卻神迷於石頭所發出的宜人聲音，因而造出磬或者此類的樂器。』」

「通過樹林繞過島嶼，彷彿所有海岸／一如中國的種種所吟詠的樂音，並賜予／一首歌，來答覆每個潮汐的親吻」〈拉娜如珂〉，《The Light of the Harem》，頁三〇一。

16| 琵琶以及受聘於喜慶場合彈奏的樂師

17| 二胡和月琴，以及受聘於喜慶場合彈奏的樂師

廣州戎克船

歐洲人用戎克船（junk）一詞來稱呼所有的中國船隻，不管是商船或戰艦。這一詞可能源自爪哇人的字眼jung，用來指大船。中國船隻的大小、款式和外觀在中國各地差異之大，猶如歐洲各地船隻的差異。左邊那艘航行中的船隻是廣東沿岸商船的款式，而且可能是中國南方快速帆船艦隊的一艘。它看起來沉重而不夠靈敏，不過它在順風下航行良好。它的船身是雙層厚板或木殼，並在隙縫處以填絮和達馬樹脂仔細封隙。達馬樹脂大部分是來自馬來群島、暹羅及柬埔寨。它的船殼是用大量的硬木橫梁從船頭到船尾以三層的排列方式加固強化。貨艙則分成好幾個防水區塊，如果船身受損致一個或多個區塊進水，還有足夠的浮力可以撐到靠岸。

這艘船在同級船隻裡面算是拔尖的，款式有點外國船的架式，雖然它還保留不少中國船的老式形狀，好減輕中國對外國船的偏見。我們仍可注意到它大而笨重的船舵穿了孔，以排除海水的阻力，因為中國人還沒理解到，一個很小的船舵只要完全浸水，就滿好用，而且遭受損壞的風險小得太多了。它有兩顆大眼睛，船首的設計就像一隻凶猛的海怪頭顱，用來嚇跑可能隨時阻擾航行的深海妖魔或大魚。竹編草蓆帆看起來也像一隻大蝙蝠張開的翅膀，或是一隻中國神話中的火龍。它的船具並沒有外表看起來那麼不實用，假如船夫稱職又敬業，就能快速升帆；而繩子一鬆，蓆帆就會落下，而且它們可以不費力收捲起來。錨是硬木做的，因為硬木的重力大於水；繩索和錨鏈是藤、竹子或棕櫚纖維所做，非常堅固，所能承受的張力即使沒比我們所用的大，也和我們的相當。它們的缺點是缺乏彈性，收納不易。這些商船通常都有相當的武裝，有至少六座外國砲，可發射六或八磅重的砲彈，和一些火繩槍及彈藥。

這種船隻經常是由一群小商人共同擁有，並一起出海，船上較有分量的水手也會跑跑單幫。這種小股份，以及缺乏公認指揮官，也沒人受過專業航海訓練的種種複雜性，經常導致衝突連連，船員完全沒有紀律。只因他們都來自低下階層，而那些較受敬重且勤快的勞力階層比較偏好岸上的生活，勝過海上的艱困與風險。

碰到緊急狀況，例如暴風雨，大家就商量出一個操作船隻的模式，而最後尋求決議的方法大部分是請示媽祖。祂是海上守護神，船上多設有媽祖神壇。每個水手也都戴了一個從廟宇求來的香火袋，以保佑他們海上平安。

一般習俗是航行之前都會殺生祭拜媽祖，先斬首一隻公雞，再將一些公雞羽毛蘸血插牢在船頭和前桅，然後從船頭灑一小杯酒到海上。馬來人和中國人在發誓的時候，也都有斬首公雞的儀式。我就不約而同碰過中國人和馬來人被指說謊的情況下，他們的反應就是願意斬雞頭發誓。

如前所說，船隻的駕駛並非依據羅盤、氣壓計或天文的觀察，而是根據海潮、陸岬及季風的知識。羅盤是有用到，構造卻十分古老，木盤的中央有一根顫動的小指針，木盤上面布滿令人畏懼的中國象徵圖案，或是占星及其他圖形。中國以發明羅盤聞名於世，竟把機會讓給其他國家以科學方法將它發揚光大，這似乎有點奇怪。

諸君須知，中國將會在日後顯示其建造戰艦的突飛猛進，我所談論的中國船隻僅限於商船。

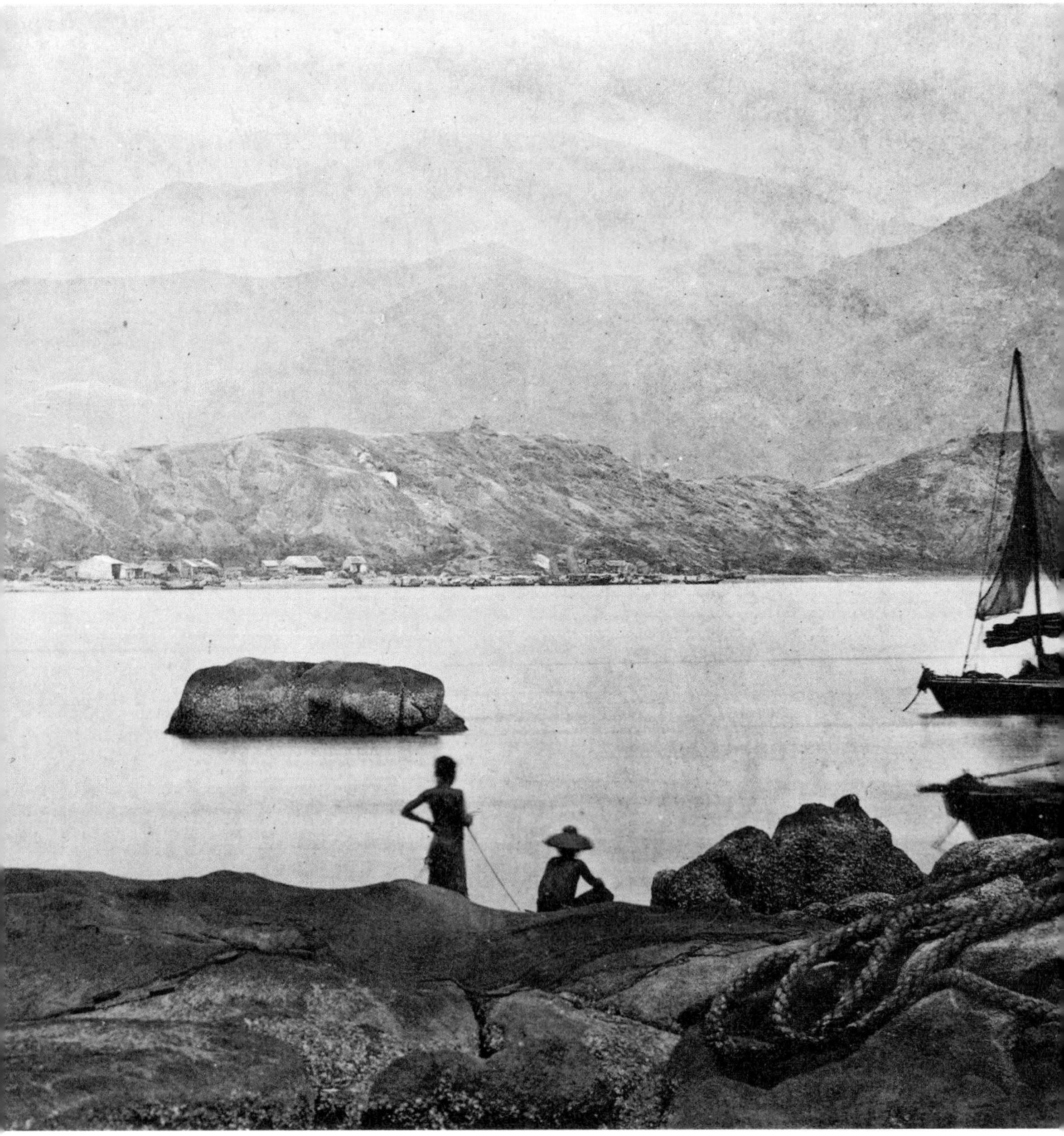

18| 廣州戎克船

香港天后宮

這是山上的一座小廟，位於維多利亞城的東邊。這裡供奉慈悲之神觀音，是由香港的中國人慷慨贊助。像中國其他的廟宇一樣，它聳立於一個美景天成的地方，四周環繞秀麗老樹及成蔭小徑，俯瞰港口遼闊的視野。不絕如縷的乞丐占據通往廟宇的寬大花崗岩石階，他們利用濟貧救苦是積功德的佛教思想，靠著前來進香的佛教徒的慈悲之心乞食。

廟宇正面的精雕巧飾使這些敬神之地生色不少，此廟就是極佳的範例。正殿入口約六呎處，有一座厚重的木質屏風，擺放在中心正門裡面。屏風是中國住家極為普遍的家具，廟宇裡面亦然。屏風有保護住戶隱私以及阻隔邪靈的雙重功用，一般相信邪靈只會直行，不會繞行。門檻內的右邊是個給藥台，有一個藥師在那裡替神明開處方。左邊有個年長的僧人在處理信徒買來的紙錢，好燒給神明。觀音是女性神祇，身穿飄拂的袍子，一派慈眉善目，位於正殿的中央，坐在聖壇後面微暗的壁龕裡。聖壇上有成排黃銅色的缽、花瓶、點燃的蠟燭以及燻燒著的香枝。

19| 香港天后宮

地上有蒲團讓信徒行跪拜禮，有一個年長婦人彎身其上，替生病的兒子祈求神明保佑。她口中唸唸有詞，偶爾尋找好兆頭，當然不是從彩繪泥菩薩的口中說出，唉，真可憐！她布滿憂愁的淚眼盯著手上一對平凸的竹製筊杯，接著她會擲向空中，待落下時從它的朝上面來判斷是吉兆還是凶兆。她以慈母的熱切之心祈求神明，不斷地擲筊，她不接受陰杯。在一次又一次的失望之下，她終於得到代表吉兆的聖杯，然後前去向觀音添上微薄的香油錢。

化緣的僧侶

這是天后宮的僧人，他的職責是化緣，以增進廟宇的收入，並為香客做點小事、點香以及教唸短咒。我給他五毛錢來拍這張照片，他很生氣，說這數目太少，還說攝影奪去他一些福分，他得再慢慢多化點緣來彌補。他還進一步告訴我，許多香客都會付得比這更多。他無疑是個貪婪之輩，而且精於乞討。總之，從他飢餓又可憐的外表看來，他應該是觀音的忠實信徒，只有一小部分化緣所得飽了私囊。他是中國數以千計依附廟宇維生的半飢餓狀態者之一。同樣不可或缺的是入口一幫騷擾香客的乞丐，與一群吠叫的餓狗，這些狗靠著廟方的垃圾或乞丐丟棄的廢物維生。

20| 化緣的僧侶

香港的街道

香港的居民一定能很快認出照片中這條半土半洋的馬路，它通往灣仔及黃泥涌或說是跑馬地。

這裡的住戶主要是店家，他們提供生活必需品給住在鄰近遼闊兵營的士兵及其眷屬。這裡有個曾在美國加州住過數年的中國人，他在那裡習得外國人的製鞋技術。他從美國進口皮革，並教授了幾個雇工，做起皮鞋和靴子。它們在整體外觀、耐用程度和價錢方面，都比得上最好的外國鞋子。街上也住著一些專營歐洲客戶的藤椅商，他們為外國房舍的露天陽台提供各式輕便的簡易座椅，生意興隆。

不管任何時候經過這裡，從日出到午夜，你總能觀察到中國人不變的勤奮，他們似乎沒有固定的作息，而是夜以繼日地工作，直到工作完成。

21| 香港的街道

在飯館吸食鴉片

鴉片已成了中國不可或缺的奢侈品，赤貧者賠上時間和金錢沉溺其中。最低下的乞丐也有很多確實是鴉片鬼——他們因為這種惡習，而從舒適富裕的生活沉淪至此。由於長久失去榮譽感與自重心，向下沉淪而成了親朋好友的鬼見愁，他們可以脫下最後的蔽體之物去換取吞雲吐霧的樂趣，如此境遇消耗了他們的名譽、財產與肉體；這種人最終都逃不過憂鬱和沮喪這一類病態情緒，經常以自殺了結一生。香港的楊醫師告訴我，這些人最常用的自殺方式是吞下一劑鴉片渣或鴉片灰。鴉片館和飯館主人細心搜集及保存鴉片灰，以得到足夠結束生命的分量。鴉片灰通常是和水吞下，之後那些不幸之人兩腿一伸，像一條死在巷弄或土堆的狗。用這種方式服用此致幻毒品，必死無疑，因為它牢牢附著在胃壁上無法移除。

低等鴉片煙館所賣的鴉片是次級品，因為攙雜了鴉片灰。這些鴉片館或鴉片間有一種令人渾身不舒服的氣氛，煙霧彌漫之中，一個個蒼白活似死人的煙民躺在長凳上，彷彿噩夢般的恐怖。

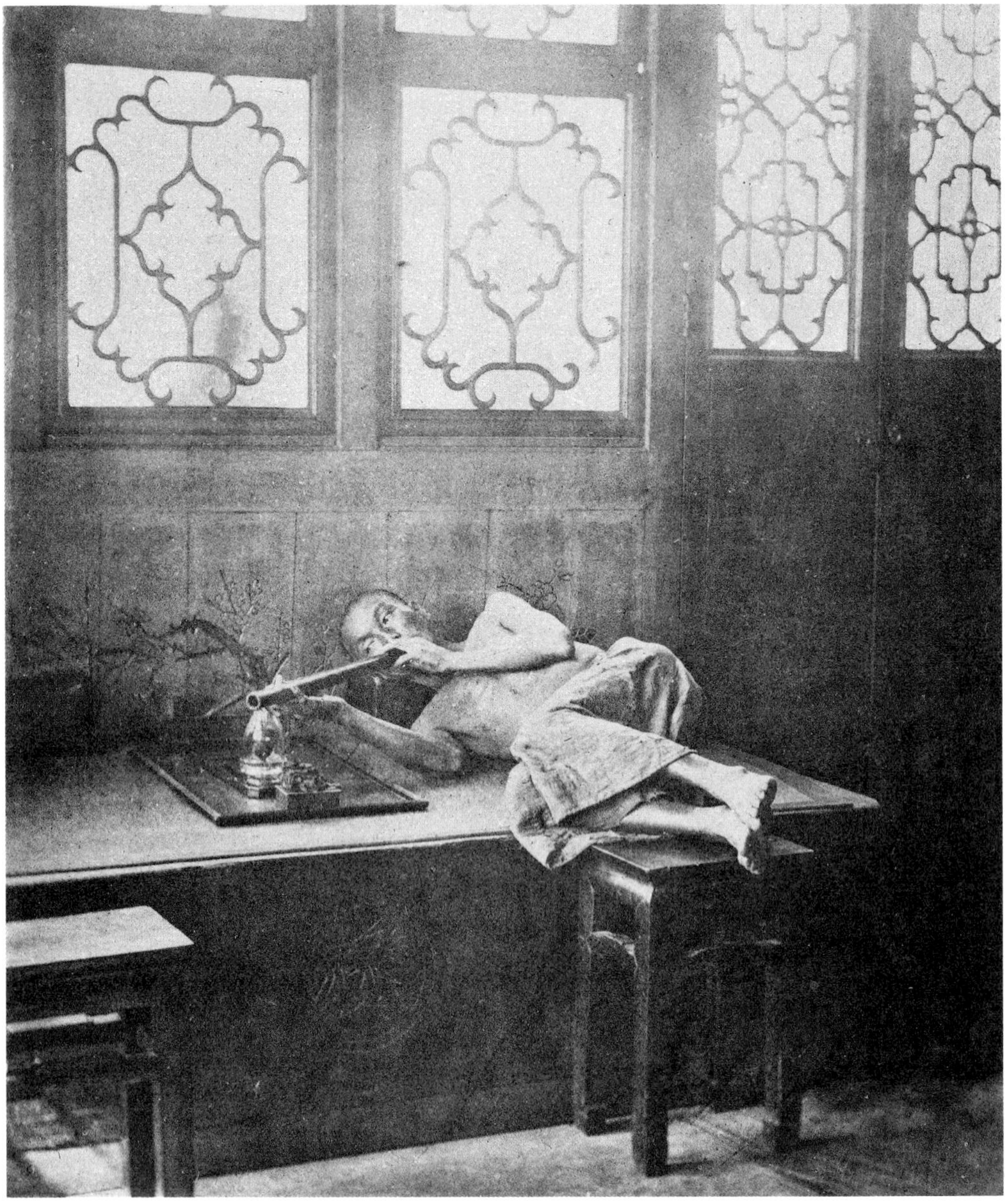

22| 在飯館吸食鴉片

在家裡來一口鴉片煙

這張照片呈現中國富有階級在家抽鴉片的方法。圖23中的煙民有錢有閒，可以自由沉溺於鴉片的吸食。他的鴉片煙管是個巨大的儀器，一點也不像印度的水煙（hookah）或是我們所用的菸草管。它是由一枝金屬或竹製管子，一端有個寬寬的管口，另一端密閉。那只小碗是金屬材質，有時是瓷製，通常頗具巧飾。碗上有個小孔，以便讓這毒品通過。鴉片通常調配成水狀萃取物，藉著燃沸生鴉片，使成濃稠的漿液。煙民在吸食的時候臥姿必須正確，也就是在床上或木製的光滑睡椅躺直，頭上墊著相同材質的硬枕。靠近手部的位置有一盞鴉片燈，他自己或是他的僕人（假如他請得起的話）先將針頭上的小鴉片球烘烤過，再裝入煙管的碗裡。一切就緒之後，煙民手持已經裝填鴉片的煙管再次接觸鴉片燈的火焰，並將煙氣吸進肺裡，待氣體在他體內短暫停留之後，再以口鼻將霧氣排出。現在他一定是在無我的境界，忘卻了事業或地位的塵憂，直到這致幻毒品的藥力退去。

吸食鴉片是最奴役人的惡習之一，吸食者一旦上癮，他的良善本性會逐步遭到摧毀，導致他無心於事業及理財，甚至讓他切斷神聖的親情紐帶，不惜賣妻賣兒為奴，來滿足自己吞雲吐霧的熱望。人一旦上癮，要戒除很難，甚至很危險。如果驟然戒除，馬上會產生痛苦的生理反應，死亡也會接踵而來。煙民只能透過逐步減少劑量的方式，來慢慢減輕他對煙管的渴望。此外，他還要有營養的食物和滋補品來恢復胃部的正常功能。一段時間之後，他想吸一口的欲望就會慢慢消失。

從鴉片廣大的痴迷者可以看出，鴉片的魅力起初一定是無法抵擋的。然而當吸食的嗜好逐漸深化，其原本令人振奮的作用逐漸減少，取而代之的是對煙管的可怕熱望，受害的當事人必須不計代價地來滿足它。我認識一個傑出而聰明的纖筆畫師，是香港的中國人，他最後就是毀於抽鴉片。我想起五年前的他，是個俊美、穿著時尚的年輕人；他的髮辮總是編織得無懈可擊，他的頭也刮得光滑如撞球。你找不到比他身上更美麗昂貴的絲綢，他長如禿鷹爪子的指甲令他的同伴豔羨不已，也是他暗自得意的來源。這個好看的花俏公子當時全力投入人像畫作，數年後我偶然遇見他時，他已經變成一個乾瘦、雙眼凹陷、面色蠟黃的糟老頭。他還在他的畫坊工作，但一星期只做兩天，其餘的時間則是不斷地投身於吞雲吐霧的嗜好。這個例子足以完整說明，此一嗜好甚至可以控制一個年輕有為又精力充沛

23| 在家裡來一口鴉片煙

的青年。有人告訴我，有不少人是鴉片的溫和吸食者，他們穩定地適量吸食，說是一天一桿。我沒理由懷疑這種說法，但由於這個階層的煙民都盡量保持低調，因此這件事情很難確認。

晚餐過後的家庭聚會

這是一個中國家庭晚餐過後在家裡陽台的聚會，全家人都在抽菸，但他們的菸桿和我們的不同。那老婦人和她女兒抽的菸桿很像印度水煙，有個隔開的地方裝滿了水，用以冷卻並純化煙氣。家長撫弄並吸吮著菸管的一端，那管子看來像一根極為可怖的拐杖。但那是他最鍾愛的一枝菸桿，因為背後有一段令人珍愛的典故，它的獨特性自然使得它的主人翁對它親愛有加。這使人想起我國的癮君子也可能帶著同樣的鍾愛心情來看待他古老的海泡石菸斗。我在此請求讀者們同情一位人夫，他的妻子錯誤的行為將他帶向絕望的邊緣。這位不幸的婦人，以著深情天性裡的無私，欣喜地看著她的丈夫享受抽菸的樂趣，於是趁夫婿不在家時準備了一個小小的驚喜，她將他黑漆漆的骯髒菸管仔細清洗，還用亮光油擦亮。唉呀不好了，這菸桿可是他光棍時代的紀念，色澤的傑作，有著歲月的柔和，直到它的煙氣精緻如一把老提琴成熟的色調哩。

其他中國人晚飯後也會聚在一起抽菸，這在我國的性質是社交聯誼。不過這裡有

24| 晚餐過後的家庭聚會

個重大的差異：在中國，女士們也抽菸。在中國較富有的階級，一名傭人先將菸桿裝滿水再送進來，他會在一旁等著，直到有個談話中斷的空檔，再靈巧地將菸桿遞進女主人的嘴裡。這個習俗看在一個「外來野蠻人」的眼裡，一開始也許稍嫌奇怪，看著這些女士在生動愉快的談話裡，口鼻不時吞煙噴霧，他難免感覺怪異，好像要為她們的談話增添威力與辛辣似的。

爲功名苦讀

自古以來，中國的傳統就是將至高的榮譽與地位頒授給那些天賦特異或者在文采上有特殊成就的人。藉著在中國各大城市定期舉行科考，即便最窮的學子也能步上青雲，踏上祖國的仕途風光為官。誰能否認，這個龐大帝國世世代代以來，都是靠著這個制度來維持它的穩定？透過它的作用，在窮人之間傳播一種積極的影響力，而將他們與統治階級緊密結合，以產生一種維持秩序與祥和的共同利益。

當然，在這麼龐大的群體裡，考場失意的文人多得是。這些人以教書維生。也許有人已經通過比較低階的考試，卻因健康不佳、傷殘或年紀老大，而無法一圓仕途之夢。無論如何，他們所得到的敬重使他們能夠以教書為業，訓練學生通過這場嚴酷的競爭。這就是圖中這位可敬士子的境遇。

他相信一定有什麼差錯，或有什麼他必須服從的黑手在操縱著科考。他仍苦讀著，一次又一次地希望在他的有生之年，能夠光耀門楣，出人頭地。一旦這個目標達

25| 為功名苦讀

成了，他會提出新議來改革制度以消除考試中的貪腐，讓像他一樣的人有機會可以步上坦途。而到目前為止，只有一些不公不義的因素還在阻礙他功成名就。我們很少碰到完全不識字的人，也很少有父母吝於花費部分收入來投注兒子的教育，只希望有朝一日他的兒子能從一介無名書生晉身顯赫仕途。

梳妝打扮

中國仕女很精於粉妝，但她們的方式和我們不一樣。循規蹈矩的中國美女洗臉的方式，是用一塊沾了熱水的濕布擦臉。這個步驟完成之後，她們的臉蛋就可以撲上細緻的白粉。這種粉做成小圓盤的固體狀，剛好裝進一個精細裝飾的紙盒，輕輕施力把粉塊弄碎，就可以用了。待這粉仔細塗到臉頰之後，再於白嫩的肌膚塗上胭紅。胭紅是一種中國產物，做成小書狀，每一個扉頁的表面都塗有這種顏料，形成褐色似的閃亮外觀。仕女們只要弄濕手指，沾一點這種塗料，就能達到一種漂亮的肉色，像是中國所賣的晶狀體的煤焦油染料所製成。她頗有技巧地將胭紅塗在她上過粉的兩頰。

她們拔除臉毛的方法也頗具巧思。兩條絲線纏在手指上，形成一只迎合臉部線條的鉗子，用來將眉毛修剪成適合的寬度，或拔除臉頰、脖子甚至額頭上的零星毛髮，假如她希望額頭變得大而圓滿的話。

26| 梳妝打扮

髮型則因不同省分有不同款式。往後我將提供幾個例子，而這些都是手工最精細的，且都是經過極其費工的梳理。有很多女性髮型極為優美，足供我國婦女同胞參考。在頭髮梳理成形之前，會先用植物髮膠把髮絲的質地弄硬一些，以便於成形。白粉、胭紅、梳子、牙刷、刮舌片、髮膠、頭簪，還有其他一些梳妝用品，都放在一只黃銅或銀面的梳妝盒，蓋子裡頭有一面鏡子。我也必須告訴讀者們，中國仕女使用假髮的情況非常普遍。當黑色髮束太稀太短時，可以從附近的理髮師傅那裡用小錢買到假髻。如果這位婦女的品味要求較高，她會委託一位專營梳妝美髮的女師傅替她設計一個。

四個勞力階級的頭像

圖27至30所示的四個頭像之中，圖27、28是中國年長勞工頗有代表性的類型。這對老夫妻長年一起幹活，他們的一生只有辛勤和勞碌。他們的下面兩代都已長大成人，兒子和孫子都已經取代他們，一肩扛起家計的責任。老婦人至今依然操持較不繁重的家事，她工於針線活，而且在家人生病的時候無私照護病人。她的頭髮日益稀疏蒼白，但她仍日日梳理得一絲不苟。

身為一家之長，那長者閱讀坊間的廉價故事書自娛，這些書的內容對我們而言普遍顯得冗長乏味，倒是讓那些容易信以為真的讀者入迷。這些通俗讀物是以比較粗淺的文字來印行，以適合那些沒受過教育的讀者的程度。他的視力幾年前受損，戴著眼鏡還能勉強湊合。這種眼鏡是當地製造，鏡框和鏡片比我們曾祖父戴的還大還重。其鏡片像我們的一樣，是雙面凸或雙面凹，以矯正視力，是用最精細的無色水晶製成。它們所擁有的優點直到最近才被我們正確評價。看樣子中國人還沒把這門知識擴充到顯微鏡和望遠鏡的製造。不過這方面的光學知識正在福州船政學堂由外國人教授當中。

圖29、30這兩個頭像是一對屬於相同階級的男女。圖29那位男性上身赤裸，不過他幹活時習慣如此。他的髮辮往上捲起來，並用一枚竹製髮夾別在後腦。工作結束後，他會穿上外衣，前往附近的剃頭師傅處，他前腦的頭髮也許需要剃一剃了。他這一類的苦力，很多都被拐騙到南美洲從事種植與挖礦。數以千計這樣的苦力移民去了美國，投入大西洋鐵路的建築，並在這個行業裡留下難以磨滅的貢獻。圖30那個女性頭型屬於一位未婚女子，她的工作是協助家裡經營貨船，這種貨船是為船艦裝卸貨物。她頭上的布料是用來遮陽，這種階級的未婚女子的髮型是往後梳，並在腦後結成一條髮辮。不過髮辮這時是往上捲，並用一枚銀製別針別住。前額可以有瀏海，像絲質流蘇一樣。結婚以後，她就會梳成像圖28那位老婦一樣。

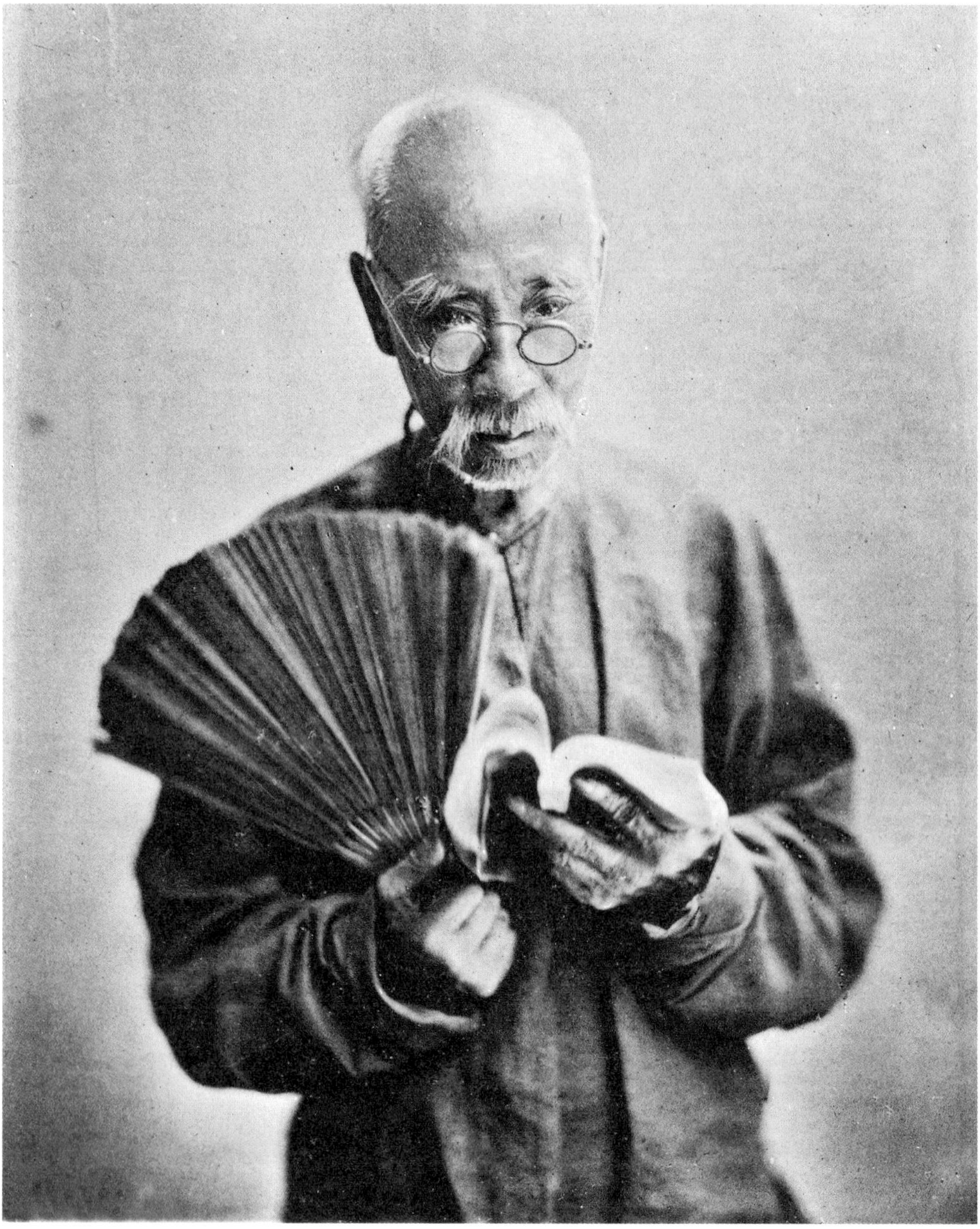

27| 中國年長勞工，與圖 28 為夫妻

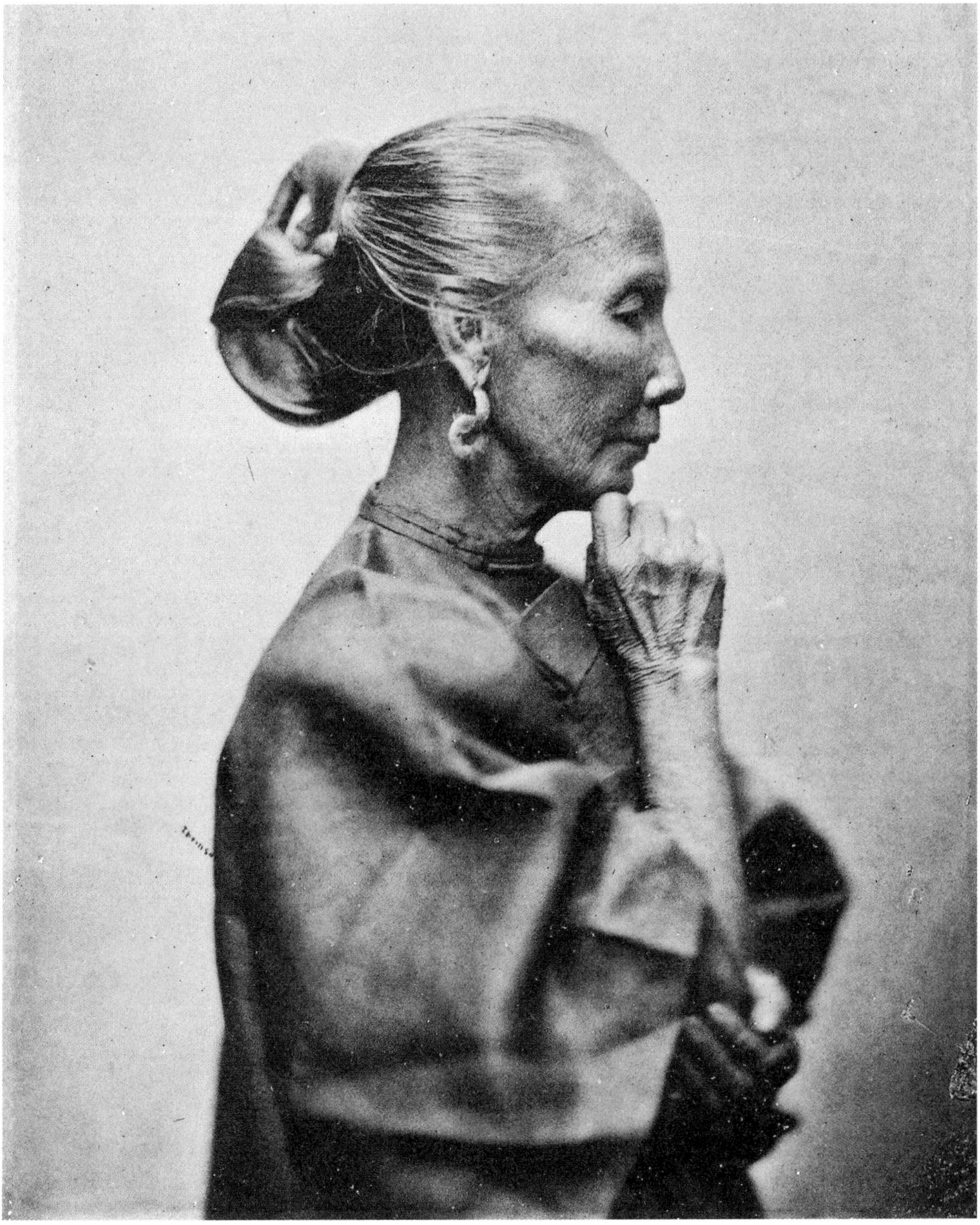

28| 中國年長勞工，與圖 27 為夫妻

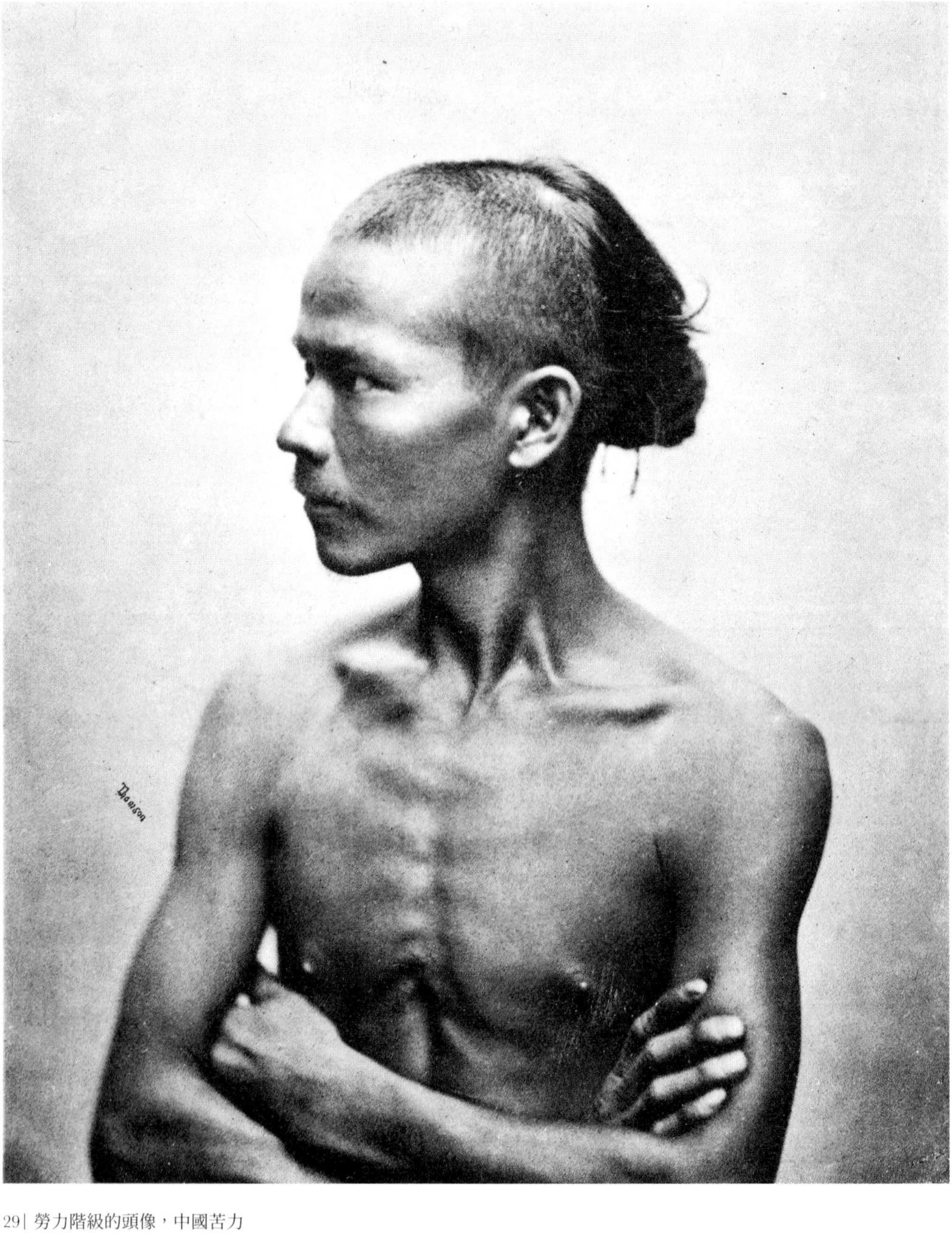

29| 勞力階級的頭像，中國苦力

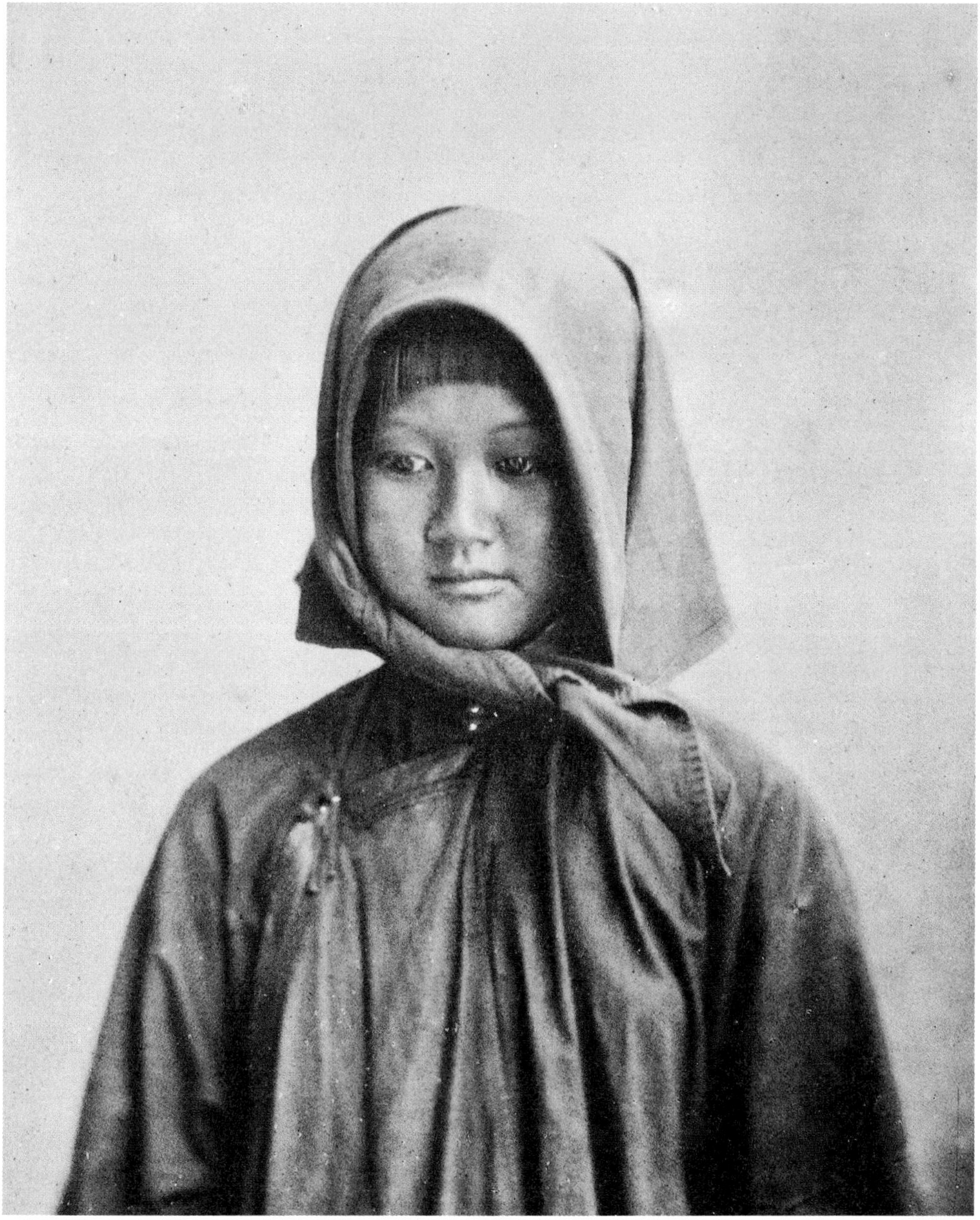

30| 勞力階級的頭像，中國未婚女子

海口，海南島的新通商口岸

海南島位於中國南部沿海，隸屬於廣東省。海口是當地的主要港口，於一八七二年成為通商口岸，英國因而在那裡任命了一位領事。根據廣東省的文獻，中國早於西元六五四年[1]占領該島。它早期是以珍珠水產業聞名，也是十一世紀中國著名政治家兼文人蘇東坡的放逐之地。海南和福爾摩沙一樣，都因極力教化那些化外之民而倍感棘手，兩地的原住民也都因此而從沿海退縮至內地深山建立據點。

海口位於島上的西北方，由圖上所見的兩座碉堡守護從河川進到海口的通道。從香港搭輪船到此大約是一天半或兩天的航程。河口的河道淺而危險，主要是許許多多的沙洲，而且據說經常移動位置。商船目前的下錨處是距該市四哩之外，要進海口必須轉搭小型船隻，這種小船或是成群前去補給停在外海的船隻，或是搭載船上的乘客到海口。

海口這個城市建得不錯，與中國許多城市的共同點是城市四周圍著高牆。它的街道看起來比大陸的乾淨，也維護得比較好。深入內陸大約二十哩的鄉下地勢平坦，只散布著一些不太高聳的山陵。在這綿延山丘之後，出現了一條山脈，呈現出一系列不規則的山峰。郇和（Robert Swinhoe）曾估計它的最高峰是海拔七千呎。[2]「我們所橫越過的山丘極為秀麗——一株株樹木相互交錯成翠綠的棋盤狀，像是老家鄉下多山地帶的公園。」

平原精耕著稻作、小米、地瓜、落花生和甘蔗，得利於適宜的土壤和天氣，全部都長得很好。稻米是最主要的種作。海南既然身處最南端，自然比廣東其他城市更具熱帶氣候。這裡的可可樹和檳榔樹長得極好，前者所生產的油是這裡的出口大宗。這裡的水果除了荔枝之外，與新加坡及麻六甲在種類和多樣性方面很類似。截至目前為止，本島的貿易都在本土商人的手中。

我們對海南的原住民黎族所知很少，他們似乎和福爾摩沙的山地部落，及中國大陸山區的苗族很像。但我們對他們的瞭解，像是習性及語言方面，所知不足，以致無法得出明確的結論。我在內地旅行期間，雇用兩個海南籍傭人長達六年，從他們口中我聽到很多關於這些山地民族的故事，但這些都明顯不可靠，不足以當

31 | 海口，海南島的新通商口岸

成嚴謹的資料看待，光是聽他們不屈不撓地堅稱這些山地人近似猿猴、身上都殘留短短的尾巴就知道。

註釋

1 Bowra, *A History of Kwang-tung Province*, p. 19.

2 *Shanghai Courier*, paper by Mr. Swinhoe.

兩廣總督瑞麟

由於兩廣（廣東和廣西）總督瑞麟駐在廣州，一般習稱廣州總督，是中國最顯赫的權貴之一，也可能是最為歐洲人所知的清廷官員。他是滿人，年紀輕輕就在北京為官，最後因道光皇帝的賞識，乃被拔擢到具有閣員地位的內閣學士，時年約四十五歲。一八六〇年十月英法聯軍推進北京，清軍在城外的八里橋一役遭到潰擊，瑞麟乃遭革職。在此戰役之中，瑞麟擔任第二統帥，也差點被捕。隨後瑞麟因平定稔亂有功，重獲賞識，乃於一八六四年被指派前往廣州統領旗兵。翌年他代理出缺的兩廣總督一職，不久乃獲真除，持續擔任此一職務直至現今才卸任。

基於此一職位的重要性，加上它比鄰英國殖民地香港，這兩項因素使得他經常與歐洲政要有所接觸，而他接待外國官員的禮節總是十分周到，顯然有意與對方建立友好關係。在他的治理下，兩廣省分的稅收大增，也使兩廣地區得到前所未有的穩定治安。他也在多個公家機關引進改革，包括建立由歐洲軍官所統領的蒸氣砲艇分遣艦隊，藉此，一度猖狂的海盜幾乎絕跡。他於一八六九年重獲文淵閣大學士的職務，並於一八七二年七月晉升至軍機處的最高職務之一。他現年約六十五歲[1]。

註釋

1 上述資料承蒙知名漢學家梅輝立（W.F. Mayers）所提供。

32| 兩廣總督瑞麟

韃靼士兵

滿洲人，習稱韃靼，是於一六四四年征服中國，但那時情勢尚未完全底定，直到一六五〇年十一月二十四日拿下廣州，或者不如說是主帥變節而把江山交到清軍手中。荷蘭大使隨即在清軍破城後抵達廣州，他描述當時的情景道：「一六五〇年十一月二十五日整支韃靼軍隊揮兵入城，勢如破竹，很快就全城歸順，沒有遭到任何抵抗。」

「整支韃靼軍隊進城之後，城內立刻變成人間煉獄，每一個人都打砸搶，只要拿得到的就劫掠一空。老弱婦孺的哭喊蓋過漫天擄掠之聲，以至於從十一月二十六日到十二月十五日，街上再也聽不到哭喊，只有『打擊、格殺及消滅不法野蠻人』之聲。城裡到處都是悲傷的慟哭、謀殺與劫掠。」

韃靼驅逐了廣州當局之後，便仿效它在北京及其他城市的做法，在廣州成立常駐部隊，由滿人以及倒向他們的漢人和蒙古人所組成。駐軍一直維持至今，占廣州城約四分之一大，並保存著一些原有的特色，雖然這些征服者的後代淪於奢華又染上一些漢人的懷習性，已經喪失許多尚武特質。「建立駐軍之時，三個種族享有同等比例的人馬，而他們正是一路伴隨征服者從韃靼疆土南下。」即滿人、漢人及蒙古人。他們分成八旗，並以顏色為區分，有紅、藍、黃等等。在北京內城分屬不同旗的地區，門口都懸著居住者所屬的該旗的紙燈籠。

廣州有一千八百名旗兵，許多人極為貧窮。雖然他們名義上的待遇不錯，但他們從來沒拿到過全額。政府少量的津貼不足以讓他們維生，而過去兩百年期間他們已經逐漸喪失民族特徵，他們不屑效法漢人的勤奮精神，或像漢人一樣做買賣，或從事漢人的行業。因而在韃靼區，象徵極度貧窮的簡陋房舍到處林立。只要有嚴謹的訓練和軍紀，加上足夠的糧食補給，他們仍然可以成為優秀的軍人。在目前這位稱職的兩廣總督瑞麟的統領下，有些韃靼及漢人士兵奉命接受西洋式的訓練及使用外國武器。

讀者們一定為圖中韃靼砲兵陽剛英勇的外貌所驚訝，他們是我國的廣州領事羅伯遜（D. B. Robertson）的本地衛兵。

33| 韃靼士兵

廣州仕女

中國婦女的生活厲行幽禁，她小小的世界包括她的家、女眷與女性親戚。假如已婚，她會擁有一個屬於她自己的院子或廂房，以供她自己、孩子和婢女居住。如果要訪友，她會坐上一頂垂了絲簾的轎子，以阻隔外界的窺視，然後轎子會從她的房門口直接抬至友人家裡的住處，小心翼翼地防護其隱私。待她坐下來與姊妹淘們抽菸喝茶，她在言談裡所展現的對外在世界的知識，超乎人們起初的預期。當她的轎子在市井間穿梭時，透過簾幕的空隙，她的雙眼忙著窺看街上一張張的臉孔和人影，於是當她的轎子穿梭而過時，她對這些臉龐和人影的印象就成形了。不管她對自己的生活多麼滿意，看在西方仕女的眼中也未免單調。她的生活限制重重，她甚至無權獨占使用假髮的特權，因為男士們也大量使用假髮來增添其髮辮的長度和魅力；她們也無權選擇自己喜歡的穿著，因為一紙官方法令規範了她們的穿著。我懷疑這條法令的嚴苛與專制是否甚於時尚之於我國，後者也支配英國女士的穿著。

在本書往後的篇章，我將會進一步介紹中國婦女，並說明盛行於中國各地不同的裝束。

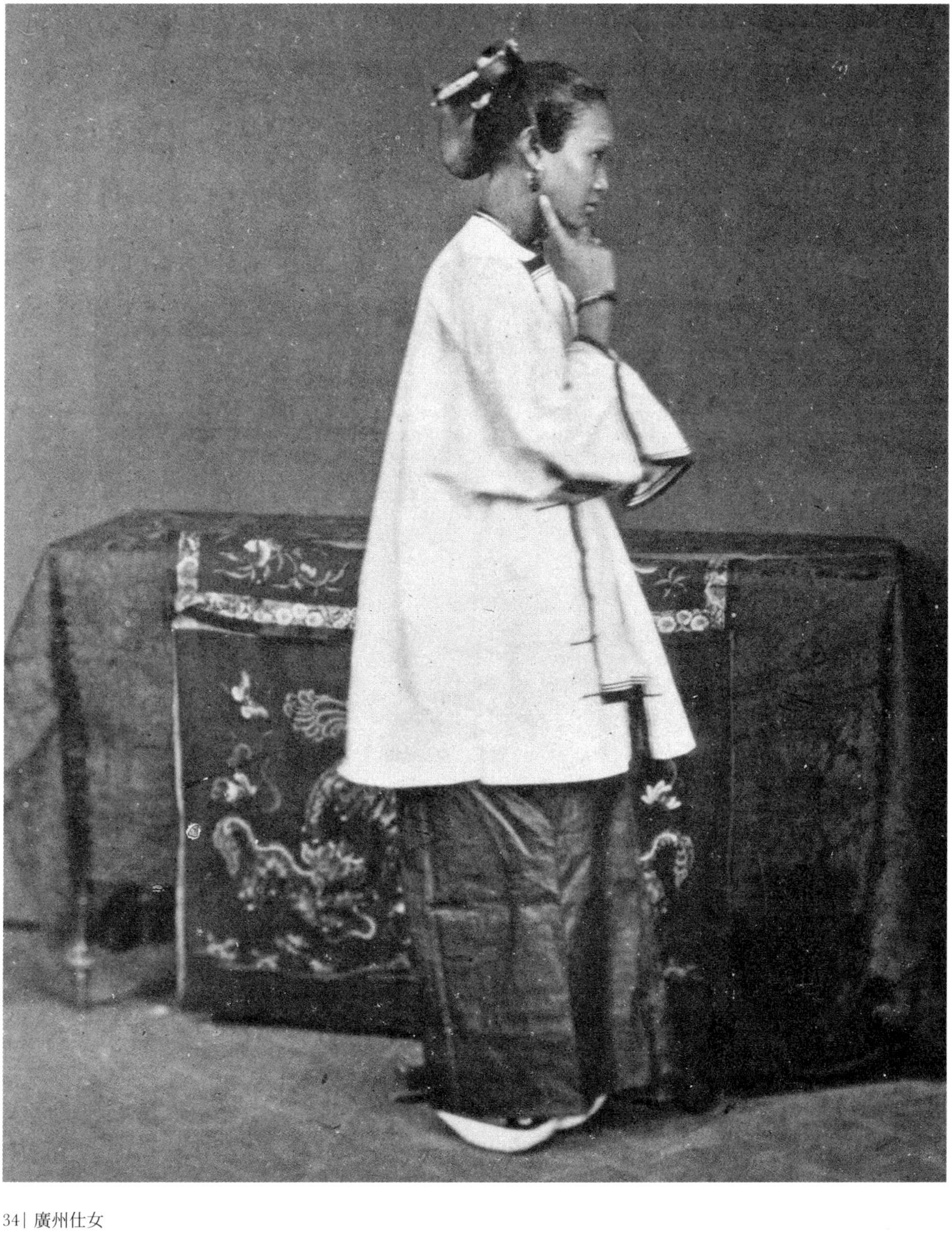

34| 廣州仕女

婢女

這個女傭是個奴才，是花一點微薄小錢自小從她父母手上買來，主要是女童在中國很多地方不受歡迎，以致殺嬰時有所聞。這女孩是在主人的家中長大，訓練來服侍女眷並照顧小孩，或隨時供人使喚。圖35中的她正要去市場，奴才比她的女主人擁有更多出門的自由。她的左手拿了一個小漆盒，用來裝糕點和蜜餞，右手拿了一把遮陽用的大扇子。看看中國最貧窮的婦女如何小心防護她們的膚色，看她們多麼怕晒，扇子又是如何廣泛地用來遮陽並降低體溫，還真是精采有趣，畢竟過冷與過熱都被視為疾病的兩個主要原因。即便男士也喜歡白皮膚，因而夏天會看見他們展開扇子來遮臉，並用辮子將它固定在頭部。

35| 婢女

新娘和新郎

從我先前談過的內容，讀者們一定會發現，中國婦女的生活絕對不會令人羨慕。她們的單調生活缺乏娛樂，而娛樂卻是西方婦女生活所不可少。沒有舞會、沒有音樂會、談話會或野餐，沒有私人的戲劇表演，甚至連演講也沒有，除了整天聽她丈夫講話。這些人夫整天多疑地盯著妻子的言行，醋缸子似地將她們限制在家裡面。這不禁使人聯想，纏足在中國會被視為一種女性美，這完全出於男人自私的猜忌心理，因為當男人不放心女人單獨外出時，就有必要讓她們跛腳，這樣她們就無法獨自外出，而必須帶著隨從來協助她們。未婚女子也沒太多自由，自行挑選未來的丈夫是前所未聞的，也是野蠻的，她們連想都不敢想。而當婚姻一敲定，她們比女婢還更像人奴。

婚禮舉行之前，兩位關係人幾乎或完全沒有參與婚禮的安排，一切都是由雙方父母和監護人所決定。

新郎沒機會求偶找對象，自然沒有情人讓他的事業分心，找對象這事只要徵詢算命師就可以。他——當然是拿了一筆小小的酬金——宣稱小兩口合適後，就索取兩人的八字，並替這對準新人排定大喜之日。然後，這位因害羞而臉紅的新娘（哎，當然是塗了粉）就開始打扮，然後從她父親的家中坐上新娘轎。新娘須跨過門檻處的火盆，據他們告訴我，這是驅除不潔之物，保障未來的幸福。結婚的形式是遊街，轎旁跟著一隊樂師，較遠處就是前去成婚的新娘，她不管嫁的是誰，反正就是她父母挑的人選。中式婚禮從頭到尾沉悶無趣，而不少新人的終身大事最後都走向失望與不幸。同於世界各地，中國的新娘也會想看一眼未來夫婿的樣子，假如情況允許，這是有可能安排的，但通常她們都是在結婚那天才看到對方。假如這個時候看到的是一張不討好的臉孔，大家可以想像那種令人不悅的作嘔心情。

孝道思想在民間具有深厚傳統，它被奉為崇高品德，而必須默默承受到這種地步。只希望女子能夠擁有天足、自由出外尋找對象的日子早點來到。

這時我彷彿聽見某位女士詢問：「新娘的禮服是怎樣呢？」這圖36只要有顏色就解答了疑惑，禮服所盛行的顏色是紅色。新娘絕對不會穿藍色，就像她絕不會素

36| 新娘

37| 新郎

顏出嫁一樣，因為在中國，藍色是喪服的顏色，也預示她在婚禮當中的心情，因為婚禮結束後，她的人生夢想只能永久埋葬於心裡。讀者接著也許會問：

「這些受人擺布的新人從來不穿白色嗎？」不會，這是悲傷的顏色，新娘穿白衣，如同人們在祖先的墳上吃喝，女人只有喪夫時才會穿白袍。

在新郎倌方面，我可以簡短地說，他可以在婚禮自由穿著官服，以強調婚姻所賦予的神聖關係是由國家所認可，或者也可以說，從大婚之日開始，丈夫將成為一家之長並掌握家庭的大權。他也身穿紅色，肩上披著新郎倌的圍巾。我也不應忽略新娘所戴的鳳冠，冠前垂掛的珍珠形成一層面紗。

一般的習俗是，窮人向服裝業者租來結婚禮服的各式行頭，這些業者專營婚喪喜慶的各式用品。

廣州

廣東省位於中國沿海最南端，也是所有外邦最關注的一省，廣州是其省會。廣東最早出現於西元前一一二二年周朝的文獻紀錄。[1]廣東之名是遲至西元五世紀才出現，彼時為南宋時期。西元一世紀末，佛教僧侶從印度帶著經書抵達中國，成為中國的新宗教並深植於華疆。中國與外界的交流據信是始於西元一四七年漢桓帝時期。[2]然而有紀錄顯示，印度香料被帶進中國進貢的慣例，比這早了約七十年。此後，中國與外界的交流便時而中斷，其歷史也充滿無止無休的衝突與緊張；另一方面，中國人一貫堅持排外政策，為外貿設置重重障礙，外邦也以同樣的堅決向中國施壓，使中國逐步開放門戶，雙邊互惠的條約關係才以牛步化的步調建立。

廣州位於珠江北岸、海邊九十哩深的內陸，一年四季最大型的船隻也能抵達。廣州是靠珠江的三條支條與運河網，而能與全省各地往來。汽船每天定期往返於廣州與香港，後者的海底電報系統讓一度遙遠的中國每天都能與西方世界聯繫。從香港上溯寬闊的珠江是頗為愉悅的行程，站在汽船的甲板上可以看到虎門砲台的遺跡，遙想威德爾船長於一六三七年率領第一支英國貿易船隊下錨於中國人稱為「死亡之谷」的峽谷入口，當時中國仍視我們為外來的野蠻人。由於葡萄牙人的嫉妒、歪曲與詆毀，這位英勇的船長被迫從這裡一路征戰到廣州，他最終仍得到貨物的供應，代價卻高到沒有利潤，使得雙方的貿易中斷了二十五年。

葡萄牙人在廣東省以極盡狡詐的品行，重創了外國人的形象，印證了中國人的至理名言：「蠻夷之人，非我族類，不可將之視為常人治理。若有人企圖以真理格言加以約束，不但徒勞無功，且徒增混淆。諸先帝甚明此理，無不以苛政待之。是故，理蕃無良方，唯有苛政一途。」[3]如果中國人持續以上述信條挑戰我們的耐性，我們也只好回敬以重重的一擊，且堅持不懈地逼迫他們開放外貿及交流，其利益目前已經在中國逐步透過開發的天然資源，以及各種供應我們所需的本土工業顯現出來。日本最近已經放棄奉行已久的鎖國政策，來贏取西方國家的友誼、吸收其藝術，學習其科學，並重塑他們的宗教。中國遲早會發現，有這麼一個進步而比鄰的國家就在眼前，對中國而言稍顯難堪，在此情況下，吾人可以明確預料，中國的政策也可能發生類似的轉變，在本世紀（十九世紀）之前，這個「偉大中國」將會與那個他們極力忽視的較高文明並駕齊驅。

註釋

1 Bowra, *Kwang-tung Province*, p. 3.

2 出處同前，頁八。

3 Davis, *The Chinese*, p. 28.

廣州的舊商館

一六八四年，東印度公司在廣州的河岸邊取得一小塊土地，奉准在那裡設置商館，但所有的交易商和交易活動都限於該範圍內。商館的建築和邊界圍牆被四周赤貧人口臨時搭建的陋屋重重包圍，一如附圖所呈現。它現在化身為美國租界，其建築物的新主人則為旗昌洋行（Messrs. Russel & Co.）與史密斯阿契爾洋行（Messrs. Smith Archer & Co.）這兩家在中國歷史最悠久的美商公司。歐斯貝克（Kenneth W. Osbeck）的《行旅》（*Voyage*）一書確切描繪了該代理處於一七五一年的外觀。

有些記載說明了一世紀前，外國商人所面臨的種種危險與不便，以及容易受到攻擊的不利環境。他們進城的權利受到限制，又必須承擔沉重的貨物關稅。總之，當時的利潤如此巨大，只要成功完成一、兩趟船運，就有足夠的獲利可以安享餘年。但時光帶來轉變，當廣州及其人民都還維持舊狀，巨大的外貿卻蓬勃發展，大量的外國商人在這裡靠著各項設施——例如輪船、電報以及中國海關所建立的一套制度——在進行交易。但現在要快速累積財富的可能性已經遠比當年商館蓬

38| 廣東舊商館

勃發展的時期要小得很多。沙面當年的商館如今已是英國租界，其碧草如茵的草坪、花園、水邊的人行步道、優雅的石建住宅，以及精心建造的教堂，都不輸倫敦某個時尚的郊區。

中國政府那可恨的政策讓外國人到處受辱，終於因一八三九年的宣戰而中止。

廣州於一八四一年被英軍占領，隨後才因《南京條約》的簽訂而被贖回，和平也才重新來臨。但中國人無視條約的協議，廣州仍然一再限制外國人進入，他們的頑固轉化成新仇，而在一八五六年達到頂點。該年的十二月十五日，商館遭到劫掠與焚燒，同月二十九日，英法聯軍占領廣州，直到一八六一年。廣州雖以悠久古城而自豪，卻沒什麼古老的遺址可觀賞，主要是一般房舍及公共建築的建材易於毀壞。其城牆的周長約六哩、高三十呎，是建在花崗岩基座的磚牆，靠一道土堤支撐。有一道東西向的內牆，把圍場隔成舊城與新城，前者有四個城門，後者有十二個。目前廣州人口估計約一百萬人。

廣州的英國領事館

總督和省內高官的衙門或官邸，都位於城內的滿人區。每個衙門都占地遼闊，因為它包括官員的私人宅邸，還有行政部門的辦公室與庭院。

我們從一個三重門進入總督的衙門，穿過好幾個精巧的庭院，院子有老樹的繁茂枝葉、竹叢和巨大的芭蕉葉遮蔭。這些院子引領我們抵達官方接待室；在它的後面，穿過長長的、一道道花瓶形狀的通道，以及一座座精雕細琢的屏風，那裡就是總督閣下的宅第及私人花園。這些庭園也都綠樹成蔭，底下有宜人幽徑，時而蜿蜒在蓮花池旁，時而盤旋在奇妙的瓷牆之間，而這些瓷牆都被各式矮樹叢裝飾得花團錦簇。到處都可以看到小小的石製幽靜處，石上滿布青苔、蕨類和地衣。這一切完整代表中國庭園的景觀，雖然比較吸引外國人的部分是它細節上的美麗與新奇，而非它整體的效果。

英國領事館位於滿人區的後方，圍牆內占地六、七英畝，大部分是花園和庭園。

39｜廣東的英國領事館

庭園上是老樹枝葉形成的藤架，為一群馴鹿提供遮蔭，小鹿溫馴到會去吃牧童或領事手上的草料。領事的宅第是由牆上的一方圓孔進入，當我們抵達時，我們朝裡面瞥了一眼，看見一個有假山庭園的院子，花瓶裡有金魚，還有一盆盆稀有灌木陳列在頗富裝飾的瓷架裡。那房子有兩層，是純粹的中式建築。圍牆內其他重要的建物，是一排廂房，得經由花崗岩石階上去，通常是供訪客下榻。領事館較低階的領事官員的辦公室及宅第則在沙面。

圖39是從方才提到的那排廂房的石階上所拍，呈現了花園的一部分，中央是一座宮殿的山牆遺址，這座宮殿兩百年前屬於一位滿洲征服者的女婿所有。那座塔中國人稱為「花塔」，是中國南方最古老的塔之一，據稱是梁武帝於西元五三七年所建，是八角形狀，有九層，高一百七十呎。英國水手曾於一八五九年爬上該塔，但當地人不許冒險攀登。

廣州的當鋪

廣州典當商的宅院讓我想起曾經在蘇格蘭看過的方型堡壘，這是古老時期用來抵禦侵擾的碉堡或據點。圖中的方樓是中國南方當鋪的典型實例，它高高佇立於那些房舍的上方，並成了那些散布於廣東平原上的村莊的標誌。這座方樓位於廣州荷商東印度公司舊商館的旁邊，聳立於光禿禿的地面上，四面有高牆圍住。這座方樓正門之堅固，猶如某些城堡的大門。進入之後，它的一樓是營業處，那裡有一個分離於內牆的方型木架，高度直逼屋頂。木架分成好幾層，經由梯子爬上去。第一層存放最大件的典當品，像是家具和農產品；小件及輕便的物品存放在上層；最上層則是專門用來存放珠寶及貴重物品。從下層到上層的每一件典當品，都以目錄名冊詳細記載，也都有一張代表典當品編號的票子，上面載明典當日期，因此每件物品都可以馬上找到並贖回。

屋頂外面的四周有鐵欄杆，還有一圈堆了沉重石塊的小道，如果有搶匪意圖爬牆上來，這些石塊就會當頭砸下。這些地方的貴重財物隨時有被偷或被搶的危險，這方樓自然就成了富人的財寶和貴重衣物安全的存放地點了。做為一個合法的典當商建物，除了上述功能，它還可以借支給前來典當物品的窮人。在這種地方，十兩以下借支的月息是百分之三，但在年度最後一個月，月息僅有百分之二；十兩以上的借支，月息是百分之二。在等級較好的當鋪，典當品可以存放三年。

40| 廣州的當鋪

廣州海幢寺

海幢寺是中國南方最大的佛教寺院之一，位於廣州的珠江南岸。從水邊沿著寬闊的花崗岩路面進入外廊，頂上老樹成蔭，訪客會發現自己身處寬敞的外院，前方有一面巨大的通道，通到後方。兩尊巨大的塑像接著吸引訪客的目光，他們是印度神話裡的神祇，以著武裝戰士的姿態出現。祂們是被佛教吸納而來的門神，而在比海幢寺更雄偉的寺廟裡，這種威武神明的數目可達四尊。我們接著循一條寬闊石階進到內院的砌道，於是照片中那條狹長的深景就呈現在眼前。後面的中庭就是內殿，最裡面的神龕有三尊上了金箔的菩薩閃閃發光。這裡，空氣中瀰漫著焚香的濃煙，從菩薩前面的聖壇上一縷縷呈圓柱螺旋狀上升。有一個僧人專事照料那些世世代代燃燒著的燭芯。

聖壇四周滿是銅缽，以及滿盛香灰與香枝餘燼的香爐，以及上千許願獻禮的遺跡。聖壇上燃燒著的蠟燭，在諸神的影像以及屋頂的絲質壁掛投射出熊熊火光。銅鈴不絕於耳的叮叮聲，或某些老僧莊嚴卻單調的誦經聲，內殿光線陰氣森森，加上

41| 廣州海幢寺

對一位奇怪神祇的膜拜，都令人產生陰鬱之感，但只消在美麗的後花園散步一回，不悅之感很快就會消散。僧人在這裡種植奇特又漂亮的植物和樹木，還將它們塑成令人驚奇的形狀，像是小船或鳥籠，更把樹木的枝椏拗成百種古怪的裝置。這裡也有一個關著許多幸運豬仔的畜欄，在慈悲神明的庇佑下，使牠們免遭屠宰。

華林寺羅漢堂

這座馳名的寺院名為「華林寺」，意謂華美森林的寺廟，坐落於廣州的西郊，是印度的佛教使者菩提達摩所建。他約於西元五二〇年抵達廣州，達摩乘竹筏上溯長江的畫像經常繪於茶杯上。[1]該寺於一七五五年在乾隆皇帝的資助下重建，其涵蓋的庭院、殿堂及僧人住處占地遼闊。圖片所示是羅漢堂的部分樣貌，而該堂正是華林寺最吸引人的地方。

羅漢堂有五百尊出自佛曆的鍍金聖人肖像，祂們代表東方不同國度之人。尤爾上校（Henry Yule）在其新版的《馬可．波羅》（*Marco Polo*）一書說，其中一個正是那位來自威尼斯的旅行家。但經過謹慎查證後，發現所言不實，因為在這些肖像裡面，並沒有歐洲人的臉孔，而所有的相關記載都是更久遠的古代。後面圖43所呈現的老者，是華林寺的住持。

註釋

1 Bowra, *A History of the Kwan-tung Province*, p.12.

42| 華林寺羅漢堂

華林寺住持

大約三年前，我首次拜訪這座寺廟，有一位任職廣州海關的中國朋友陪我來，他把我介紹給這位住持。他殷勤招呼我們，帶我們參觀他的私人寓所，還在那裡招待我們茶點和水果。他的寓所圍以高牆，必須通過一個花崗岩砌的方院才抵達。方院裡有各種稀有及美麗的花卉，其中最顯眼的是光彩燦爛的蓮花，在精巧的水缸裡盛開，水缸上還浮著其他鮮綠的水生植物。這位老者已經在這個與世隔絕的地方度過半生，並在這些花卉上面耗費許多精神。他以無比的鍾愛滔滔不絕地講述這些花朵的美麗，並表達了他發現外國人也有同樣愛花之心的喜悅。他寓所裡有幾把雕工精巧的黑檀座椅，一、兩張桌子，還有同樣材質的神壇。白色的牆上掛了幾幅很不錯的圖畫，在周遭環境的打理上，展現寓所主人大隱於人間的樸實品味與優雅。兩年後我再次拜訪這座寺廟，並拍下這張照片。在第二次的造訪裡，我得到住持和他手下的僧人同樣的熱情接待。這種熱情好客在我拜訪過的所有佛教寺廟，無不令我心懷感激，只有一次例外。

43| 華林寺住持

廣州的挑揀茶葉

在漢口和長江對外開放通商之前，所有大洞庭湖區的茶葉都是運到廣州外銷。廣州目前的茶葉運載量愈來愈大，它正是廣東省的首府。

所謂的「廣州工夫茶」和「長葉薰香橙花白毫」，是以台山種植區的茶青製成，而台山正是鄰近地區最有名的產地。這些茶葉的做法是將葉子在手中揉捻，直到充分揉捲之後，葉子的末端會出現小小的白色羽毛狀的葉尖，稱為白毫尖。羅定的茶青製成香片和珠茶，其做法是把葉子裝於袋中，用腳踩捻，直到葉子捲成顆粒狀。

廣州地區的工夫茶都從澳門出口，而廣州正是以香片和薰香橙花白毫聞名。廣州的綠茶交易居於次要地位，此茶主要外銷到歐洲大陸國家。廣東的茶樹種植和隨之而來的廣州茶葉交易日增，唯在德法戰爭期間茶葉生意受到影響而滑落，不過這事後證明只是暫時性的。讀者可以推知，外銷茶葉的準備工作是在廣州大量進

44| 廣州的挑揀茶葉

行。工夫茶和白毫的茶青從茶園採下之後，以手揉捻，在太陽下曝晒，接著可以火焙並準備進軍市場。由於我往後還有機會介紹種茶及採茶，這裡我將僅限於簡短說明茶青製成外銷茶葉的過程。

紅茶經過部分日晒以及輕微火焙之後，看是要以手掌在平盤上捲揉，或是裝進麻袋以腳踩揉，之後置於鐵盤上，以慢火烘焙。接著散置在竹盤上，以便挑出斷梗和葉渣。這道程序是婦女和小孩的工作，也正是圖片所示。茶葉接著過篩，以區分不同的大小及數量。上述所有程序的進行，都奉行最小心及最不浪費的原則，連茶渣都小心翼翼地搜集起來，用以製作劣茶。

廣州的藥鋪街

中國城市的街道與歐洲極不相同，除了在南京與北京，總是極其狹窄。

它們鋪以交叉的石板，經長期人車往來而導致街道中心凹陷，這種惱人的路況取代了歐洲衢道的水溝，成了排泄雨水唯一的途徑。在漂亮的街道，店鋪大小幾乎相同，一面共同的磚牆將兩棟建築分隔開來。它們都有一個面對街道的店堂，以及一個花崗岩或磚頭砌的櫃檯，用來展示他們的商品，店門口的花崗岩基座頂著筆直朝上的招牌看板，它們的功能如同我們昔日的一般，是中國每個商家不可或缺的辨識標誌。

招牌的對面有個小祭壇或神龕，用來供奉該行業的祖師爺。店一開就會敬神，店家會在神龕前的銅製香爐插上一枝焚香。

店裡頭通常裝有一個晶亮的木製櫃檯長桌和精雕木架，後頭則是一個會計間，屏蔽以一個有網狀小孔的木質屏風，而且雕得像一株攀緣植物。

擦得晶亮的銅秤和秤砣總是擺在顯眼處，秤桿上以紅布纏繞。這些秤子是用來秤這裡所收的銀錢，因為偷斤減兩的銀錢在中國極為常見。而貨物既然是論斤論兩賣，買家一般會自備秤子，以確保他前來購買的貨物斤兩足夠。

藥街，或中國人所稱的槳欄路（我們的市場街），是廣州最好的街道之一，加上其多采多姿的明亮招牌，呈現出一幅美麗又富趣味的畫面。

不過，在雨季期間穿過街道絕非愉快經驗，主要是各個店鋪的傾斜屋頂都咫尺相鄰，從下面經過，雨水不斷當頭淋下。街道的狹窄主要是用以阻擋當空烈日，因此會在屋頂間的開放空間蓋上竹編的遮棚，其編法有足夠空隙可以讓光線和空氣進來，又可以有效阻隔熱氣。每個行業都有一個特定地點或街道，每家商店也都和比鄰的商家一模一樣，這裡沒有一家陳列商品，也沒有一家想要拚命拉攏顧客，不若歐洲商家間的競爭激烈。這裡的店家對於買賣的懶散與漫不經心實令外國人吃驚無比。當客人走進店裡，店主人——也許是個頭髮花白的長者，但稱頭的穿著給人一種穩重且信譽卓著的印象——會不疾不徐地把菸桿擱在櫃檯上，或推開茶杯，然後很客氣地詢問客人的需求。假如他的店裡有這樣商品，他就會依照所屬行會指定的價格來開價，或者假如辦得到的話他會賣更貴，但假如他賣得比隔壁店便宜被抓到，他就會面臨嚴厲的處罰。

廣東的街道都建得很不規則，路徑也彎彎曲曲。貧窮地區的街道比圖中顯示的還要狹窄，維護也極差，又髒亂，加上與人爭道的豬隻和野狗，簡直比倫敦最擁擠的巷弄更令人作嘔。商店和住家的建材都是輕便又易燃，屋頂上一排裝水的土罐是唯一的防火設施。

我很感激知名漢學家梅輝立所翻譯的這些藥鋪街的招牌看板，以及對鑑識假錢所做的有趣註解。

招牌可以視為中國街頭文學的代表，顯示中國的店主人喜以古典的誇張文句來形容他們再普遍不過的商品，就我所見，這些字句與店裡的商品毫無關聯。例如「天益」（天上的益處），賣的是桌布和墊子這類徹頭徹尾的地上物。而人們也許會問，

45| 廣州的藥鋪街

為什麼燕窩是「永恆的標記」（永記）？

總之，這些字句只是單純的店號，或者為人所知的店名，一如我們往昔曾經以「金色羊毛」、「錨」以及一些古雅的店號來命名我們的路邊客棧。

「乾記號」（天國的記號）：徽墨筆料

「張濟堂」（張家的「濟」字一脈）：選料蠟丸

「天益」：桌圍椅帔、椅墊炕墊

「天益慎」（上天的益處加上謹慎）：鋪墊藤薦

「永記」（永恆的標記）：燕窩

教習識銀[1]

「慶文堂」（學術歡慶的廳堂）：精刻圖章

註釋

1 鑑定錢幣，或說是識破假錢，及分辨不同發行來源銀兩的技能，在中國廣為盛行，許多中國年輕人視之為專業而加以學習，並受雇於錢莊或商行。而教識銀兩的地方與墨西哥銀的偽造者均有直接往來，也是公開的秘密。因此論者常曰，錢幣鑑定師與假錢兩者互為共生。假如偽幣的流通數量減少，眼前就不會需要如此大量的銀錢鑑定師；假如沒有教識銀錢的地方，偽幣鑄造者也就失去讓假錢進入市場流通的主要管道了。

踩製香片與珠茶

在所有茶葉的製作過程，珠茶的作業程序最奇特且最有趣。進入茶廠的珠茶部門時，訪客會驚訝於一群身材矯健的苦力僅身穿棉質褲子，他們褲管向上捲起，以讓裸露的四肢自在活動。來者起先會對所見感到不解，他們是在工作還是在玩耍？他們把雙臂置於一根橫梁上，或者扶在牆上，雙腳忙著滾動直徑約一呎的球體，在地板上來來回回。訪客很快意會到，這正是他們的工作，而且還滿辛苦的。他們腳下的球體是裝滿茶青的帆布袋，藉著持續來回滾動，袋裡的茶青會變成丸狀。當葉子變得更緊實，袋子就會變寬鬆，這時就需把袋頸扭緊一點，接著再滾。扭和滾的動作一再重複，直到葉子變成完美的小球狀。接著茶珠會過篩以區分大小和品質。茶葉的香氣是在最後的焙火之後再加上去的，亦即在茶葉尚未完全冷卻之前，將之與珠蘭、樹蘭和其他花朵混合。這些花會留在茶籃子裡，直到茶葉準備要包裝時，再以茶葉過篩的方式移除花朵。

46| 踩製香片與珠茶

茶葉秤重以便出口

在市場即將開張之前，他們首先將茶葉分級。各式茶葉的樣品會分送到外商那裡，外商們就會仔細品味其色澤、大小、樣式、滋味，並嗅聞其葉、整體外觀、濕度或乾度。待專業的品茶師品評了各項要點，這數千箱不同茶葉的買賣就成交了，接著擇定一天來驗貨並將全部的茶葉秤重。秤重的程序如下：一個個經過焊接並準備外銷的襯鉛箱子整齊對稱地堆放在中國茶廠的秤重間，中間僅留出小小的通道供外商驗貨員通過。驗貨員會在二十個或更多的箱子上面做記號，並示意將這些箱子移開，以當場打開受檢。完成後，驗貨員這時最應小心防備，因為經驗教導這些熟練的秤重者如何將手輕放在繩索上以讓秤子保持平衡，這樣一來，只要他輕輕使力，天平就會傾向一方，看起來有利於買方，實際上卻是偷了買方的斤兩。無論如何，中國有信譽的商人，其講究公平交易的特質與我們圈子裡的商人並無二致。而從那些貨物裡挑選出茶箱，如上所述，僅僅顯示整個交易過程的誠信與嚴謹。

47| 茶葉秤重以便出口

廣州的茶廠

廣州的本土茶廠都比鄰河岸，因此花崗岩製或木製碼頭是他們最不可或缺的配備之一。

在茶季期間，茶廠前面可以看到一些如圖48所示的工人，他們是受雇於揀選茶葉、取樣，或是分級，或是準備裝箱。進去是一、兩個辦公場所，其合夥人、會計及簿記員在這裡辦公。屋外有一些長板凳和椅子，與一張小桌子，桌上有熱茶和杯子，用來接待訪客。旁邊有個很大的庫房，用以存放茶葉，也是茶葉秤重準備外銷的地方。

之後我們進入一個開放的庭院，來到一個茶葉揀選、焙火、分級以及包裝的地方。這個房間上面通常有個頂樓，在這裡婦女和小孩把茶葉散置在竹製托盤裡，以挑出葉梗和殘渣。這些托盤在狹長的桌上排成一排，四周圍滿一大群揀選者和分級者，不停工作著。這個房間代表整座茶廠最生動的景象，很多婦人相當漂亮，纖纖小手移動的之敏捷令人驚嘆，一挑到雜質的小碎渣就立刻丟到一邊，因為茶葉裡面可能混有雜質，而這種挑揀的本領只有熟練的眼力才辦得到。拜訪這些製茶場所，你不禁對它的秩序井然與專業氣息留下深刻印象。在這裡，一個分工完善團隊從一種灌木的葉子製作出種類多樣、氣味細緻又有益健康的好東西。

48| 廣州的茶廠

廣州外商的試茶間

圖49呈現兩位中國茶商在外商的試茶間，等待對方給自己的樣茶開價。廣州每一家經營各種茶葉生意的外商，都有一個特別用來試喝茶葉的空間。這個品茶間的窗戶向北，但被遮蔽起來，故只能透進一些穩定的天光，光線剛好直接落在下面的茶板，茶板上散置的樣品裝在一個個方型托盤上，而茶葉色澤、樣式及外觀的檢視正是在這一致的光線下進行。房間周圍的架上有一排排錫罐，大小和形狀完全一樣，裡面裝著經過登錄的前些年茶葉樣品。這些是供作參考。那些杯子也是樣式相同，它們有規則地在許多桌子上排成一列列，這些杯子也都是特別為商場上的試喝而製造。樣茶置於杯中之後，會倒進特定溫度的熱水，茶葉停留在杯子裡的時間是以沙漏來計算，時間一到就可以開始品嚐了。這所有的測試，都由那些經過特殊課程訓練出來的助理來進行。他們所學到的知識對這些外商極為重要，因為這些獲選茶葉在祖國市場的獲利表現，很大程度依賴於這些品茶師的能力和判斷。

49| 廣州外商的試茶間

廣州仕紳

圖50、51兩幀仕紳人像之中，那位比較年長者，早年苦讀，並在科考之中晉級一、兩階，精通中國古籍、律法及歷史，為中國文官體系的備取官員。慢慢地，他成了一位領政府薪俸的六品文官。一旦穿上官服，就可以從官袍的樣式和上頭的裝飾看出官階，帽子上的官徽之顏色和材質也同樣宣示他的官階。他的薪餉很少，也許一年不到二十英鎊，不過他可以利用賄賂和勒索把這個數字加大到一千英鎊，或者假如他有辦法的話，也可以利用職權，不斷替自己加薪到這個數字或更多。密迪勒（Thomas Taylor Meadows）[1]曾舉了一個中國官員的例子說，這位官員的正式薪餉為二十二英鎊，卻滿腹牢騷地抱怨他的額外收入不到二千三百三十三英鎊。

另一幀畫像裡的人物是個買辦，或說是外國商行的出納。透過他的合法積蓄或是私人投機炒作，他已經累積一筆可觀財富。聘請一位有名望又有相當能力的中國人來擔任財務主管，是外國商行普遍的做法。由於公司所有的財務往來都透過他的手，此人必須獲得公司的充分信任和支持。他是本土商人的佼佼者，是最好的郊商行會的成員，他嫻熟外貿知識，使得他在通商口岸的本土富商之間擁有影響力。這種影響力無疑是外國輪船公司及其他外商公司延攬中國富人入股的主要原因之一。外國商行裡的買辦一職，強而有力地說明氏族以及緊密的親戚關係是如何有力地在商圈裡運作。買辦是氏族之首，所有本土僕人（他們在外商圈為數眾多）都是他所雇用，因而他必須為傭人們的品行負責。所有的僕人——從挑水的苦力到管家，都是該買辦的氏族成員。他們既是如此團結，也就必須格外約束自己的行為，以免砸了氏族老大的招牌。

註釋

1 Meadows, *Notes on China*, , p. 100.

50、51| 廣州仕紳

鑑識假錢

當公司收到貨款時，銀幣的真假是由買辦的助手負責鑑定，以確保該筆貨款裡面沒有假錢。銀師的手法熟練而快速。當銀師要將一袋貨款轉移到另一袋時，他會同時把兩個銀幣置於指尖，再以敲擊和聽聲來判定是否為賤金屬。錢幣邊緣的溝槽也會加以檢查，主要是中國人很聰明地鋸開銀幣，將裡面刮出來，填充以廉價金屬再焊接起來，敲擊時它們同樣會發出銀的聲音。由於重新焊接的技術十分純熟，只有經驗豐富的專家能識穿兩半的焊合處。當所有的錢幣都鑑識完畢，就加以秤重以支付款項。

52| 鑑識假錢

繅絲

為了拍攝絲綢產業各種作業程序的照片，我已經在這裡進行了一趟特別的遊歷。但人們因為迷信而對我的攝影器材心懷恐懼，使得我在這個絲綢產地僅拍到這張圖片。

桑樹在廣東省長得極好，並且大量用來養蠶。這個產業為許多小農家庭帶來不錯的收入，他們因而在院子裡撥一塊地來種植桑樹。各種關於產絲的精細工作落在主婦和女兒的身上，她們的任務是去搜集蠶卵、小心看顧孵化的過程（四月正是孵化期）。待蠶兒破殼而出，她們就開始給這些蠶寶寶餵嫩桑葉，等蠶兒完成吐絲的工程，牠辛勞的一生也告終了。接著就把絲繭捲繞，外銷到歐洲，交給織布機。我們要多方感謝中國，也許養蠶的知識與絲綢的輸出，是它帶給西方國家的兩大恩賜。

我在中國最有趣的體驗之一，是觀察這個分布很廣的產業其風貌是多麼的樸實，而生產出如此華美貴重的絲袍的窮苦工人，他們是多麼的卑微卻勤勉。在拍攝這張照片的村子裡，所有的婦女和適齡孩子都在做繅絲的工作。機器都很原始，照片裡的這一台已經是最先進好用了。工人們不樂見雇主引進更複雜的機器，他們有組織完善的工會或工聯，可以堅持立場以對抗資方。中國工人反對引進可以加速工作的先進機器，這與印度勞工界所發生的事件十分雷同。為了要興建鐵路，就必須大量開鑿山路，政府因而提供獨輪推車給苦力，用來取代他們扛在頭上的土著籃子，誰知道苦力們使用獨輪車的方式，竟是在每一個推車裡裝進一個籃子分量的東西，然後把獨輪車扛在頭上。

中國工人具有獨立的性格，假如他們認為遭到雇主不當對待，他們總有辦法予以糾正。我有一位住在香港的商人朋友告訴我一個驚人的例子，來說明這些中國工人聯合起來的力量有多大。他一直都提供具有某種厚度的大片黃銅給一個佛山的銅匠，這個城市被譽為中國南方的伯明罕。但銅匠告訴他，薄一點的銅片將會很合用，因為比較省力。所以這位商人就提供稍薄的黃銅片給工人，詎料工人們立刻決定假如資方執意引進稍薄的金屬片就罷工，因為薄一點的黃銅片將奪去他們錘打舊式形狀金屬的時間和所花的勞力，而讓資方占盡優勢。很自然地，這種薄金屬就被拒於門外了。

53| 纏絲

澳門

昔時澳門只是廣東香山外海的一個小島嶼，與大陸僅靠一條河口沙洲相連。這使中國人感覺如芒刺在背，於是在一五七三年，就在那些落腳澳門的葡萄牙人引發騷動不久，立刻在沙洲上設置障礙，以阻隔那些外國人闖入內陸中國。對於早期葡萄牙人及其建立殖民地的方式，中國人的記載與葡萄牙作家的描述大相迴異。看起來葡萄牙人早於十六世紀初就有意在寧波及汕頭附近建立貿易據點，但這些目標沒能實現。一五五二年據說他們獲得中國政府的許可，在澳門蓋草棚來儲存貨物。這就是澳門發展成今日樣貌的起點。最早出現的建築首推防禦工事和教堂，中國政府起先並未徵收地租，直到許久之後葡萄牙人在這裡建立了聚落，事實上是直到一五八二年才徵收。「大約是在一五八〇年，教宗額我略十三世[1]成立澳門教區，由主教管轄，並已有十三位主教接任此一聖職。」澳門最興盛的時期，是在葡萄牙與英國結束戰爭以及我國在香港建立殖民地的不久之前。

在這個時期裡，葡萄牙人在這裡興建了最漂亮的房舍，澳門因而逐漸形成今日的美麗風貌。環繞在海灣前面的主要住宅區，有一條寬廣的四輪馬車路，也就是大家所知的南灣，一如圖54裡所示。這張照片是攝於南灣最南端的主教灣山上。內港是在半島的西北邊，城市最古老的部分正是在此，並有不少髒亂狹窄的巷弄通向城市上方的主要街道。這裡的房子呈現一幅有趣又古味的外貌，屋主在房子的外觀塗上各種鮮豔的顏色，彷彿無視於對稱及和諧的組合。在歐洲人看來，它的效果就像一個遲暮美人在皺巴巴的兩頰塗上火焰似的胭紅補靪一樣。除了中午一群黃色面孔的禮拜者湧進大教堂，或者傍晚在南灣散步時，花園裡傳來演奏的樂隊之外，這些昔日一度繁忙的街道已經找不到絲毫貿易的跡象，或是任何活躍生活的痕跡。當地的、社會的和氣候上的影響，以及種族的融合，都不利於這些早期葡萄牙人的後裔。和那些晚近才從祖國抵達的同胞相比，他們大為失色。比起歐洲的葡萄牙人甚至當地的中國人，他們的外型更矮小，皮膚更黑。當然也有少數明顯的例外，你卻很少碰到長得稍微好看的人。但必須說明的是，上述指的是低下階層以及混血者。

麻六甲的葡萄牙人也有類似的情況，他們身上幾乎找不到一點西方人血統的痕跡，除了一些父子代代相傳的、代表歐洲人服裝特徵的物件，像是一頂海狸絨帽，而

形成一種歐洲人和當地人在服裝儀容上怪異可笑的混搭。澳門是香港居民夏日極為宜人的度假勝地。兩個港口之間每天有一艘輪船來回穿梭，一趟行程大約四小時。南灣有一家旅館，在它的陽台可以享受海風的吹拂，欣賞海灣的景致，在這個海灣裡，捕漁船隊或是下錨碇泊，或是來回穿梭於島嶼之間。每週有三班輪船載送旅人到廣州，遊歷那座古老又極有趣味的城市。澳門城裡和四周有不少優美的步道，僻靜的沙灘海灣吸引旅人前來享受海水浴的奢華。花園裡（目前屬於一座私人住宅的土地）佇立著葡萄牙詩人賈梅士（Luís Vaz de Camões）的石室，據說他在創作《葡國魂》（*Os Lusíadas*）期間曾經住在這裡。賈梅士落腳澳門之前與之後的生涯，是個奇特的冒險之旅。

「身為一名士兵，他在摩洛哥帝國作戰，足跡遍及亞特拉斯山腳下、紅海，以及波斯灣。他兩次經過好望角，由於熱愛大自然，他耗費十六年的光陰觀察印度及中國的海洋。賈梅士於一五五六年以作品諷刺政府的罪名被流放到澳門。」[2]這種用來鎮壓詩人及天才的草率手段，不僅見於葡萄牙，也存在於他國，即便時至今日，也還時有所聞。從一八四八年以來，澳門就因非法買賣奴工而招來惡名，這些不幸之人被運送到古巴、秘魯及南美洲海岸的各港口，很多人是在廣東及其四周島嶼遭到綁架。他們首先被關進澳門的豬仔館，然後全部塞進擁擠不堪的船艙，種種不人道的待遇經常導致海上喋血與殘殺，或者疾病與死亡，這或許帶給這些悲慘奴工最後卻可喜的解脫。以下的摘錄一點也不誇張：

「『海洋女神號』（Dea del Mare）於一八六五年十月離開澳門前往秘魯卡亞俄港（Callao）。抵達大溪地時，五百五十名奴工只剩一百六十二人存活。」

澳門現今的奴工交易受到嚴格管控，這要歸功於眼前這位英明的總督所進行的迫切改革，所帶來的成果。

註釋

1 譯註：時任教宗為額我略十三世（Gregory XIII），其在位期間為一五七二至一五八五年，原文誤植為Gregory III，應是打字編排上的謬誤。

2 Bowra, *A History of he Kwang-tung Province*, p. 84.

福爾摩沙島的山間隘口

福爾摩沙島位於北緯二十六度與二十三度之間，長約兩百五十哩，平均寬度為六十哩。一條橫亙南北的高聳山脈將本島一分為二，天氣晴朗時，從大陸可以看到它的山峰。中國宣稱台灣歸它所有，並將其劃歸福建管轄，而該島就位於福建外海。中央山脈和西側較低的山脈，與向東延伸的支脈，以及東部海岸的大片地區，分布著原住民族和一些遺世獨立的部落，他們在膚色及語言上與馬來族相似。與他們血緣近似的，有平埔番[1]，他們分布在地勢較低的丘陵地帶，以及西部中央山脈系的高地。這些平埔族已經部分開化，以耕種為生，相當程度地歸順中國人的管轄。出了這些地區，占據西部肥沃平原的，是來自福建的漢族務農者，其間並有客家人混雜其中。客家人來自中國北方，是刻苦耐勞又冒險犯難的族群。客家人分布的地區與那些凶悍原住民的獵場相比鄰，他們也和那些高山族結盟，以便以物易物，用中國人的物品交換樟木、獸角、獸皮和藤等等。

福爾摩沙目前的人口約三百萬，由於土地肥沃，該島的商業地位正急遽上升。

北部地區目前已引進茶葉種植，成效相當良好；樟樹、煤以及多種珍貴木材產量豐富，南部的蔗糖與稻米也大量外銷到大陸。由於中央山脈目前還有待探勘，推估島上蘊藏豐富的礦產。

中國人聲稱十五世紀初就發現了福爾摩沙[2]。可能當時富有雄心的發現者從大陸看見了它。然而，它當時並沒什麼重要性，直到一六一四年荷蘭人占據該島，他們在目前台灣府外的小嶼建立了熱蘭遮城。這個堡壘是用來保護一座內港，不過港口目前已經完全消失，只留下一片連接小嶼與本島的不毛荒地。一六六一年，海上梟雄鄭成功將他的艦隊駛進了這座內港，終於驅逐了荷蘭人，接管該島，並在台灣自立為王。國姓爺的後人最終仍向朝廷投降了，而僅僅是在過去幾年間，自從開放了通商口岸，該島的富足和資源才為外界所知。

這幅山間隘口的景色，是在六龜里附近所拍，它位在中央山脈較低矮的支脈上。這張照片意在表現「美麗之島」的內陸景觀。

註釋

1 譯註：即今日所稱的平埔族。

2 見 *Treaty Ports of China and Japan*。

55ト福爾摩沙島的山間隘口

第二部

福爾摩沙木柵[1]的竹子

竹子是中國南部用途最廣的植物，因此我在本書賦予它重要的地位。然而，竹子的應用並不只限於竹林遍野的南部。竹子在中國人的社會經濟功能廣泛，深入中國的每個角落。假使除了稻米和竹子，所有物資都消失了，光是這兩種植物大概也能夠撐起所有衣食起居之需；甚至，如同我打算在下文介紹的，竹子可能足以獨力承擔這飽足天下的大任。竹子這種耐寒植物無需悉心照料，也不挑剔生長環境，不論是在多岩的貧瘠山坡，或是在肥沃的谷地田野，或是園子裡，都一樣旺盛成長。竹子是一叢高聳的巨草，高度可超過一百呎，頂端茂密的葉子像羽毛般優雅地伸展開來，加上筆直的竹竿，形成厚實的屏障；竹子在住宅周圍形成樹籬，淡綠色的葉子更是令人舒適的遮蔭之物。如果旅者注意到中國人的居住型態，必然會發現，無論是建築結構或裝飾風格，許多靈感都源自於竹子與遊牧生活的帳篷。因此，在鄉下人簡陋的家中，竹子穩固的莖梗依舊被當作主要的架構支撐材料。細竹劈成板條，竹葉則用來遮蔽牆面與屋頂。

56| 福爾摩沙木柵的竹子

在比較氣派的民房，以及以磚塊與灰泥搭蓋的寺廟裡，上漆鍍金的硬木橫梁也是模仿竹竿形狀製作的。屋頂的排水道設計也是類似的仿竹風，而門牆的白色灰泥鑲板上也繪飾以栩栩如生的竹子。

現在，我要大致介紹一下竹子在家計民生中所負擔的任務。室內屋椽下垂掛著幾根帶刺竹竿做的吊鉤，上面吊有豬肉乾和一些類似的食物。這些多刺竹竿的功能如同拒馬，用以防止老鼠偷吃；這倒也讓我想起蘇格蘭的一句座右銘：「犯我者必付出代價」。在房子的一隅，我們可以看見防水的蓑衣與斗笠，上頭是層層疊疊的竹葉，如同鳥類身上的羽毛。房子其他角落裡還有農具，基本上也是用竹子做的，實際上，除了松木桌板，這簡樸住宅中所有家具一概是竹製品。魚網、各式籃子、紙筆（就算在最簡陋的中國住宅裡，這兩樣東西也從不缺席）、量米杯、酒杯、水杓、筷子，還有菸斗，這些全都是竹製品。

住在這屋裡的人此時正享用著鮮嫩的竹筍，假使你問他，他會告訴你，他是從竹搖籃的縫隙對世界展開最初始的觀察，而他最終的願望，則是在某個陰涼坡地的竹林下安息。這種植物在佛寺中也被廣泛使用。佛堂裡安放的是幾段扭曲得很古怪的竹根；最古老的佛教經典是刻在竹簡上；卜卦用的籤與籤筒都是竹子做的；而寺外，也是那搖曳羽毛般的竹葉為整個庭院遮蔭送涼。

礙於篇幅限制，這裡不可能逐一介紹竹子多樣的用途或是估算竹子對全中國居民的價值。然而，從這些例子來看，由於竹子所擔負的工作項目如此之多元龐雜、對中國民生的貢獻又如此普及，我可以毫不遲疑地確認，竹子堪稱是中國最有用的植物。

註釋

1 編註：Baksa，現今高雄市內門區。

福爾摩沙的原住民

雖然整座福爾摩沙島屬於中國福建省的一部分，但島上的原住民依舊在島嶼中央地帶的綿延山脈中據地獨立。這片山脈的主脈與各條支脈，從島嶼的極北端延伸到極南端，整座山脈以粗獷險峻的岩岬伸入海域之中，在東海岸形成崎嶇荒涼的海岸線，據說找不到任何港灣或是可供下錨停泊的地方。因此，當原始部落被逐出西部肥沃的平原，被迫在山脈與森林的要塞中尋求安身立命之處後，大可以有效地閉關自守；而他們較文明的鄰居就算偷偷摸摸地嘗試逼近，也是徒勞無功。然而，還是有少數原住民部族居住在所謂的中國人的地盤上。這些地區某些程度上是處於中國的管轄權之下，所以嚴格來說，稱之為中國人的地盤並不為過。

來自廈門的本地人稱呼這些原住民為平埔番（Pepohoan），或是「平原上的外族」。平埔番的居住地，零星地分散在中央山脈西側的內陸谷地與丘陵地帶。這些照片裡的人物是木柵的平埔族人，這座村落位於離首都台灣府約三十哩的內地。這群平埔族人目前奉行中國的傳統，例如採用部分中國殖民者所使用的廈門方言，可以被視為這類半馴化原住民之中最開化的一種典型。

木柵的男人帶著被韃靼征服的標誌，跟世界各地的現代中國人一樣剃頭而蓄長辮。然而，女人看起來較有獨立自主的精神，穿著打扮和她們的祖先並無二致。這服飾的風格，倒是很像我在柬埔寨和暹羅兩地不同的角落所見過的老撾女人的打扮。在這裡介紹的族群型態特徵，顯示了某種親族結構：福爾摩沙島上的原住民，長相遠異於中國的蒙古或韃靼人，反而跟住在婆羅洲、海峽殖民地與太平洋小島上的馬來人種較為接近。這點，只要是在中國與馬來群島住過的人，很容易就可以察覺。從島上原住民眼睛的形狀與顏色、服裝與方言，更進一步顯示出這些人種間的相似之處。

在這整座島上，我倒是沒發現任何未開化黑色人種部落的蹤跡。這些黑色人種部落遍布於菲律賓群島、交趾支那大陸與新幾內亞等其他地方，有些人認為他們身上帶有當地原住民祖先的殘餘血統。西班牙旅行家德馬斯（Sinibaldo de Mas）則認為，這些黑膚人與玻里尼西亞群島上膚色較淺的種族使用一種共同語言。他同時也認為，馬來人同樣屬於一個臉色白皙部落的後裔；這群白臉先祖早年曾經在這些島上四處出沒，把膚色較深且勢力較弱的部族逐入山林，同時將婦女占為己有。

這個理論尚且適用於那些擁有黑膚族裔的島嶼，但還有許多其他島嶼，如同福爾摩沙一般，不但沒有黑色人種的蹤跡，而住民所使用的語言也明顯地源自於馬來文化。如同先前所言，老撾族、平埔族與馬來族之間的相似程度，以及這些種族與中國苗族長相特徵的雷同之處，曾經使我萬分震懾。對於後者的觀察，我已經在附有插圖的中國圖書中證實，還加上其他來自中國的資料佐證。艾約瑟牧師（Joseph Edkins）則抱持不同意見，認為緬甸人、老撾人和撣人（Shans），近於中國的儸儸人（Lo Lo），也和海南的黎人較親。我倒是相信，黎人和福爾摩沙島上的原住民才是親族，而且後者所使用的語言無疑地源於馬來西亞。馬來語的分布範圍可能遠至北緯七十度、東經二百度。

我從許多太平洋島嶼上所使用的各種語言中擷取一、兩個例子，和福爾摩沙的數字讀音做對照，製成下列的圖表。此外我還可以補充說明的是，若是把福爾摩沙和太平洋島嶼的字彙進行更為詳盡的比較，只會歸結出更多這些島嶼上所有人種皆屬同源的例證。這些島民與東亞山地部落之間的關係，似乎點出一項事實：今日分布於從福爾摩沙到紐西蘭、從馬達加斯加到復活節島（Easter Islands）各島上，淺膚色直頭髮的各種族，早年都以這同一塊土地為家園。這個理論應該可以解釋黑色人種在最靠近中國海岸的各島嶼上絕跡的原因，同時，也可說明他們可以繼續在如新幾內亞的遠方島嶼上生存的背景因素。在這樣的條件下，黑膚種族才有辦法對抗少數嘗試登陸上岸的淺膚色侵略者。而在這兩者中間地帶的島上，黑色人種被逐入山林之中，並在北部銷聲匿跡，任由膚色較淺而勢力較強的種族占領之。圖57至60中的人物為平埔族女性，圖61與62的照片是平埔族男性。

福爾摩沙、瑪津達諾（Magindano）以及其他南太平洋島嶼的數字發音對照表

英語	馬來語	排灣族語，福爾摩沙	魯凱族語，福爾摩沙	紐西蘭語[1]	巴布語[2]，衛古島	比薩亞語[3]，菲律賓群島	瑪津達諾語[4]
One	satu	itsa	lenga	tahi	sai	usa	isa
Two	dua	lusa[5]	noosa	rua	doui	duha	daua
Three	tigga	toroo	toro	toru	kioro	tolò	tulu
Four	ampat	sipat	pa'tu	wa	fiak	upat	apat
Five	lima	lima	lima	rima	rim	limà	lima
Six	anam	unam	neuma	ono	onem	uniem	anom
Seven	tugu	pito	pito	wtu	fik	pitò	petoo
Eight	d'lapan	aloo	nevaroo	waru	war	ualò	walu
Nine	sambilan	siva	bangato	iwa	siou	siàm	seaow
Ten	sa'pulo	poro	porooko	ngahuru	samfour	na'pulu	sampoolu

註釋

1 Gaussin, "Du Dialecte de Tahiti," &c.

2 "South Sea Vocabularies," D' Urville.

3 Kennedy's "Ethnological and Linguistic Essays," p. 74.

4 同前註，頁七六。

5 在這個例子裡，lusa表示2，而在馬來語中，同樣的發音表示「第二天」。在此的所有例子裡，除了兩個例外，5都是以lima表示。克勞福德先生（Mr. Crawfurd）在其論文中特別提到lima在一些非洲方言中，為「手」的意思。

58| 平埔族女性

57| 平埔族女性

59| 平埔族女性

60| 平埔族女性

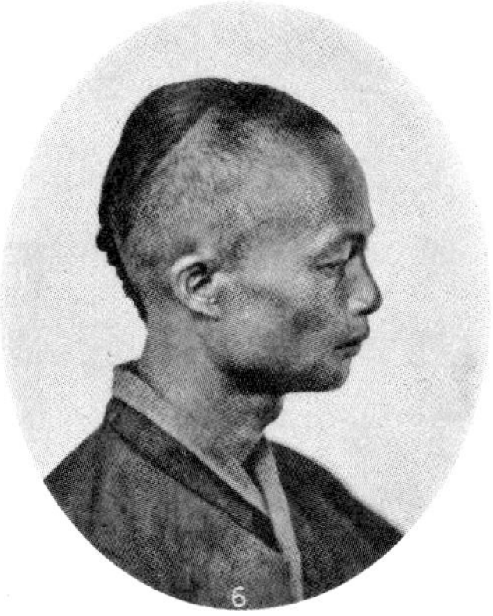

61| 平埔族男性

62| 平埔族男性

平埔族的住所

平埔族人的房子還算乾淨，整齊而舒適，整個島上的不同部落在設計上都表現出醒目的一致性。整個房舍呈三合院的形式，家人住在後面，兩翼則是固定用來安頓牛、豬和家禽。圖63所看到的照片，是這些平埔族房舍之中，某個房子的後側及右翼。左翼在結構上是右側的鏡射。三合院之間的地面分成兩塊，外面位於竹製牛棚旁邊那塊，是用來存放簡單農具或曝晒農作物；裡面那塊高起的泥土平台，則是家人的園地。最有價值的農產品都是在這塊硬土埕上面晒乾或整理，以便出售。同時，村民也會在這裡集會論事，或者歡慶節日，或者天黑之後與同伴小酌。

任何時候這家人想要宴客，家中的長子就會披上像浴巾一樣的衣服，戴上蕨葉的頭飾，出來向族人宣布他的父母屆時會「在家」。然後開心的賓客結隊而來，老弱村人蹲坐在火光熊熊的木柴堆前，村人的古銅肌膚在赤焰的掩映下，都成了紅孩兒，暗沉的棕櫚樹此刻也好像戴上了金色冠毛，在四周的竹叢反射出重重詭異的暗影。年長的負責添加茅草和木柴，年輕男女在火光裡隨著狂野的歌謠起舞，直到夜幕低垂。除此之外，裡面那方高起的平台也有其他功能，最重要的功能是雨季來臨，當田野被大水淹沒時，這方高台可以讓屋子保持乾燥。

屋子四周種了一些灌木及樹木，就像圖中右邊那棵木瓜。這種果樹產量豐富而且容易種植；再如枝椏已豐的椰子樹，比起細心栽種在花園裡的同類，長在房子旁邊的不但可以提供更多食物，還更適宜休憩乘涼。房子旁邊長在兩個小籃子上面的低矮闊葉植物是菸葉，他們用以晒乾製成菸草。他們的菸斗也是取材於自家竹叢的根莖。這種菸草品質頗佳，但他們多半在菸葉還滿綠的時候就用掉了。另外還有一種爬藤，我相信是島上原生的，當地人稱為愛玉。這東西會長出很多小種子，泡在冷水可以做出堅實美味的琥珀色果凍。

後面的廂房是家人的住所，得通過一道走廊進入。走廊上有一面細竹牆來隔離熾熱的太陽。整個房舍可以說是用同一種材料建造而成，因為這種植物在別的地方都沒有它在南台灣長得好。堅固的竹子骨架支撐竹製板模，橫梁和椽木也是竹子，竹葉則是用來做茅草屋頂。牆壁做好時，再塗上一層泥，有時會用石灰。地板就像先前說過，是經過長久踐踏而趨堅硬的泥土地。屋內的陳設是幾件中國工藝式的竹製家具，佐以一些粗木條，讓人可以坐下。一、兩把火繩槍、幾柄弓、箭、矛和幾張魚網掛在椽上。

就如我在其他地方注意到的一樣，由於平埔族住家鼠患猖獗，椽上有齒狀尖鉤，以防糧食被鼠輩偷襲。族人抓老鼠的方法聰明而靈巧，我認為他們所用的簡單竹製捕鼠器，是這群單純之人最巧妙的設計。它確是最有效的工具，由於肥鼠被族人當成珍饈，捕鼠成了一種額外的獎賞，發明者的靈感也許是這樣被激發的。然而，畢生沉溺於發明這個捕鼠器的成就，而不圖積極進取，只心滿意足做個捕鼠和吃鼠的平埔番，想來可惜。原住民所用的許多器具，像是火繩槍、矛頭、槍枝火藥和衣服，都是漢人做的。這些原住民沒有固定的買賣，鋤田以及整理收成以便賣給漢人，是他們所知的唯一工作。

63| 平埔族的住所

平埔族的類型

抽菸是福爾摩沙島上平埔族人最愛的消遣，男女老幼皆然。菸斗取材自鄰近的竹林，並依據個人品味來刻飾砍來的竹子。菸斗是辛勤耕田時的慰藉，亦是休憩間排遣時光的良伴。菸斗之於平埔族人，如同珠寶戒指之於我們，可以當作愛情的信物。因此，看到圖64的讀者，或許起初會覺得這平埔族婦女叼根菸斗有失風雅。但經過這番解釋，讀者自然會明瞭，這對她而言就像是夏日的洋傘之於一位英國淑女一樣地不可或缺。

相片中的一老一少，分別代表木柵平埔族的女性。較年輕的女子和她的族人一樣，五官姣好，流露出溫柔善良的表情。時間對木柵的年長女性毫不留情；勞務與曝晒很快地讓她們形容枯槁，二八佳人的天生麗質蕩然無存。然而，許多人頑強抵抗命運的擺布，總是細心地把自己打扮整潔，將一頭烏黑亮麗的頭髮盤在柔順的藍色頭巾下，就像是照片中的老太太一樣。

64| 木柵平埔族女性

謹此向這群木柵主婦們致以最高的敬意；她們打的是一場光明正大的抗戰，在曠野中對抗歲月無情的蹂躪。族裡在時間抗戰中最身經百戰的退役戰士，對於以胭脂、假髮或是染髮等防禦工事來遮掩歲月痕跡的心虛，大概會嗤之以鼻。晒得黝黑而爬滿皺紋的雙頰，加上幾縷因年歲而斑白的鬢髮，不僅使她們走到哪裡都備受敬重，更擁有通行證一般的效力，可以確保她們安然穿越敵對部族的領土。

相片中的兩人穿著十分類似，藍色或白色的短上衣綴以彩色的緄邊。傳統的穿法是把短上衣的衣襟跨過左胸紮緊，而她們的中國鄰居則是把短上衣上方的摺口跨到右邊扣起。平埔族女性所穿著的深藍色棉質下裳，或說下半身裝束，模樣很像老撾人的長筒裙（longuti）和馬來人的紗籠裙（sarong）。令我十分驚訝的是，不論在穿著、整體外觀以及其他許多方面，福爾摩沙的原住民都和柬埔寨、暹羅的老撾族有著明顯的相似之處。

不同於中國人，平埔族的婚姻儀式十分簡單，而且在締結婚姻時，（在馬雅各醫生的傳教人員尚未接觸地區的）女性無疑是占了上風的。因為女性可以選擇自己理想中的夫婿。有遠見的女人會優先考慮健康而勤奮的男性；因為男人要負責墾地，同時在丈人的家業中扮演一名得力助手。如果丈夫無法達到太座的期望，女方可以隨時離婚，另行物色新對象。

關於宗教，新教徒傳教士的古道熱腸讓許多人改宗信教，早年奉行的偶像膜拜正迅速式微。根據原住民原本的信仰，他們相信這個世界來自永恆，並存於永恆，永遠沒有終點。他們相信靈魂不朽，也相信人死之後終歸是善有善報、惡有惡報。平埔族主要的崇敬神像分別代表男性與女性的靈魂。

在岡子林的一戶人家裡，我破例獲允參觀了一對神像；神像彷彿極不情願在我們世俗眼光的凝視下袒露身影。這兩尊偶像靠牆立在昏暗的房間中，渾身布滿蜘蛛網。女性神像看起來像是一根矮小的五朔節花柱，柱頂有顆用鹿角固定著的鹿頭骨。柱身上，則盤繞著枯萎的花朵。男性神像讓我想起孩子的竹椅，上面同樣是頂著一顆頭骨，還多放了一、兩個祭祀用的酒杯。我參觀神像的民房，距離一座原住民為自己建造的基督教禮拜堂不遠。目前在福爾摩沙的南部，已經有上千名原住民新教徒；他們搭蓋自己的禮拜堂，並且盡可能讓禮拜堂能夠自營其生。

平埔族沒有自己的樂器，但唱著自己簡單、樸實的小調，悲情滿溢，聽起來確實像是被俘虜或是受壓迫人口所可能吟唱的旋律。

圖65介紹的是平埔族揹小孩的方式，以及平埔族婦女的另一種髮型，模仿自那些與山地生番混居的內地熟番部族。

圖66是個木柵女孩的全身照。圖67則為荖濃村一隅，我們曾經有希望能在此地的一個宴會上與山裡的生番一會。主人的兒子剛喪妻，前往鄰近山區去物色新娘了。但是再過幾刻鐘他便會帶著新娘回來，並由新娘部落裡的男性族人應邀組成的護衛隊伍隨侍歸來。在我們曾經造訪過許多的地方，此地的接待無疑是最熱情的。

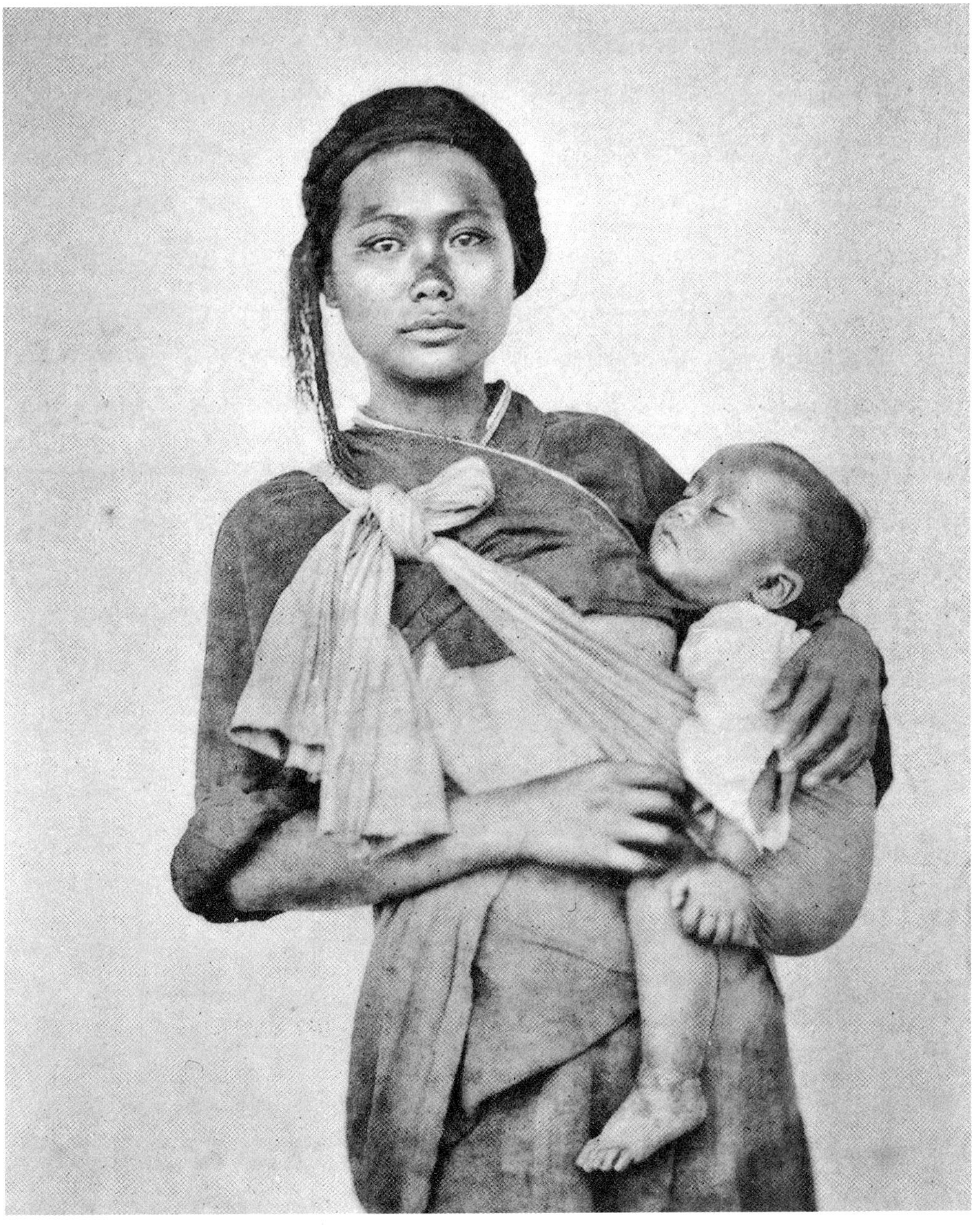

65| 平埔族揹小孩的方式

66| 木柵女孩

67| 荖濃村一隅

台灣府附近的鄉間小徑

離開福爾摩沙之前，我忍不住再看一眼首府台灣府附近的林蔭小徑，如圖68所示。在古老的熱蘭遮城與普羅民遮城裡，以及城牆內氣派的花園中，依舊保留著早期荷蘭移民的足跡。台灣府背負著一段悲慘的歷史。它見證了一六六一年以全面驅逐荷蘭人為結局的激烈抗爭，以及一八四二年八月十一日那染紅了的北城門外廣場，沾染著登陸福爾摩沙島一百九十七名我族子弟的血跡。

但在這次屠殺結束之前，一場可怕的暴風雨進犯，持續三天以上無止無休地肆虐，河水暴漲、淹沒大地、奪走了將近兩千條人命。一位上了年紀的中國人對我的朋友馬雅各醫生提及這起事件時，說道：「那年的八月十一日，是福爾摩沙黑暗的一日。」在席捲安平的暴風雨中，受人敬重的已故領事吉必勳先生（John Gibson）反應十分敏捷，採取及時而有力的行動，拯救了許多這港口內外國居民的生命財產。與此同時，還有更多其他日期更晚近、程度亦不亞於前者的災難，應該寫入這座城市的歷史。

68| 台灣府附近的林蔭小徑

漫步於台灣府外圍的街巷或是公園時，周遭寧靜祥和的環境簡直讓人無從聯想起這座城邦裡曾經爆發的激烈戰鬥。整個鄰近的區域如今籠罩在一片平靜安逸中，只能聽見孩子們歡樂的嬉鬧聲，或是滿載貨物前往市場的車輛從遠方傳來令人昏沉的隆隆聲。我所提到的車輛是這座島嶼特有的，因此我會盡力試著描述它的模樣。說也奇怪，當遠方傳來乾燥路面被車輛那更形乾癟的輪軸所輾過時的聲響，讓我想起管風琴飽滿甜美的音色。整輛車的設計，是用藤捆在一起的木頭結構。這種交通工具有兩個輪子，而每個結實的木輪寬幅約四呎，由體型碩大的水牛來拖行。

水牛像野獸似的，卻以懶散的模樣、旺盛的勞動力，以及對熟人的溫馴著稱。但牠對生人卻充滿提防，一旦脾氣被招惹起來，就會變得激烈而具有破壞性，難以控制。此時，巨大的雙角便成為水牛最犀利又最致命的武器。然而，我也曾看見這些龐大的動物在樹蔭下翻滾乘涼時，一群孩子就圍繞在那些牛角旁，時而往水牛的嘴巴和鼻孔裡窺探，時而在牠那黑色的、印度橡膠似的背上抓蒼蠅。

台灣府的小徑兩旁通常有仙人掌籬笆，其中點綴著牽牛花、燈籠海棠與其他野花。

百花綻放在綠色的襯景中，顯得格外絢麗；頭頂上的竹子揚起羽毛狀的枝葉，在小徑上形成有尖拱的弧形遮蔭。細長的枝幹向陣陣吹拂的微風點頭，閃爍不定的陽光照亮了腳下的繁花茂葉。世間恐怕再難尋得更勝一籌的佳境美景了。

圖69是福爾摩沙的竹筏，是一種為了在險惡天候下登陸西海岸而精心設計的船筏。在台灣府，靠岸之前要經過好幾哩的淺灘，而且一年至少有四個月的時間，海面形勢十分險惡。船筏是用竹子做的，用火烤彎後組成一艘形狀有些中空的船。竹竿以藤捆緊，同時每根竹竿間都會留一些空間，或間隔，讓水可以自由進出。筏的中央會固定一個大木塊，用來支撐桅杆。乘客則被安排在桅杆下方的水桶中。水桶只是被擺在筏上，未加以任何方式固定。因此，連人帶桶落下竹筏後被沖上岸的事還並不少見。根據我自己搭乘竹筏所累積的經驗，我相信它雖然可能很危險，但有時登陸卻不能沒有它。

圖70是在汕頭上方的韓江左岸所拍攝。和中國許多其他河流一樣，韓江的兩岸在枯水期時遠遠高過水面，在這段時間，人們便使用龍骨車來灌溉。這種引水裝置十分聰明，也很簡單，包括一條裝置於長型方口木頭導管上的循環鏈，上面載有

69| 福爾摩沙的竹筏

70| 韓江左岸

許多隔板，每片隔板間相隔約六吋。透過導管上方的引導桿，隔板在沒入水中後，可以迅速再浮出水面。用這樣的速度，就足以把流動的河水引導上岸。龍骨車頂端有個循環鏈穿過其中的水車輪，上面有許多輪輻，或是踏板，人們就是用腳踩踏板的方式讓鏈子轉動。

廈門港裡外都是突出的巨岩，碑銘就鑿刻在表面最明顯之處。這些石碑銘通常與地方的歷史或傳統事件有關，圖71即為其中一例。

71| 刻有碑銘的廈門港巨岩

汕頭

汕頭位於韓江口的東岸，是於一八五八年成為通商口岸。韓江流經廣東省人口密集、土地肥沃的地區，並在河口形成一個寬敞的海港，可供大型輪船停泊。汕頭是於一八四二年開始引起外國人的注意，其商業上的重要性從此大增。但此地貿易與該地區的整體發展每每因當地居民的目無法紀而停滯不前。這些年，我注意到這個地區的秩序大為改善，這要歸功於瑞麟的勵精圖治。

汕頭的方言與廣話東並不相同，如同客家人一般，他們源自一個迥異於當地人的族群，一直以來和當地人都不和。不過這個面積和英國一般大的省分，其人口整體而言比中國其他地區的人民都還要難以治理。此外，這個地區還曾是盜匪的樂園，飽受內政上的衝突與動亂所折磨，或者被外來的侵略所蹂躪。在某個時期，某種共和政體在此成立；在另一個時期，它又成了割據一方的王國，自成南方帝國的核心，而拒絕向北方的帝國輸誠，這種狀態持續到十世紀中葉。[1]

廣東如今頗為繁榮，這要歸功於當今滿清王朝的治理以及該省與西方文明的密切接觸。一八四二到一八五一年之間，有個未被認可的外國社區在雙島建立，也就是在當今的汕頭外僑區下方約四哩處。後者是經過中國政府批准，始建於一八六二年，位於一座山下，面對當地城鎮。

從圖72可以看到方才提到的社區現貌，它是從李察森洋行（Messrs. Richardson and Co.）住所上方的高地所拍得。那地方的山丘在本質上只是一些不毛的花崗岩塊，它們有些已經呈現分解狀態，但大部分都還是堅硬的巨礫，赤裸暴露在外，矗立於山頂及山邊，像紀念碑似的。雖然有這不利條件，平原裡的肥沃土壤被引了進來，外國房舍四周的貧瘠山坡和低凹處則被轉化成花園和修剪平整的草坪。一如大家可以預料到的，一個蓬勃發展的村落正在鄰近地區成形，以對這些外國人提供生活所需。

歐洲人的房舍主要是以當地的長石黏土混合貝殼灰所做成的混凝土所建，附近地區盛產這種材料。這種混凝土會隨著時間變成一種堅固的物質。屋內的天花板則裝飾著大量的雕梁畫簷。這些都是本土師傅所做，他們的技藝已爐火純青，並成

了汕頭當地的特產。鳥兒與動物，花朵與水果，都出自這些具有藝術才華的工匠之手，隨性而優美。這些工匠的所得卻十分微薄，差到只比苦力好一點。我對於觀看這些工作中的貧苦工人十分感興趣，他們全憑手工，僅靠著一、兩把泥鏟。

汕頭的畫扇師遠近馳名，但製作極品畫扇的商店只有兩、三家，其扇面的圖畫精緻，色彩美麗，圖案也多變，展現了優雅與精確的繪畫技巧。我發現這些畫扇師都坐在小房間裡的鴉片睡椅上，那些極品傑作也都是在鴉片飄飄然的催化下完成的。汕頭的扇子不僅令外國人趨之若鶩，在中國各地也頗有銷路。

汕頭的年貿易額自一八六〇年以來幾乎呈三倍成長。這個地區大量種植甘蔗和稻米，甘蔗的栽培和榨糖的產業面貌十分簡樸，卻與其他許許多多的產業一樣，為中國創造極大的產值。甘蔗的種植總面積遼闊，農田卻很小，每個小農都各自照顧自己的土地，農田中央都有自己的小型甘蔗磨，以水牛來拖動，每個磨臼每天的產量大約是一擔粗糖，因而它需要許多小農和磨臼來生產每年約八十萬擔的供應量給市場。

汕頭的主要出口品是紙、瓷器、陶器、夏布和蔗糖，主要進口品則為鴉片和布匹。一八七〇年汕頭的進出口總值大約是兩百五十萬英鎊。

從這個地區前往交趾中國、暹羅及麻六甲海峽從事種植的移民逐年增加。一八七〇年估計有超過兩萬名這類人從汕頭移出，大家不難理解此地的工資是何等低廉，我們發現每月二到三元的工資就足以讓人們離鄉出走，這個數字已經讓那些吃苦耐勞的赤貧苦力認為可以存到足夠的錢回鄉置產。中國勞工在麻六甲海峽的評價極佳，根據我個人的觀察，中國苦力在種植事業上的工作品質遠高於印度人或馬來人。

註釋

1 "History of the Kwangtung Province", *Fall of Canton Empire*, p. 27.

中國南方的佛塔

圖73中的佛塔，是中國南方無數佛塔中的一個類型。這個塔矗立在韓江的右岸，靠近潮州府，一如所有這類的雄偉建築，它的地面結構和第一層是石頭所建造。裡面有旋梯通向這棟七層建築的頂樓，每一層樓的裡面也都有與外面的陽台相通的地板或平台。這些陽台原本四周圍著厚重的石欄杆，下方支撐以精雕細琢的堅固石材。這些欄杆如今已多處毀損，但殘存的部分已經足以顯示它的精美，同時展現這些石片是如何與直立的欄杆接榫的技藝。從上層陽台的人像也許可以估算出這個佛塔的高度約兩百呎。這座高塔當然擁有極佳視野可以鳥瞰韓江與附近的鄉野，使人聯想這座高塔建立的初衷是用以偵察瞭望，從這裡可以偵探到敵人的行進。這個理論來自於中國南方這些屢遭侵略的地區之高塔數目比其他地區多很多，而這個地方的歷史就是一本戰爭與動亂史。這些高塔所建的地點似乎也顯示，它有意做為烽火台和瞭望台的雙重功用，因為它們幾乎一成不變地建在居高臨下的河岸邊。無論如何，它們被公認為中國早期佛教史的紀念碑，而我堅信，那些提倡此一新興宗教的人必定從他們被逐出印度的艱苦經驗裡面得到不少啟示，而

73| 潮州府附近的佛塔

能以無比的決心，在這個嶄新的國度守護他們對釋迦牟尼遺澤的信仰，避免遭到意外的侵襲。佛塔似乎只存在於中國。在柬埔寨、暹羅或其他佛教盛行的國家，我都沒見過類似東西。

潮州府廣濟橋

潮州府是汕頭的縣城，位於韓江口上方三十五哩處，周遭土地肥沃多產。汕頭開放為通商口岸時，潮州府因是縣邑所在，有一名英國官員派駐在此。英國多次有意在城牆內建立領事館，詎料它屢遭當地惡名昭彰的暴民攻擊，這個計劃不得不告吹。此城居民攻擊外國人的粗暴之風方興未艾，卻於一八六九年一月遭到暫時性的壓制，彼時一艘英國「金龜子號」砲艦駛進韓江的鷗汀背寨[1]，目的是操練水手。村民因而聚集，其中有不少是一絲不掛，他們開始嘲弄並攻擊水手。船員們試圖抓住帶頭元凶，卻遭到強烈抵抗。這些持有槍枝、長矛和其他武器的村民開始大量聚集時，水手們被迫退回遭到村民開火射擊的船上，導致十一名船員負傷。

在這起事件裡，由於暴民躲在河岸高處向砲艇開火，安全無虞，而占盡優勢。我國政府迅速回應這起暴行，於是派遣五百名兵力猛攻肇事的村落。英軍的強力手段摧毀許多房舍，也使得肇事地點方圓六哩內的居民從此謙和有禮。這個地區一直令統治者頭痛不已，他們的子民不時以宗親或村落械鬥的方式解決彼此間的爭端。在多數情況下，假如得到公平的待遇，鄉下人大抵生性平和，且不具攻擊性。在兩廣總督瑞麟強而有力的治理下，該地區的爭鬥和動亂立刻平息不少。這類氏族械鬥助長當地十分卑劣的苦力買賣，提供出口奴工的來源。潮州府是相當大的城市，四周圍有城牆，人們可以從它眾多的倉庫、繁忙的街道、當地工藝行業的繁多，以及河上的忙碌交通，得知它在商業上的重要性。河上的橋可能是中國最引人注目的橋梁之一，宛如舊倫敦大橋，橋上有商店和生意場所，而成了潮州府的一個市集。從圖74可以看出橋上的房子使用輕建材，蓋得很原始，而房子所蓋的方式顯然是便於在堤道騰出最大的空間給市集。然而純粹從衛生的觀點來看，這些突出於水上的房子有許多優點。這些建築物的支撐方式頗富巧思，那唯一使用到的磚結構架在橋上，藉著它的重量，讓突出的雙支架可以穩定地支撐房子較輕的部位。

我將有機會在本書的其他篇章，提供一些實例來呈現中國人用來支托其廟宇及宮殿屋頂的美妙方式。橋上的住家除了建築上的驚險，沒什麼可觀之處。陽台上的花朵賞心悅目，證明中國人還是花費心思於環境的美化，即使在中國最簡陋的住宅也能看到美麗的花兒。如果沒有加以說明，吊在橋上的兩個木框的用途恐怕會

74| 潮州府的橋梁

令人不解。它們是一座形而上的開合橋，夜晚垂放下來是阻擋船隻和邪靈通過橋下，直到黎明趕走黑夜。

在我拜訪期間，英國副領事是城內唯一的外國人。拍攝照片時，為了避開人群，我天一亮就開工。然而他們卻騷動了起來，當他們看見我奇怪的儀器像機關砲一樣對準他們搖搖欲墜的房舍時，立刻判定我是在對大橋及住戶作法。他們丟下市場攤位，或許連店也關了，那名前來危害他們的洋鬼子非好好教訓不可。暴徒和市場裡的人全力向我討伐而來，他們充作武器的泥巴和投擲物立刻像冰雹般朝我頭上飛來。幸好有一條船就近在眼前，待我跳了上去，我立刻占了上風，有一名暴徒企圖阻擋我的船隻，我用三腳架尖擊退了他。我的相機套掉了，卻換來一隻眼睛上的黑泥巴。我個人並沒有受到太大傷害，但持平而言，那座橋是我用三腳架尖拍來的。

註釋

1　譯註：現今鴨汀。

男性頭像，漢人與蒙古人

這一頁的主題是中國與蒙古男子的頭像。圖75的男孩是一位屬於上流社會或地位極高的書香階級，是廣州一位有名望的官員之子。他是個文雅又好看的小傢伙，深褐色的眼睛流露著善良與聰慧。他那雙斜斜的杏眼，在南方人之中是滿奇特的，在圖片中也清楚呈現。那張臉整體而言滿討人喜歡，這種童顏在中國小孩裡面挺普遍，卻會隨著年齡而失去其吸引力。那柔和的眼神會逐漸被冷淡及充滿算計的表情所取代，那是他們奇特的訓練養成所致，那種面容帶著一種無動於衷的冷漠，藉以掩飾一個有修養的男士內在的情感。

圖76可以讓人想見，那聰明的小傢伙將來會變成怎樣。它呈現的是一個成年中國男子的頭像，不過他的社會地位稍低一點。他所流露的精明氣質和經商能力，使他在商圈事業發達。他戴的瓜皮帽是南方極為普遍的夏帽。

圖77與78呈現一個蒙古人的正面與側影，這一類型屬於中國北方民族，他們的五

官比純種中國人粗獷；誠然，他們的臉孔整體而言，較接近歐洲人的樣貌。蒙古人的頭髮全剃光，這與漢人截然不同，後者一成不變地蓄著一條長辮。圖79代表一般苦力的頭，是中國低下階層的極佳典型。從教育與官場的顯赫歷練而來的優雅，他們無緣擁有。通常，他稟性善良，對自己的利益念茲在茲，對那些中華文化的化外之民有著與生俱來的鄙視與同情。當我準備拍下他的照片做為他那個階層的代表，並流傳後世時，這完全說明了他看待我的表情。他的見解真心且誠摯，每次碰到善待他的外國人，他就希望他的恩人也能享受身為中國人的無上殊榮，來生並能輪迴轉世為中國人。

圖80是一位古稀老者，人們或許可以從他額頭的皺紋來猜出他的年齡。他是勞力階級，雖然已經年逾八十，仍在當搬運工維生。他的白髮和稀疏的辮子贏得鄰人的敬重和關心。

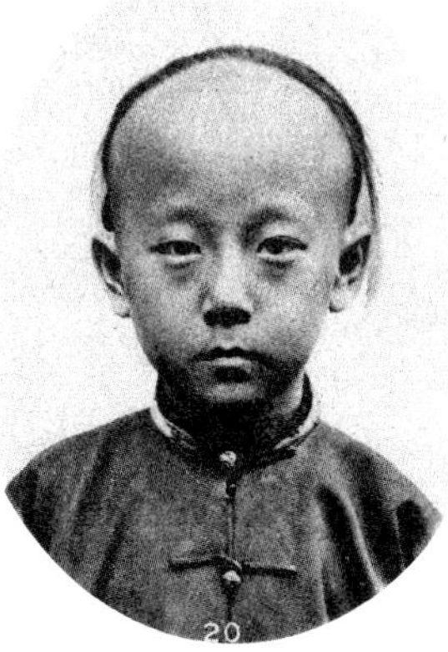

75| 廣州官員之子

76| 成年中國男子

78| 蒙古人側影

77| 蒙古人正面

79| 中國苦力

80| 中國年老勞工

中國婦女的髮型

中國人的頭髮都是黑色，或說是深棕色，把一根頭髮置於顯微鏡下，藉著強透視光，就會看到這種顏色。他們的頭髮也是清一色的直，男性都蓄髮辮，婦女則將她們的秀髮梳成各種曼妙髮式，以迎合所在地區的流行。圖81是一名廣東中產階級的年輕女子，她戴著一條繡花緞帶髮飾，上頭飾以人造花和翠鳥羽，前面垂著黑絲流蘇，以搭配她前額剪得整齊的瀏海。這是一張秀麗的臉龐，但幾年之後，她兩頰天然的粉嫩就會被時髦的朱砂胭紅所取代，以掩飾她身為婚姻奴隸的憔悴。

圖82所呈現的，是南方婦女冬天所包的頭巾。它是一條絲質或棉質刺繡方形圍巾，斜對摺之後，兩端在下巴的下方打結。圖83是一位年輕汕頭女孩，展現廣東這個地區的一種髮型。圖84是同一地區、但不同氏族的另一種婦女流行髮型。相片中女子的臉型是某些汕頭女子所特有，她的鼻子高聳、美型又筆直，上唇薄，牙齒潔白又整齊，下巴姣好。大家可以觀察到，每個假髻都不一樣，而這一切都值得西方婦女仔細學習。

把頭髮梳成美妙的款式是何其不易，也極可能會將我國那些拙劣的模仿者嚇跑，畢竟只有少數人能夠專心致志地投入這工作。在中國，這些婦女每週只做一次或兩次頭髮，穿戴者必須懂得節約時間。為了避免在睡覺時弄壞了這些精梳細綰的髮型，婦女在頸背下墊了一個陶製或木製的枕頭，且這枕頭得夠高，才能保護她的髮型不被壓壞。在我國，這種裝置意味著必須犧牲舒適，而且難保不發生窒息的意外。然而當這一切攸關時尚時，為了那新穎的假髻，再多的夜半束縛也不會讓女士們皺一下眉頭吧！

圖85是個超美髮髻，戴這假髻的主人翁是個寧波女子，是職業美髮師，她也製作假髮和假髻出售。圖86是趕時髦的上海婦女所梳理的奇特款式，她們用邊緣鑲著白色或淡藍的黑絲絨髮網罩住青絲，其低調的簡約風格令人驚嘆。

81| 戴有髮飾的年輕廣東女子

82| 裹著頭巾的中國南方婦女

84| 梳有髮髻的女子

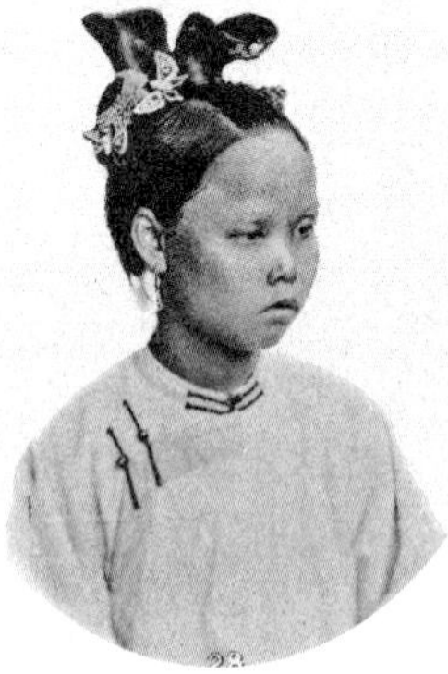

83| 年輕的汕頭女孩

85| 有超美髮髻的寧波美髮師

86| 趕時髦的上海婦女

中國優伶

劇場和戲劇表演是喜慶時節的娛樂工具，在中國享有極高地位。戲劇的魔力可以讓渾身銅臭的商人暫時拋開生意，歡聚幾天，不管你是位居廟堂的士大夫或是販夫走卒，都可以自在享受那種氛圍，這在現今比中國開放許多的歐洲國家，還有很多人不瞭解呢！西方世界一直有一種錯誤的說法，認為中國根本沒有什麼戲劇表演場所。確實是有的，雖然中國大多數的城市並沒有，但在北京以及一些我曾造訪過的城市，專為戲劇表演而建的雄偉建築的確存在。以香港為例，就有兩座龐大又壯觀的劇場，是中國人所建，專門用來表演中國戲劇。

這兩座劇場融合了歐洲劇院和本土戲廳的特色，外面有列柱門廊，那有效率的收票員被安置在一面小窗裡頭，還有一、兩位人員在維持秩序。內部有幾排私人包廂，裝有優雅又合適的簾子，仕紳與他們的妻子和家人可以享有隱私，飾以瓶花的桌子是用來喝茶。圓形劇場裡面有滿滿的長凳，除了這些，還有座位比較便宜的上樓座與邊樓座。當劇廳滿座時，賣糕點、水果和茶水的小販也連帶生意興隆。劇廳裡的舞台一如歐洲，是以腳燈照明。但舞台上沒有任何布景，誠然，布景製作和布景變換在中國還是全然陌生的藝術。樂師坐在台上演員的後面，而後者是從兩道以簾子遮住的出入口進入舞台，那裡有一面經過裝飾的分隔物，將前台和後台分隔開來。

有不少巡迴演出的戲班，他們也許受雇去私人宅院表演，或在廟口，或是受雇於富人在街上搭棚表演給街坊里鄰的窮人觀賞。有時行會成員違反內規而必須受罰，也會以雇請戲班的方式來接受懲罰。我記得曾經親見一場露天戲劇表演的結束，那是由一名漢口商人所雇請的戲班。

數以千計屬於低下階層的觀眾聚集在河堤上，他們密密麻麻一個緊挨一個，剃得光禿禿的頭顱在烈日下冒著蒸氣似的，看起來像一排濕漉漉的菜頭，閃爍著點點亮光。時已接近黃昏，而那些群眾已經耗在那裡一整天。當他們散去時，老人家一跛一跛地走回他們怠忽良久的職守，婦女大聲呼喊她們走失的孩子，憋在人群裡的狗兒為獲自由而吠叫，粗俗的傢伙模仿丑角不雅的動作，這群龍蛇混雜的觀眾一下子散得無影無蹤。臨時搭建的台子則留待翌日繼續上演後續的情節。

當紅優伶的酬金頗豐，但他們必須具有相當才能和好記性，因為當他們受聘在歡慶喜宴裡表演時，有些特別來賓會點一、兩首曲子，挑出一個橋段叫他們臨時演出。很多這種戲子伶人可能得扮演六個不同角色。雖然酬金不菲，但他們社會地位不高，甚至不能參加科考。

照規矩，女性角色是由年輕男子或男孩飾演，不過有一、兩次我曾看見她們是由女性飾演。他們的戲服通常是中國古代服飾，滿清官吏的裝扮則是極力避免。圖87及88是盛裝的男伶，一個扮新娘，另一個扮新郎，他們穿的是明朝服飾。

圖89及90呈現的是相同時期的戲服。

女性角色的唱腔是吊高尖嗓，男性角色的嗓子則是隨劇中角色而有所不同。中國戲劇這種奇特的唱腔有個洋涇濱英文名稱叫「sing-song」（唱歌）。

87| 穿明朝服飾的中國優伶

88| 穿明朝服飾的中國優伶

89| 穿明朝服飾的中國優伶

90| 穿明朝服飾的中國優伶

對於不熟悉中國戲劇的歐洲人而言，樂團的音樂十分刺耳不協調，好像每一個樂師都各奏各的調，與隔壁演奏者毫不相干。有些人好像使勁賣力地吹奏他們響亮而刺耳的樂器。但偶爾有些獨奏的部分對歐洲人而言，倒是充滿奇特的趣味。

中國戲劇比較接近現代的浪漫主義作品，而不似任何類型的歐洲古典戲劇，它無志於古雅典人所崇尚的優美與精緻，它的作品混雜各種特徵，時悲時喜，或者悲歡交集。以《看錢奴》（*Khan-tsien-now*）為例，如同古希臘劇一樣取材神話，它的第一幕第一場是在天上，第二場立刻就轉換到人間（la premiere scene du premier acte se passé dans le ciel, et la seconde sur la terre.）[1]。

註釋

1 *China Moderne*, par M.Bazin; p. 395.

鼓浪嶼

鼓浪嶼島隸屬於福建省，是廈門港西界的一部分，從其對面的廈門島花崗岩高地看去，鼓浪嶼有著優美如畫的風景，圖91及圖92正是從這些花崗岩高地拍得，但照片上看不見暖色調的綠色山坡點綴其間。照片也沒有捕捉到那一畦畦明亮的耕地，以及圍繞島嶼四周的金色帶狀沙地，那沙地宛如島嶼寶石鑲嵌了黃金似的。島嶼周遭的深藍海洋為這迷人之地平添美麗，而這一切主要是色彩的效果。

島上的當地人口有三千多人，他們很多是漁民。而由於廈門大部分的外國人都住在這裡，可想而知，當地有相當一部分人口的工作是供應外國社區生活所需。英軍於一八四一年八月二十七日占領廈門之前，鼓浪嶼與其他港口四周的島嶼一樣，是架滿砲台的軍事要塞，以固守廈門港的入口。不過島上的防禦工事很多都是向我國軍艦開砲的兩週前才匆匆架設。這些軍事要塞一度久攻不下，直到我軍登陸，才驅逐那些不屈的守軍。後者曾英勇奮戰，根據衛三畏博士（Samuel W. Williams）的記述，他們大無畏的領袖江繼芸總兵從容跳海自殺，寧死也不願兵敗被擒。

91 | 鼓浪嶼

92| 鼓浪嶼

廈門港

廈門港是外國人最早使用的港口之一，往北約三十六哩處是泉州，也就是馬可・波羅所稱的「刺桐」，它大約是在十九世紀初成了當地貿易出口中心。廈門港是中國沿海的良港之一，圖93的拍攝地點超過八百碼寬，連大型船隻也能下錨入泊。這裡高低潮的水位差最大可達十八呎，浪潮的作用侵蝕港灣內的峻岩基部，照片前方巨大而筆直的花崗岩就是一個著名例子，歐洲人稱它為「六哩岩」（Six-mile Rock），中國人則稱為「鹿耳礁」。

這些小岩峰有著廣為流傳的迷信，當地人視它為掌握廈門命運的守護神，當這石頭垮了（那些輕信者說的），廈門也會垮。所以年復一年，人們在逐漸遭到侵蝕的底部加了支撐物。一五四四年葡萄牙人計劃在附近海岸建立據點，但地方當局卻迫使葡萄牙無法立足，使得廈門沒有淪為第二個澳門。一六二四年，荷蘭人是第二批意圖開發該地區商業資源的外國人，他們力圖在澎湖落腳，但他們隨後換來福爾摩沙，直到被國姓爺驅逐。

廈門被《南京條約》劃為通商口岸，這個地區的主要出口品是蔗糖和茶，但後者有一大部分是在台灣北部所種植。入口貿易則主要操控在中國商人的手上，他們搭輪船去香港採買，而如果他們有名望又受敬重，無論他們的資本多小，總可以從銀行找到各種經營事業的方便之門。不規律又不合法的過境稅對外貿傷害至巨，並且有效地將歐洲貨品阻擋於中國內地市場之外。在需要過境的島上，雖然貨物已經合法付過港口稅，仍面臨不規則的賦稅或壓榨，在沿途不同的地點會依官員不同的需索而支付不等金額的稅款。

在戰爭期間，官方也對商人課徵釐金，以支付軍事支出。直到今天，廈門的外國商品仍被課以釐金。而除了福爾摩沙，汕頭和其他沿海港口並沒有類似的稅賦。從廈門運到福爾摩沙、新加坡和巴達維亞的貨物仍然是以戎克船載送，依我的瞭解，這比橫帆輪船的稅賦輕些。

照片展示的是廈門市區外商辦公室所興建的地點，市區位於廈門島的西邊，這城市正因該島而得名。

93| 廈門港

廈門婦女

我見過不少分屬不同民族的老婦人，持平而言她們身上都帶著一種「小缺陷」，我至今還沒碰到過一個例外，而這小缺陷使她們看起來都一樣。這不如說是一種嗜好：她們一坐下來就開始議論鄰居的風流韻事，沒事喜歡閒聊街坊里鄰的是非。

圖94中的這兩位老婦人也一樣。我同意她們站著交談，但是建議她們坐下來拍照也許容易些。我到的時候，那位較年長的婦人，她的太陽穴貼著藥布，正在講述她是如何被劇烈頭痛折磨的經過，以及大夫是如何用一小塊黑皮膏藥消除她的痛苦。等藥布摘下時，她會盡本分地把膏藥貼在大夫家的門上，來證明這藥布是何等有效。

她的同伴受雇於外國家庭擔任奶媽，性情和善，分內的工作也頗為稱職，卻極力避免碰觸分外的工作或辛苦的差事。她對待女主人的態度和顏悅色、恭順有禮，但是對於她所照顧的小孩，她的措辭遣字就沒那麼高等了。她善於利用一些惡毒言語來表達她的不悅，幸好孩子們的慈母聽不懂。雇請一名稱職中國奶媽的費用大約一年二十四英鎊，伙食自理，見圖94。

94| 廈門婦女

中國婦女的小腳

圖95顯示中國婦女的纏足，我認為這是我最有趣的作品之一。她是誰，哪裡來，我實在說不上來。曾有中國人告訴我，不管我付多少錢，都不可能找到願意卸下裹腳布來讓我拍照的婦女，然而在中國，有錢能使鬼推磨。於是，我所有的努力都白費，直到我抵達廈門，在那裡，透過一位思想開明的中國人的協助，這名女子終於被私下送到我的眼前。她由一名年長的婦女陪同，我得好好賄賂這名老婦，好讓她願意負責拆下裹腳布這種齷齪差事。然而，我真希望能夠迴避眼前這景象，小腳雖被喻為三寸金蓮，實際上它們的外形和氣味與這最美麗聖潔的花朵毫不相干。誰也勸不動她把衣裙拉到腳踝之上。

纏足的程序從幼小的童年就開始，透過持續的捆綁，直到腳背的骨頭逐漸彎曲到與腳後跟會合，使得小趾頭幾乎消失不見，也失去作用，這殘缺之人只能以腳拇趾和腳後跟來支撐自己的重量。德貞醫師（John Dudgeon）說：「踵骨從原來的平行變成垂直，它的後面消失了，腳背的骨頭被擠出原有的位置而形成凸塊，變成拱型，像一輪新月。」小腳婦人的站立點在變形後的腳跟、突起的腳拇趾，與第四根及第五根腳趾，而這兩個小趾的表面已經變成腳底的一部分。把女性腳掌扭曲成畸形的「三寸金蓮」之傳統是從何而來呢？有人說這要歸咎於那些愛吃醋的丈夫，他們刻意把婦女弄殘，好讓妻子們能更安於室。總之，這與男人的醋勁脫不了關係，不過他們的如意算盤沒能如願，因為這些跛行的婦女在外賣弄風情的狀況不減以往。一般相信這危害婦女的習俗始於西元十世紀左右，不可能太久遠，因為孔子和早期的哲人都未提及此事。

有傳說指出，西元前一一二二年有一位妃子擁有一雙畸形腳，她為了對她的君上掩飾這個缺陷，故意不讓他知道她的女婢們漂亮的雙足，於是下令她們一律纏足。但不管這個習俗源自何處，無疑的，這個中國人蔚為風尚的特有習俗已經行諸數百年，這是婦女出身高貴的符號，一如她們良人禿鷹似的長指甲。儘管我們多麼鄙視這種荒謬至極的習俗，但下面所引述的句子顯示中國人也毫不客氣地回敬我們為了迎合時尚，而不惜扭曲體態[1]：「為了想要纖細苗條的身材，英國女子結婚之前不惜束腰。」

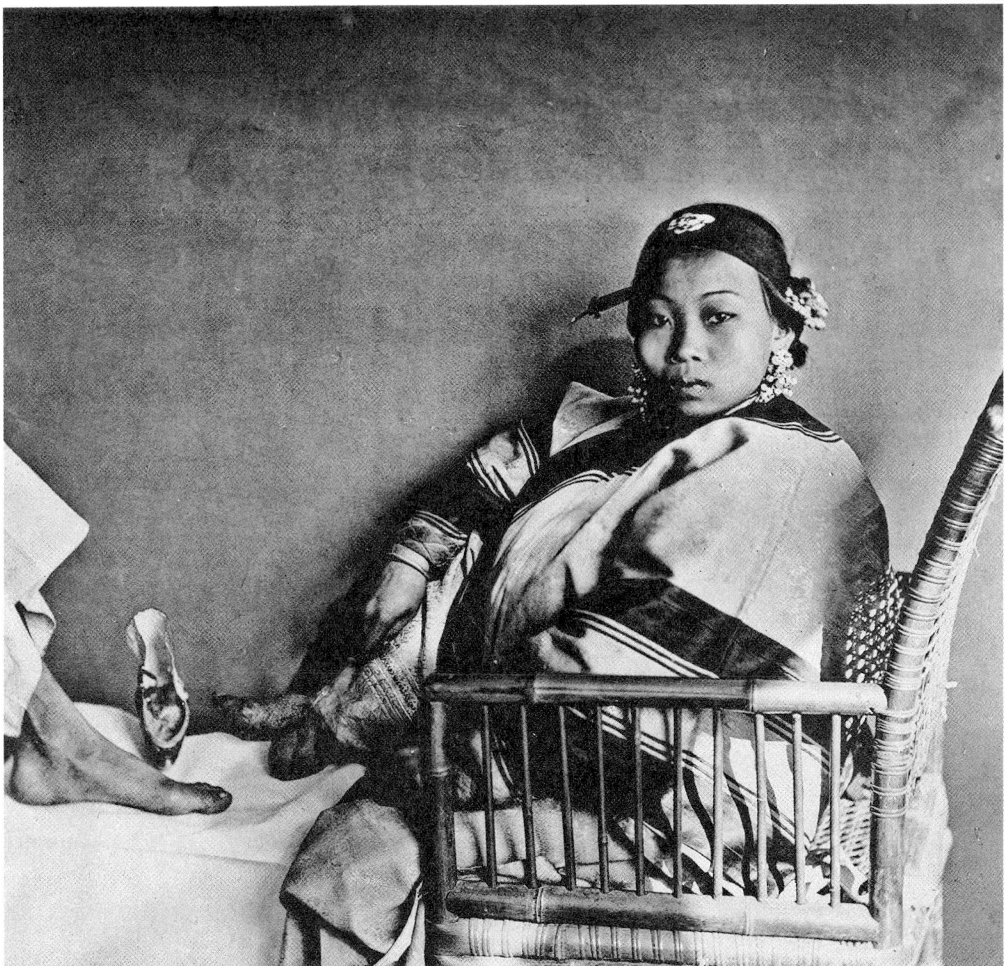

95| 中國婦女的小腳

圖96與97呈現廈門男女的衣著與外型。那戴頭巾的男子是尋常苦力，是那種勤奮的勞動者，其勞動品質在美國及其他國家極受肯定，他們因此汲汲於出國移民。他的堅毅與節儉確保他能靠著頗為稱職的勞務，獲得穩定的收入，只要他能抵抗鴉片的誘惑並遠離賭桌，不消幾年，他就能存下兩、三百元的積蓄，回到老家買塊地來耕種，或買條船來打魚。

由於人民赤貧，福建這個地區的殺嬰習俗方興未艾，女嬰當然首先被犧牲。為了遏阻殺嬰的惡習，有些廈門的富人極力資助棄嬰堂的成立，讓那些貧窮的父母把嬰兒帶來這裡換一點錢，孩子也在這裡得到撫養。

註釋

1 F. Neumann, "*History of the Pirates*", p. 29.

96| 廈門男女

97| 廈門男子

福州造船廠

福州造船廠的所在地原是一片沼澤，一八六七年核准成為造船廠預定地之後，被墊高了好幾呎，以使地基堅固又乾燥。這整件工程從頭到尾都由法國人日意格（M. Giquel）所監督主導。這個成功的建造計劃證明他適才適所，而這一切也都是他全力以赴的結果。這座中國造船廠，或說是海軍養成學校，對我而言，是中國在現代化進程上的成功佐證，也為中國新文明的黎明帶來曙光。誠然，這是中國即將發生重大轉變的訊號。至此，我們還會認為中國的排外政策不可改變？而福州、上海、南京及天津的造船廠有一天將能幫助中國把那些可恨的外國人永遠逐出中國嗎？或者這些計劃僅僅用來協助維持中國內政上的秩序而已？

不管我們的結論為何，這些設施裡面每天都在積極進行的工作清楚顯示，中國人已經瞭解到，光是鑽研古書或是研讀先哲聖訓的教育，無助於他們應付正在採行西洋習俗、藝術及科學的鄰邦。這些造船廠並不是中國在經過漫漫長夜之後，終於迎向黎明之光的唯一訊號。在這些漫漫長夜裡，中國沉睡在先賢已成枯骨的懷抱裡。如今這些排外但睿智之人，不但教導他們的學生以西洋藝術和科學，還將他們送進國外的大學，希望他們能帶回西洋文明的不傳之秘。一如我所說的，福州造船廠不但教授學生科學理論，也教導實務，在這位歐洲人的督導下，運輸船和砲艇都在這裡設計建造。這裡也依照現代科學的理論，教導學員駕駛輪船，訓練軍官與船員，約束他們的紀律操守，一切的實務操練宛如在我國。

我於一八七〇年拜訪這座造船廠，並參觀了不同部門。在工程作坊前面，有一條軌道和一些小推車，以方便運送材料和產品到另一個部門。這些工作坊都配置了各種現代化的裝備：大汽錘，刨子和鑽孔機，和各種車床。我對那個光學部門最感興趣，他們在這裡建造經線儀、輪船指南針以及望遠鏡的某些零件。

有些人忙碌於黃銅的工事，有的忙著磨平及拋光鏡片。他們還無法做出望遠鏡用的無色差接物透鏡，但他們的工作已經足夠令我驚奇的了。

造船廠的前面有一個造船台，好把船艦的舷側抬起來加以維修。這船台足以抬起三千公噸重的船艦。

這座造船廠的月開銷據報是一萬七千英鎊。

這座設施為閩浙總督左宗棠的政績生色不少，因為這座船廠正是他在位期間所規劃成立；日意格的功勞也不小，他已從船塢造出好幾艘戰艦來展示這座軍工廠的作用。

福州租界

福州是福建省的省會，大約位在香港到上海的半路上，閩江口往內陸三十四哩處，租界則建在閩江南岸，離輪船停泊處十六哩，外僑住宅區如畫般地坐落在高地上，有極佳視野可以俯看周遭郊野。這個社區的地點過去是墳場，以致這片土地被劃為建地並進行徵收時，引發了一連串的紛爭與衝突。當地居民不願看到洋鬼子在他們先人的安息地蓋房子，所以，如果必須打擾到一座墳墓，就只能用慷慨的徵收費用來擺平。這些往生者之家是以花崗岩和當地的混凝土所建造，呈現中央拱起的形狀，像希臘文的最後一個字母。有位外商向我展示一個當地墳墓的極佳範例，亦即他將這個墳墓改造成一個有型又涼快的豬舍，此舉令他的當地傭人頗為作噁。

這個外僑社區擁有一個很棒的俱樂部、圖書館和網球場，在這裡，有六到八個月的天氣適合戶外休閒。在中國園丁的打理下，各式歐洲花草和蔬菜長得好極了。這完全是一個可以讓外國人居住愉快的地方。這裡，就像廈門一樣，有一些新教徒和羅馬天主教的傳教團在進行積極的活動。這裡也有一座建得很漂亮的英國國教派的教堂，中國人在它的對面蓋了一座小廟，虔誠的佛教徒在這裡燒香，以反制這座教堂。離教堂不遠之處，有一個停屍用的小禮拜堂和公墓，上頭有高大蒼鬱的松樹遮蔭。

福州遲至一八五三年才顯出其重要性，主要的商業活動是武夷茶的產銷。在一八六三年，超過五千萬磅的茶葉是從福州出口。

在圖99的前景之中，有些中國房舍的屋頂加蓋了木製平台，一家人可以在這裡享受夏日的涼風。那裡也有一排排裝滿水的罈子，做為防火設備。這在廣州及其他中國城市滿普遍，但是對於消滅大火助益不大。人們甚至可以進一步觀察到，當地的住宅區塊都以磚牆隔開，以將大災阻隔於圍牆之內，把火勢控制在城市的一隅。在我造訪福州期間，這個當地人所住的郊區已經焚毀，但那道防火牆卻保住了同孚洋行（Messrs. Olyphant and Co.）的一大片房舍。

背景那群山岳的最高點是鼓山，下面有一個樹林茂密的溪谷，那裡有一座中國極負盛名的佛教僧院。

永福寺[1]

這座佛教寺院之所以如此不凡，在於它的位置驚險，勝過其他任何歷史懷想。要抵達這裡，我們首先必須上溯閩江支流。閩江的河中有一個長島，這長島是因河流在福州上面七哩處分岔所致，兩段分開的河流最後又在羅星塔交會。而這支流就在長島幾乎最中央位置的河岸對面注入閩江。

這座僧院離福州約三十哩遠，坐落在一個森林茂密的山區，讓我想到特羅沙克斯（Trosachs）的風光。河流兩岸山丘與峽谷險峻多岩的外觀，因豐茂的枝葉而顯得柔和一些。這神聖的宏偉建築坐落在一個山巔的洞穴，必須通過一段懸崖峭壁上的冗長上坡路才能抵達。許多香客前來朝聖，我可以想像那些虔誠信徒在樹蔭下歇腳、並欣賞四周莊嚴景觀的況味。

岩石上到處刻著經文，寺院位於一個黑暗的壁洞，佇立在一顆堅固大石的岩架上，前有令人恐懼的萬丈斷崖，這座非凡的寺廟就蓋在這樣的地方。這洞穴的形成是因一大片岩石掉到下面的深谷，深谷中則有許多高壽數百年的巨木。岩下一條天然隧道提供了通往寺院的路徑。這條路徑可以帶我們通過岩石裂隙，巨大的羊齒植物在這裡形成天然屋頂。

這座位於石上的古雅建築恍如臨時搭蓋的危樓，但這只是前面看來如此，其實它裡面的建築都蓋在堅實的石基上。這裡有三名僧人長住，一個是非常活潑的小沙彌，第二個是稟性善良的精壯小伙子，第三個僧人老邁、體弱而眼盲。這些出家人似乎嚴守佛門儀式，我每天早上都在他們的誦經、撞鐘和擊打銅鑼聲中醒來。根據佛門規矩，他們的三餐完全是素菜，而菸草則是他們可以自由享用的奢侈品，但我強烈懷疑那老僧一直都在吸鴉片。

寺院的水源來自一條中空的竹製導管，竹索的一端插入一面突出峭壁上的水泉，竹索吊掛在這片峭壁，一如圖100所示，導管較低的一端通向一個石頭水槽，水滿時也任其溢出。

註釋

1 譯註：永福寺為今日福建永泰縣的方廣岩。

100| 福建永福寺

鼓山寺的住持與僧人

觀察佛教僧侶的道袍與古歐洲修士的穿著有多麼接近，煞是有趣。我們會看到兩者都身穿長袍，簡單、寬大，寬鬆地垂到腳掌；而且兩者都披了一件蒙頭斗篷，以在寒冬保護頭部，雙方也都有一串念珠，讓穿戴者可以記數他的善惡功課。

虔誠佛教徒在打坐的幾個小時期間，以及一日將盡時，他必須自行結算善惡，直到他達到最高的神聖境界，此時善與惡的念頭會在他的心裡停止爭鬥，他的肉身不再受欲念的折磨，他皮囊的所有弱點都會被一種至高的極樂狀態所化解，亦即所謂的「涅槃」。佛教信仰與羅馬天主教會之間的相似性，可以更仔細地加以探索。「任何地方的佛教徒都有他們的寺院、他們的洗禮、獨身以及剃髮儀式，他們的誦經用的念珠、聖物以及護身符，他們的禁食日、列隊前進、他們的告解、彌撒、追思彌撒以及連禱，而特別是在西藏，他們甚至有紅衣主教以及教宗。」

這些相似也許是巧合，因為光是這個關鍵性的差異就將兩個宗教區分開來，那就是，佛教在本質上是無神論，而基督教裡的「贖罪」教義在佛教裡則完全不存在。

佛教也有十戒，是給佛門弟子遵循的準則。

這些戒律我已經提及一、兩個：

不殺生
不偷
不飲酒
不非時食
不持錢金銀寶物

此外，還有不少較次要的戒律，在僧侶沙彌的守則之中具有重要地位。例如，在進食時：

僧侶進食之前，須合掌誦唸五觀想，反省自己功過，不評論晚餐，不論好壞
進食不出聲

飯後剔牙須遮嘴

第十一節規定不以髒手取用食物，諸如此類，就是佛陀的訓示，而除非信眾嚴守清規，否則任何凡人肉身都無法達到涅槃的境界。假如以上為真，我只怕釋迦牟尼在中國的信眾日後在往生之地步向極樂的機會渺茫。見圖101。

101| 鼓山寺的住持與僧人

老式戎克船

停泊在珠江那些飽經風吹雨打的老式戎克船是有趣的船隻，它們在那裡等待季風刮起的季節，以揚帆航行。這些船隻的終點通常是中國沿海的某個港口，最遠可達暹羅、爪哇、汶萊或麻六甲海峽。如圖102所示，當他們停船時，這些龐大笨重的船體看起來就像河中的水上人家，靠著堅實的底座緊靠河床；但當它張帆並配備索具航行時，它們看起來挺不錯，甚至有時在順風狀態下的航行還滿流暢。

誠然，它們在各方面的操作都比外表看起來流利。不過連我們最差的橫帆船都可以輕易追過最快的戎克船。這個事實像涓涓細流，一點一滴流進中國人的心坎裡，只是這個過程緩慢且溫和，就好像揚子江上游的一顆小卵石跑進了一個中空的岩石，靠著水流和幾顆沙礫的作用，這顆小石將在岩石裡愈鑽愈深。當地的造船者已經造出一種結合老式戎克船與外國船的新型船隻，我已在第一部介紹給讀者。戎克船在終點港口通常只需支付較輕的稅金，不過這個假優點吸引不了那些在港口買賣的本土大商，他們喜用輪船或高級船隻在速度和安全上的優越性，來載送

102| 老式戎克船

他們的貨物，這些輪船很多是中外合資。上述的考量明確說明，老式戎克船遲早會遭到全面廢棄。

中國有很多罪惡，只有統治階層能夠予以革除，但只有這些罪惡關係到他們個人或集體的直接利益時，他們才會迅速加以掃除。其中一個就是舊稅，在某些地方，進港船隻仍然會被強制徵收。這是違反條約規定的，根據條約，所有針對船隻徵收的地方稅都應廢除。但在打狗[1]和台灣府，當船隻進港時，地方當局仍針對每艘船隻徵收一百六十八元，針對每艘三桅帆船徵收一百四十元。對於其他船隻，也根據固定的費率徵稅。

關於戎克船的眼睛，先前已經介紹過了，是用來威嚇深海妖怪，與廣為流傳的虛構故事〈看不見就走不動〉（No can see, no can walkee.）毫無關係。兩側所繪的舷窗並沒有作用，甲板上架設的一排槍砲卻隨時準備開火。中國海的海盜活動已經不若昔日猖狂，但這樣的武裝依然必要。

船艙被分割成數個防水區塊，而船身幾乎全部用來載貨，連甲板上都堆滿一箱箱一捆捆的東西。部分船夫睡在鋪位裡，其餘的則窩在貨物堆裡。它的風帆是蓆編，緊紮在橫向的竹脈上。錨的材質是可以沉入水裡的硬木，那龐大、看起來操作不便的船舵是以滑輪和繩索來運作，有時甚至需要動用到全體船夫合力操作才行。

註釋

1　譯註：現今高雄。

福州租界一隅

圖103的畫面是從租界區居高拍攝，俯瞰閩江遼闊的河面。

這種房舍在中下階層十分普遍，由於這張照片顯示中國房舍的格局，此照頗有價值。街道的入口不巧被一道牆擋住，這道牆切掉照片前景的左角。這道住家的磚頭外牆有屋頂那麼高，圈起了一個幾乎四邊型的空間，前半部是個開放的院子，左邊和右邊都有廂房，牆內的後面是一家人住的地方。

外門是進入這個圍牆內唯一的出入口，光線和空氣是由開向院子的門窗進入。因此，夜晚外門一旦關上，一家人就完全阻隔於外界的窺探。當然，就算門是開著的，任何時候都不可能從街上窺見院內春秋，因為距外門三、四呎處，有一面木屏風擋在那裡。這面屏風是用來守護這戶人家免於亡魂的強入和驚擾，而一般認為鬼魂只能直線前進，不會轉彎。保持完整的私密性，是所有中國房舍建築的首要目標。

103| 福州租界一隅

然而對於很多窮人來說，這個目標基於現實的困難只好被忽略；當這個目標可達成時，他們會在陋屋的四周圍以很高的刺竹或仙人掌籬牆。最高級的中國房舍有磚牆，下面是石頭基座，屋頂是由橫梁支撐。這橫梁或是架在牆上，或是架在木柱上面，木柱的頂端則是隱入寬敞的屋簷下，而沒有柱頂。椽木是由細長的木條所構成，其堅固程度足以承受上頭紅瓦的重量。有些屋主會用粗布拉直鋪平在木框上，再塗以石灰顏料做成天花板，用來遮蓋椽木。

房子內部會裝飾以精雕細琢的木屏風，牆上飾以畫筆靈巧的山水或花果。烙上各種裝飾圖案的彩色瓷磚布滿屋脊，雕刻的托架支撐著屋簷，上釉的陶土水管常常做成竹子的模樣。院子的中央常見一口深井，井上是一大塊石頭，石頭會鑿孔以容水桶穿過，石頭井口通常是蓋著的；入口的門柱和門楣也是石製，門道牆壁的上方會有一個具神話性質的巧繪浮雕。

接下來的部分，我會盡力說明風水師在中國的重要地位，像是挖路、造房以及擇墓等等，都需要他的指引。

梯田

梯田在中國廣為開闢，以灌溉耕種，免得浪費土地。圖104呈現的是一座闢為梯田的山丘，是在鄰近的福州路邊所拍，它靠近一個名為「種植園」（The Plantation）的地方，租界區的外僑對此地都知之甚詳。有不少山丘都闢為梯田，藉著這些小農的才能和勤奮，一年可以三收，因而，這些被課以田賦的土地絕對不容休耕。

福州城裡的穢物由婦女挑到郊外施肥，圖105所呈現的正是從事這類及其他田事的婦女。她們健康強壯，有不少看起來還挺美的。她們深色的雙頰閃爍發光，烏黑亮麗的頭髮插著銀飾和鮮花。她們的袍子簡單，而且乾淨非凡。她們不纏足，卻因腳上那雙美麗的繡花鞋而讓人注意到那雙小巧的天足。

104| 梯田

105| 從事田事的婦女

牌樓

這是中國最接近歐洲凱旋門的建築物。牌樓或紀念拱門的設立須經皇帝的特許，但不一定像我們的一樣用來緬懷死者的高貴情操與功績。一個人如果成就非凡，有財源可供運用，就能在有生之年替自己立一座牌樓。一名寡婦如果過著足供典範的生活，並且沒有再婚，到了也許五十歲的光景，也可能得到一座牌樓的嘉許，並得到皇室國庫小小的獎賞。在整體的設計上，這些牌樓頗類似廟宇及大人物宅第的三重門。表示皇帝恩賜之意的「聖旨」二字會刻在拱門的正中央。圖106裡面的牌樓是表彰一位寡婦的貞節牌坊。

106| 牌樓

福州苦力

圖107是肩挑扁擔的中國苦力。在社會階級上，苦力地位卑微。雖然他很窮，卻樂天而滿足，勤奮而好管理；他的知識也是一知半解。雖然他沒有浸淫於國學，對中國字卻有些基礎的認識，這使他得以享受街頭文學和中國城市到處找得到的民間故事書。他的衣服是粗棉布做成的上衣和長褲。假如手頭比較寬鬆，他會有一套夏裝和冬裝。圖中的穿著是冬裝，它襯了好幾層棉，通常都附有一個可以拿來抬高身價的故事，好讓它的窮主人夏天可以拿去典當，同時把夏裝贖出來穿。但有時手頭太緊，沒錢贖回，它們就會落到別人手上。

107 | 福州苦力

福州馬快

圖108裡面那位男子是福州城的一位「馬快」——意謂「快捷如馬」，他的官職是附屬於地方衙門的捕快。我拜訪了他的住處，並在中庭為他拍下這張照片。此人據稱知悉當地宵小經常出沒的巢穴，他有「賊王」的稱號，對那些騷擾地區治安的幫派有無庸置疑的權柄。

馬快對於轄下那些難管的臣民所持有的財物，有著某種程度的同情與諒解，這有時會傷害到法律的正義目標。

例如我曾經求助一位當地馬快，請他幫我找尋失物。他態度冷淡地通知我，說他大約知道哪個小賊偷了我的東西，假如我真想找回失物，只要我支付失物價值四分之三的價碼，他絕對有信心幫我找回。

中國有很多以偷為業的能手，假如老大對他們的犯行視而不見並保護他們，這些竊賊可以為他們老大獲取不少財物。

小偷入侵民宅偷竊的本領高超，特別是在外國租界區。我認識的一位男士就曾經遇到過如下一個中國小偷：大約是在午夜，他躺在床上還沒睡著，燈已經熄了，窗戶則因酷熱而開著，他發現有一條黑影爬進一個窗戶，進入他的臥房。我的朋友躺著不動，那小偷以為安全無虞，便摸進房間裡面開始偷了起來，他從床上跳起來，並抓住那名入侵者。

兩人都孔武有力，接著一陣扭打，不過那小偷因為身上只塗了一層油而占了點優勢，他終於像一條滑溜的鰻魚一樣，溜出了對手的捉拿。他跳下窗戶，就在快要跌進花園時，屋主做了最後的努力，試圖抓住他的辮子。小偷把辮子盤在後腦勺並在其上插滿了針，小偷最後成功脫逃了，因為連辮子都是假的，當他跌進花園時，辮子也掉了。這辮子就成了我朋友手中無利可圖的戰利品，小偷的犯行當然也徒勞無功。

108| 福州馬快

乞丐

中國各地的專業乞丐人數眾多，愈大的城市，人數愈多。他們的閃躲與欺詐技能，想必為那些曾經成群結隊侵擾英國人通行的乞兒提供不少有利的指點。在中國，乞丐可以不受干擾地乞討，甚至從地方當局那裡得到承認和某種程度的保護。事實在於，中國有不少慈善機構，其中有不少確是忠實地執行他們的任務，卻完全無法解決人口稠密地帶極為普遍的貧窮與悲慘處境。這裡沒有任何關於窮人的法令，政府唯一採取的救濟之道就是放任他們公開行乞，並讓當地一位需承擔責任的丐頭來管轄這些流浪漢。

福州城劃分成好幾個區，每個區的範圍內，都有一個頭人得到任命，這人有出身輝煌的乞丐血統，手上有足夠的權柄控制及管理轄下的乞丐。在我造訪福州期間，經由介紹，得以拜訪其中一位丐頭，他身邊跟著三位隨從，讀者可以在圖109看到他的尊容。我發現這人是個鴉片鬼，雖然大家都知道他收入可觀，但不可避免地也淪入處境不佳的地步。

我稍後又造訪另一名頭人的住家，而種種跡象都讓人感覺這是個舒適安逸的住處，加以他周遭的種種，這個住家甚至不失豪華。乞頭的長子在門口接待我，並引我進入一個會客廳，待我坐定時，兩位身穿絲質衣裳、神態頗算高雅的婦人從門口經過，為的是一瞥房內的訪客。主人告訴我，那兩位婦人是他的母親和他父親的偏房，或說是小妾。不過丐頭本人不巧外出。

丐幫幫主有權力和他轄區內的任何一條街道的商家談條件，而一旦這類的協議談妥了，他就會保護這些商家免於他轄下乞丐的滋擾。那些沒能和丐幫談妥條件的商家，免不了要成為那些最無賴的乞丐經常出沒騷擾的對象。我聽說有一位絲綢商人，因為沒能納錢給丐幫，於是每天都有一個身上塗滿爛泥的叫花子光臨他的商店，手上還用繩子吊了一個碗，碗裡的污水滿到快要溢出來。叫花子一進店裡就開始在頭上甩碗，這時沒有一滴髒水流出，但只要有人試圖抓住他的手，碗裡的污水就會四處飛濺，把他架上及櫃上的成堆絲布濺得都是。那商家只好納錢求和。

等而下之的乞丐是那些非法的叫花子，他們沒有丐頭，住在墓穴和墳場。我認識幾個這類的乞丐，也幫他們拍了照片，就是圖110。我發現他們一大群人住在中國

109| 中國乞丐

人的墓園，此時死者還停棺在太平間或墳地，等待風水師拿到酬勞再找個合適的地方下葬遺體。很多棺木沒再移葬過，遺體也在暫時停棺之處腐爛。在墓園一個陰森森的建物裡，我和一名住在這裡的活人一起下到墓穴，他是一個憔悴如鬼的老人，我懷疑他是從墓穴最黑暗角落那潮濕發霉的棺材裡掙開爬出來的人。他坐在門口發著颯颯聲，奮力要將他撿回來的枯枝點燃搧旺。

在更遠處，我就找到照片中的題材了，這些人占據另一個墳墓，並在一位精壯的丐頭領導下，組成一個丐幫。這位丐頭剛吃完一頓豐盛的餐飯，並站在入口前面享受他的飯後菸。他那些衣衫襤褸的同伴則吱吱喳喳討論著他們今天撿來的一頓發臭的殘羹剩餚。他們現在終於可以卸下平日裝殘裝病的伎倆，開心地笑鬧，忘掉煩憂和周遭的棺木。這群人之中那逗笑者裝成一個把斧頭插進腦袋的宗教苦行者，而獲得不少好處，我看見他時，他正跨坐在最高的那口棺材，開著棺內遺體頭蓋骨的玩笑。

這幫人之中的另一個則是裝成可怕的麻瘋病患，而得到不少甜頭。事實上，這些人對於中國人心中通常擁有的美好情感，都已經完全麻木了。

110| 中國乞丐

轎子

轎子是中國最有用的工具之一，自古以來就普遍使用。私家轎子則為文官以及顯達人士所擁有。昔時規矩嚴明，某些低下階層甚至外國人，都不得乘轎。這些規矩至今仍被中國人所遵循。就文官而言，轎子既是他們公務上的交通工具，他們的官階自然是顯示在轎子的行頭，以及轎夫和隨從人員的數目上。另一方面，武將的旅遊或是公務視察，是以騎馬行之，一如圖112所示。中國各地目前都有公共轎椅供人使用，這部分我已經在第一部加以說明。

111| 轎子

112| 騎行

犁具

中國人的犁，和我們的一樣，有一個鐵製的犁頭和犁鏵。圖113裡的犁具，其橫桿上只有單一一個導引犁具的控制桿，不像我們的犁具有兩個控制桿。從圖片可以知道，犁田者用一隻手來導引他的工具，另一隻手用來駕馭拖犁的牛隻。這頭福建省的牛，是小型品種，用來從事輕巧的工事，像是耕犁果園和花園。

113| 犁具

中國北方的矮種馬

圖114所示，是一匹成功馴養成賽馬的中國北方小馬。這種矮種馬大部分是養在蒙古大草原，冬天帶到北京來出售，在那裡，牠們每頭可以賣得五到五十英鎊，買主再將牠們轉運到沿海港口，以更高的價錢轉賣。這種馬耐苦又強健，圖114中的馬匹是該品種裡的健壯類型。然而，和所有蒙古和中國的小馬一樣，牠的頭顱較大，骨架較粗重。

中國既未飼養或也未利用任何馬，即便是騎兵部隊，他們也騎著像這樣的小馬，而中國人對騾子的評價又比對馬兒的評價更高。上次戰爭結束我們留下一些良種馬，中國人並未拿牠們來改良中國的小馬，這似乎滿奇怪。很顯然他們並沒有這樣做，因為除了自家的粗腿小馬，他們並沒有更好的馬匹可展示。

114| 中國北方的矮種馬

中國的水果

中國的水果大部分是原生種，有很多尚未引進到歐洲種植。不過中國有些水果在氣候較溫和的西方也滿常見，雖然這些中國水果的品質還稱不上完美（除了一、兩個例外），倒也和其他國家所生長的相同水果不相上下，蘋果、梨子、桃子、李子及南方省分的葡萄特別如此。而在南方，果園主人有種奇怪的嗜好，即在果實尚未成熟之前就加以採摘及處理。北方的果農較不會這樣，那裡所產的水果，其品質和滋味幾乎與英國的水果相當。

衛三畏博士所列舉出來的中國主要水果，都呈現在下面的圖片中：石榴、楊桃、芒果、番荔枝、鳳梨、蒲桃、麵包果、無花果、番石榴和橄欖。黃皮、荔枝、龍眼和枇杷是四種水果的本土名稱，其中第二種據稱是引進，其他則是原生種。可能是其中最好吃的荔枝，有著粗糙與大顆粒狀的亮紅色果皮，果肉是白色泛乳白光，又多汁，裡面包覆一顆硬籽，品質較差的果實，硬籽比較大。圖115右手邊的角落可以看到一顆果皮破裂的荔枝。有一顆楊桃（外國人稱為中國醋栗）出現在同一張照片的最左邊，這種水果在馬來半島十分盛產。

除了這些，還有大蕉，它們在中國南方和福爾摩沙品種繁多；木瓜，其種子是用作驅蟲劑；品種頗多的柳橙與柑橘；柿子，它看起來像大番茄，光亮的果皮包覆著甜美多汁的桃紅色果肉。福爾摩沙有很多野莓，其味道和生長在我們家鄉園中的差不多。

115| 中國的水果

茶樹

茶樹生長的地理條件現今約在北緯二十五度到三十七度之間的緯圈，日本成了茶樹最北端的國境，往南，茶葉文化順利拓展到最遠端的阿薩姆。福鈞（Robert Fortune）認為，種植在北緯二十七度到三十一度之間的茶樹可以達到極佳的品質，而且最好的茶葉可能還是長在武夷山系的山坡、梯田及大草原的地帶。中國最有名的兩個茶樹品種是武夷山茶和綠茶，前者用來製作紅茶，後者是最優的綠茶種類。

除了少數例外，茶樹的種植面積都是小小的，與此間的桑樹田一樣，後者是用來餵養此地的蠶寶寶。事實在於，種植者大部分是小農，他們本身缺乏資本，只能以收成做擔保，從地主或當地的茶葉代理商那裡拿到預付款。大多數投身茶葉交易的資本家都是頭腦敏銳又有遠見的廣州商人。

茶樹通常是在苗圃撒種栽培，長到一定的成熟度，就加以篩選，再以每排四呎的間距移植，而茶樹之間的間隔距離也相彷，以讓每叢茶樹享有等分的土壤和陽光，見圖116與117。由於茶樹是很堅韌的植物，茶園很少施肥。在野草剷除殆盡的狀態下，茶樹成熟的時間大約是三年，這時就可以採摘茶青，而且絕不能讓它開花。

第一批收成的早茶是在四月採集，這些嫩葉可以做出最佳品質的茶葉，而那些較老的葉子則在五月以及六月的初期採收。這些葉子採集之後交給茶葉代理商，待他們取得一批假設是六百箱的足夠量時，就將這些茶葉混合，以確保它在品質上的均一度，再用一個特定的名稱運送到市場。

生產好茶主要還是依賴茶青的品質，但它得以進入市場的要訣同樣有賴於焙火以及篩茶間的後續處理。紅茶的製作是將新鮮葉子露天曝晒之後加以發酵，並藉由氧化作用使之變黑；綠茶是以同種茶樹的葉子製作，唯在葉子還青翠時就停止曝晒，以避免發酵。

福鈞先生曾經指出，有些綠茶的色澤是因添加了某種有害的色素。不過我至今沒見過這種染茶作業。

也有人出口假茶，也就是以泡過的茶葉所製成。沒人知道是什麼樣的雜質被人有意或無意地攙進了這樣的茶葉，不過那些價格公道的茶葉都有非凡的純度。

116| 茶樹

117| 茶樹

延平險灘

閩江是中國茶葉運輸的重要幹線，經由這條河流，中國核心產區的茶葉得以運送到福州外銷。這條河流有多處險灘，圖118所呈現的正是最危險的一個，河道在這裡散布著巨大的石塊，每年都有不少貨船在此遇難。一年當中的任何季節，舵手都須運用強大的拉拽力與高度熟練的技巧，才能安然渡過險灘。

一八七一年十二月我在閩江行進時，大石上所散布的斷骸殘片，顯示不久前才發生船難，而沿岸還堆著那些被救起的貨物。有一度我以為我們的船就要撞得粉碎，因為它好像要飛下急流撞上一個鋸齒狀的岩石。那舵夫看起來並無能耐讓船隻及時轉身以避開危險。然而他的外表沉著，冷靜而令人欽佩地站在船舵，我正想為那岩石而跳船，眼看船隻和岩石只有毫髮之距，只見他一個使力掌舵，船身飛撲轉向，我們閃避而過，船側竟然只有輕微擦到。

118| 延平險灘

小型快船

圖119的景象攝於福州上頭大約一百哩處，相片中並顯示我上行閩江時所搭乘的船隻。這趟航程約二百六十哩，從閩江口啟程，遠達延平。這艘船造得極堅固，幾乎是一艘平底船。它的骨架是硬木，上頭鋪以松木，松樹在福建這個地區的丘陵地產量頗豐。

119| 小型快船

第三部

浙江省的寧波

浙江是中國十八個省分最小的一省，儘管如此，它的歷史相當非凡，物產豐富且珍貴，商業地位重要。省會杭州府的壯麗風景名聞遐邇，馬可．波羅就稱它為東方的天堂。然而，與中國所有知名大城市一樣，經歷了多次時運的無常，曾有不少艱苦時期，一八六一年一場大禍驟然降臨，彼時太平天國的叛軍打到杭州府，使得它古老的輝煌幾乎剝落。在此期間叛軍領袖派軍圍城，該城因而化為焦土。這項任務是由「天王」的雜牌軍所執行，飢荒與一連串的恐怖事件導致杭州府的陷落，猶如耶路撒冷的圍城之戰[1]，接著該城的百姓遭到無情的屠殺，大小宮殿也遭到摧毀。

不過，比此更富趣味的是，浙江有一個名為會稽的地方，中國第一個朝代著名的開創者[2]大禹[3]，據稱卒於此地。如果《書經》的記載可信的話，那麼大禹就是史上最偉大的人物之一。他開始主政之時，中國正飽受巨大水患的蹂躪，據說他展現了一種超人的工程才幹，藉著濬疏河流、排乾大地的洪水，將各溪流導向原來的河道。

大禹的治水事蹟大約晚於舊約裡的大洪水一世紀以上，他所成功治理的水患可能是因黃河改道所引起，與發生於一八五一至一八五三年黃河的第九次改道（根據中國的紀錄）極為類似。總之，《書經》記載了大禹治水的事蹟。

浙江省頗為富庶，物產豐富，山區的絕世美景處處，傲視中國各地。

如今已經對外開放貿易的寧波，是葡萄牙人在南方遭到驅逐之後，最早落腳的地點之一。一五二二年他們在甬江建立據點，而根據中國方面的記載，由於他們的行徑野蠻，約莫二十年之後終於遭到中國人殘酷的報復。他們的據點被毀，船隻被焚，八百名葡萄牙人遭到殺害。

寧波位於甬江左岸內陸十二哩處。一八七二年四月三日，我從上海搭乘輪船「舟山號」抵達寧波。船隻進入甬江之際，時逢破曉，那些輪廓稍顯粗獷的島嶼與鎮海的岬角在晨曦之中顯得柔和，而眾多張帆迎接和風的漁舟則形成一幅充滿朝氣的景象。滿載木材的福建帆船看起來像漂浮的木頭工場，正吃力地在河中逆流而上。有一個讓外國人倍感新奇的特徵是岸邊一長串無止無盡的冰廠，它們貯存了夏季用來出口新鮮漁獲的冰塊。

註釋

1 譯註：這是一〇九九年發生於十字軍東征期間的一場攻城戰。十字軍在該戰役中從阿拉伯法蒂瑪王朝手中攻陷耶路撒冷，入城後並針對穆斯林和猶太人進行大屠殺。

2 *China*, par M. Panthier, p. 466.

3 *Chinese Classics*, by J. Legge, D.D., vol. iii. p. 61.

寧波天后宮

寧波的眾多迷人之處，其一是天后宮，它是福建郊商行會的集會所。我選擇這幢宏偉建築做為這一部的開頭插圖，部分在於它是中國廟宇建築的一個極佳範例，也部分在於中國的郊商行會在庶民的社會經濟扮演極度重要的角色。

建築系的學生會發現這張照片值得貼近仔細觀察，即便是該建築最微不足道的裝飾細節，也充滿了本土藝術與佛教或印度教神話的深刻典故。

引人注意的是，大殿石柱古怪卻美麗的設計令人讚嘆，在此，中國的民族象徵——龍，是百飾之首。這條龍被切割成環繞每一根石柱的高浮雕，透過這種工法看起來好像支撐著這座廟宇；人們也會發現石階之間的石板上，有龍的淺浮雕，而屋頂尖端的飾物也是龍。

龍對帝國子民有著強大的影響力，是中國風水的一個基本要素，並被認為普遍存在於大地上的山川河流。中國人對其支配力的深信不疑，有如太陽照耀地球一般堅定不移。由於龍庇護著中國的山川土地，中國人深恐驚擾了安息中的龍靈，這樣的思想成為中國追求西方科學、採礦、建築鐵路，以及在全中國建立電報系統的主要障礙之一。

人們會發現這裡所呈現的廟柱沒有柱頂，而是以裝飾托架做為替代，以便將龐大屋頂的重量轉嫁到下面的通風井。像這樣的托架頗為普遍，且適用於各種用途。例如它中央的屋頂，就由一套裝飾性的三重托架所支撐，它結合強大支力與輕巧優雅的設計於一身，它的強固程度足以支撐沉重的上部結構，藉此達到清涼的遮蔭效果，又能讓內殿有充分採光和通風。要在細節上描述這樣一棟建築的均衡與魅力是不可能的，我寧願讓照片自己說話，並以行會的簡短評述來做為總結。

中國人比誰都瞭解結盟與聯手的好處。在此，我們首先發現中國政府的一致性原則，官吏從百姓之中遴選出來，是因為他們的知識與崇高的成就；同理，每個專業與行業也都有它們的行會與結社，並由同業間聲望崇高的智者所領導。而每個行會的個別成員如果想獲得安寧與興旺，就必須服從那些為了群體利益所立下的

120| 寧波天后宮

規矩。這些協會在每個城市或村落都各有其廟宇或會所，受著當地神明的庇佑，他們在這裡議事立規，也在此筵席歡聚。

商人有其同業公會，定期規範產品的製造與商品的時價；受雇者也有他們的工會，以相同的方式規範工資。從這些會館的古老年代判斷，同業公會在我國才剛開始萌芽發展，在中國卻已經運作數百年了。

福建會館最初建於十二世紀，多次遭到毀損與重建，並從十八世紀初以現在這種宏偉的均衡結構屹立至今。

雪竇山

我於四月四日離開寧波前往雪竇山，我的交通工具是一艘帶篷船，用來上溯大約十八哩到江口村。我從寧波碼頭出發時，已近午夜時分，希望能在翌晨九點抵達江口。然而，照例，船夫們一離開了浮橋和城市，馬上就下錨等待，說什麼有潮汐的問題，實際上卻是拖延時間好拿更多錢。經過多番延宕，順應了他們加價的要求，終於將我如期送到江口。

我雇用四名苦力來運送我的行李，加上兩個在我身邊服務多年的中國僕人，而這兩人也是我旅途上長相左右的伙伴。我們朝那些山峰出發，一路上沉浸在豆子和油菜田的芳香氣息裡，一大片金黃色的草原綿延到前方遠處的山丘為止。

萬物在晨光裡閃爍著清新與美麗，我們周遭的鄉間簡直是一座完美的作物花園。在這樣一幅美景下，發現江口村猶如這個美麗景觀裡的一個膿瘡，是一件痛苦之事，而且先前田野的芬芳氣味消失了，取而代之的是巷弄裡的污濁空氣。當我站在小村這座古橋上時，一個驚人的對比呈現在我眼前。從那棵突出的樹木淡綠色的枝葉間望向那些山峰時，你也許會發現河水在蘆葦叢生的兩岸之間流淌而過，映照出長羽般的竹叢以及更遠處的物體。也是在這裡，載滿貨物的木筏正順流而下，那些陶器貨物的主人靠在他的櫓槳上，在暖暖的日陽下悠閒而滿足地抽著他的菸管。

左邊靠近江口村的地方有一座小廟，上頭有一棵遮蔭的古樹。那裡聚集了一批髒兮兮的村民，他們從一條形成村子主要幹道的巷子裡蜂擁而出。一群人爬上那個搖搖欲墜的肥料堆，它已因為自身的惡臭而昏倒凹陷，背後正是小廟的入口。那廟宇、巷弄、商店以及那些村民的房舍，都披上一層殘破的荒涼，與那些因吸食鴉片而形容枯槁的居民相配極了。我們弄到了山區專用的轎椅，以便前往十八哩外的雪竇寺。那些轎夫看起來憔悴而虛弱，但我們轎行甚遠之後，他們依然無恙。

能離開那村子，呼吸平原上的純淨空氣，讓人鬆了一口氣。我們途經好幾個小村莊，那裡的人看起來比較乾淨健康。這地方的婦女和小孩在他們烏黑的髮絲插上色彩亮麗的杜鵑花，這種植物在周遭山峰大量生長。我們一路上都在路邊的廟宇歇腳，在其中一個廟宇，我碰到兩個老婦人，她們是廟裡的女尼。她們形容枯槁，是醜陋的乾癟老太婆，讓她們替我準備晚餐，使我心裡起了很不祥的預感。

她們在內院的微弱光線裡用乾蘆葦生火時，四周還有可怕的神像炯炯瞪視，假如她們就這樣消失在煙裡，我絲毫不會覺得奇怪。我還一度懷疑我是不是被下了什麼符咒，因為我看見其中一個醜老太婆伸出乾皺的手，在祭壇邊一只罐子裡的奇怪植物摘了一片葉子，神秘兮兮地放進一杯茶裡，然後遞給了我。我小心翼翼地喝著那杯煎茶，一面盯著那老尼，但什麼事也沒發生。也許她事先感知我的想法，她的老臉畏畏縮縮地泛出一抹詭異的笑容。那茶挺不錯，但從一尊微笑女神後面端出來的糕點硬到不行。

圖121呈現的是一座路邊廟宇年久失修的外堂門廊。這裡有技藝精湛的塑像，它們如真人般大小，在這裡守護大門；我那些精瘦的轎夫也出現在相片裡，他們正在和流動水果販賭錢。

農莊和一叢叢纖細的老樹點綴著細密耕作的平原，奇怪地堆積在樹幹四周的乾草

121｜路邊廟宇年久失修的外堂門廊

堆為此地增添一種奇特的景象。

前往雪竇寺的上山途中有一連串的美景可供欣賞。此地馳名的杜鵑花正逢盛開，為山峰和溪谷披上一層玫瑰般的色澤，花團錦簇的明亮花朵烘托暗綠的枝葉，開得一路上都是，很多地方的山丘都有茂密的森林，而鋸狀岩以鮮明對照之姿從簇葉當中展露其險峻的峭壁。我們快要抵達雪竇寺精耕細作的豐饒田地之前，碰見了一幅絕世美景。

這裡，我們從大約一千五百呎的高度往回望，觸目所及是無止無盡的山丘陵岳。一朵雲停在遠處一座山頂上，好像看著那條蜿蜒的溪流繞行在燦爛的暮光裡，像一條分割山谷的金帶，繞行遙遠的山岳。太陽下山時，那些山巔似乎溶化並融入火焰般的雲朵，暗影飛快地越過路徑，吞噬了林木茂密的峽谷，預示著黑夜就要降臨。我們抵達寺院之前，天就黑了。我們在這裡受到熱誠的歡迎，一位戴頭巾的僧人身披聖帶和琥珀念珠，他丟下晚課，點燈帶我們去下榻的住處。

從他口中，我得到一個驚人的情報說，外國香檳比燒酒好。他告退之後，我們就留下過夜了。

雪竇寺（見圖122）坐落在一座肥沃的山谷，邊上有一條清澈的山溪，被長滿松林和竹林的重重山峰所環伺。前面那棵高聳的大樹據信是那位虔誠的開寺者於九世紀末所種。從那時起，這棟建築就經常改建，或許那棵樹也是。

大家普遍相信每一座寺廟都年代久遠。根據傳說，有些寺廟並非興建而來，而是在史前時期就因那些虔誠信徒而存在。其中與這座寺廟有關的一個傳說指出，一二六四年宋理宗夢見了這座廟，因而將之名為「應夢名山」，這個故事成了雪竇寺史上最重要的事件，因為隨夢而來的是許多實質的厚禮。

這座寺院還有另外一個傳奇故事，那是關於一個高僧和君王，這位君王因幾次試圖殺死這位隱士未果，終於拜倒在這位高僧腳下，成了他的虔誠信徒，因為這位君王從沒碰過他殺不死的人。這位君王剛處死了百萬名平民百姓，他渴望能殺死一個比他過去處死過的臣民地位更為崇高的聖潔之人。這位君王從此遁入佛門，死後當然也留下可觀的遺贈。

122| 雪竇寺

即便到了今天，這樣的故事也是時有所聞。在這些地方，我就聽說，有些畢生作惡之徒發現在這個清幽勝地退隱，唸著「阿彌陀佛」含笑而死，不失為便宜之計。這些從法律的制裁和地獄的缺口拯救出來的神聖之人，都盡量活得好好的。以其教規來說，許多佛門之人無疑是良善的好人，他們大都對外國人好客且文明。他們也絕少忘記提醒訪客，那些造訪本寺的外國人所贈與的答禮是多少。

在這裡，有一位老僧帶我去看千丈岩。我得緊偎一棵樹，再望向下方的深淵。在這個位置上，千丈岩瀑布（見圖123）的湍流聲震耳欲聾。不過我什麼也看不見，因為一朵雲剛好從我腳下飄過。然而我的沉思終於被一隻禿鷹打斷，當時有一隻小鳥在雲上盤旋，這時禿鷹從岩石表面飛竄而出，一把抓住了牠。我稍後從一條樹林遮蔭的陡坡路徑下到瀑布。大瀑布的高度可以藉由對比上面的樹林猜出一個大概，它超過五百呎，從許多岩石沖擊而下時，化為許多小瀑布，然後流瀉到溪谷。沒有任何照片可以形容這地方的迷人，那些色彩多變的岩石覆滿蕨類植物和開滿花朵的灌叢，流瀉而下的水幕被長滿青苔的突岩劃破，像新娘面紗細密的皺褶。

123| 千丈岩瀑布

爬過一些巨礫並穿過一片竹叢，我終於抵達下面的石窪，濺起的水花閃爍著上百個彩虹的顏色，在那些彎下葉子來承受飛瀑重量的蕨類植物撒上千百顆寶石。

圖124呈現出雪竇寺另一個驚人的景象。那裡有一個普遍稱為三隱潭的瀑布，它只能藉由一個隱沒於爬藤植物、美如圖畫般的單拱橋抵達。水流在這裡注入一個狹而深的裂口，成群高大而烏黑的松樹在絕壁邊緣俯望下方的萬丈深淵，在這裡，河流經過粗糙而破碎的河床找到新的河道。上方寧靜的耕種山丘以及高低不平的前景呈現一種既驚人又罕見的景色。

寧波婦女的服飾見於圖125。它和更南方的婦女在裝束上唯一的不同，只在於梳頭的方式。

124| 三隱潭瀑布

125| 寧波婦女的服飾

上海

《南京條約》簽訂於一八四二年；在此之前，上海已是一個重要的貿易港口。上海因上述條約而對外開放貿易，它的優勢地位導致它的商業劇增，使它很快變成中國主要的貿易中心。上海位於江蘇省東部，地處一個遼闊又富饒的平原邊上。這個區域早在周朝建立之前，就是老揚州的一部分，也就是大禹所治理的九州之一。大禹當政期間，這個地區可能還在水下。總之，上海是在十一世紀宋朝建立之後，才成為貿易集散地。在這個時期之前，港口位於一個稱為「青龍鎮」的地方，它位於吳淞江畔離海二十五哩的內陸。

吳淞江即今日所知的蘇州河，在昔日是相當大的河川，可供海上的船隻行駛。現今的黃浦江在昔時不過是一條小運河，但它卻不斷深化，吳淞江卻不斷淤積，上海的開港自然應運而生，並成為商業重鎮。在蒙古王朝時期，上海地位重要。在明朝期間，上海命運坎坷，因為它的富裕惹來日本人定期性的滋擾和侵略。

基於這個原因，一五四四年應擁有土地的仕紳階級的要求，上海四周築了城牆。上海從此漸入佳境，終於在一八四二年一躍成為通商口岸，使得上海從此享有不曾間斷的繁華。

日本幾次成功侵略上海的史料記載，對中國人並非毫無啟發。中國的人口固然遠遠超過日本，但日本人得以在中國敵軍面前占盡上風，憑藉的就是紀律、膽識與武器。關於這個話題，我們就來看看這些國家相對應的地位和前景。日本與中國的地理關係，與英國地處歐洲大陸邊緣，有著驚人的雷同。其中一方在快速而不安的活力之中邁向進步之路，而且帶著一種可能衝過頭的蠻勁，然而另外那一邊的國家卻保持現狀，或者因為被迫要更密切的對外交流，而帶著傲慢的矜持採取一些緩慢的改革措施。

絕少有例外地，它的統治者與子民仍然盲目地緊抱古老的排外政策不放，並回頭向那些四書五經尋找回春的妙方。但有些讀者會說，上海、南京、福州和天津有兵工廠和造船廠，北京有同文堂，更有外籍人士管理的海關，這可視為緩慢且堅定的進步象徵。有可能是這樣，但兵工廠和其產物也有可能只是用來保衛該國繼續保持古老狀態而已。外籍海關人員為中國生財，但如果把海關交由他們自己的官員管理，將會缺乏稅收。北京同文堂獲得中國一些高官的支持，卻必須對抗巨大的阻力才能繼續運作。

兩世紀前，西洋傳教士湯若望和利瑪竇所獲得的支持更巨大且更熱切，結果又如何？我曾看見一個苦力在北京城牆最好的天文儀器上晒外套。正當日本很迅速地發現西洋列強的秘密，中國遲早要被逼著邁向文明。到了那時候，他們會發現，他們所追尋的所有素材都在上海租界裡，那裡的學校、活潑的商業、商號、船隊、當地的外國政府、居民的富裕，以及街道和住家的狀況，都與位在南邊城牆內的中國城區形成發人深省的對比。幾世紀的努力造就上海今日的風貌，但這樣的成果絕少是當地統治者的功勞。

被劃為租界的地方在一八四三年之前，有一部分還是沼澤荒地。然而當時的英國領事巴富爾（George Balfour）欣然接受，經過二十五年多一點點的時間，上海租界已轉變成一個移居者可以引以為傲的地方。也是在這裡，一個由外籍人士擔綱的海關於一八五四年揭幕。基於此一創新做法的成功，這個體系也被擴及到所有通商口岸。

太平軍曾對上海實施貿易檢查，難民因而成群湧入尋求保護，在此同時，提供住宅來收容中國人，卻帶來大量而快速的財富。但是當戈登上校的常勝軍光復了蘇州，卻又給上海帶來一時的衝擊，難民紛紛返回家園，這些中國人的地區又無人租賃了。不過那些地區很快自我復原，並繼續繁榮進步。公布的貿易統計資料顯示上海的貿易一直穩定增長。總之，貿易的本質已經發生改變，有一部分的對外貿易已經落入本土商人之手，他們欣然採用電報和輪船來做生意。圖126呈現的是一八六九年英國租界前面的外灘情況。不過現在已經較當時又改變很多，因為華麗的建築一幢幢聳立，前景呈現的荒地已經變成公共園地。從河上看到的外國房舍醒目搶眼，顯示多樣化的厚實與典雅構思。

英國租界的用地幾近正方形，它面對河川，四周有小溪繚繞；區內的道路幾乎平行通達外灘，另有一些與之直角交叉，因此整個英國租界就被分割成一個個幾近長方形的區塊。與外灘平行的道路現在都以中國的省分為名，依序由東向西；與之交叉的街道則以重要城市為名，也依相同的順序由北向南。如此，我們就成了一個微型的「華疆」，只不過這個「華疆」的不同之處在於，我們有良好的馬路，薪資合理的官員，以及負責任又有效率的當地政府。

美國租界位於一塊狹長的土地上，必須經過蘇州河上的一條橋始能抵達；法國租界則位於英租界和當地城區中間的小塊土地上。這個拓居地有遼闊的郊區，滿布優美的花園別墅。它也傲人地擁有一個金碧輝煌的俱樂部，和其他各種用來提倡藝術、科學、文學與聯誼的協會。由於郊區有大量的野兔、野雉、松雞、鷸鶉和鷓，在適合的季節裡，打獵是極受歡迎的休閒活動，水產則見於河川和內陸湖泊。冬天的氣候寒冷而令人精神抖擻，夏天的平均溫度是攝氏三十二度。上海儘管夏季炎熱，在各方面仍是中國最宜人的港都。[1]

註釋

1 美國上海使節團的史密斯先生（Arthru H. Smith）取自中國史料所做的翻譯，其中關於上海早期的歷史事實使我受惠良多。

126 | 1869 年上海英國租界前的外灘

一八七二年的上海外灘

自從一八六九年起，也就是圖126拍攝的日期，上海一直穩定進步。圖127是攝於一八七二年，以便讓人們對於所指的進步有個概念。在過去四年當中，至少新建了兩棟建築，一棟是東方銀行，在照片當中被旗杆一分為二。照片的視野是從公共花園大門後面所拍。

圖128呈現外灘南端的建築風格，以及一八六九年它前方廣場的樣貌。

龍華塔是上海附近少數具有歷史分量的地方之一，位於「徐家匯」村以東的黃浦江邊。該塔是本省最古老的建築之一，而龍華塔所屬的廟宇是清明節或春節最受當地人喜愛的勝地，人們在這些時節獻牲祭祖。根據傳說，該塔建於西元二三〇年的漢朝時期。但這個說法不足採信，較為可信的資料顯示這座建築的出現比這晚多了。

西元八〇〇年左右[1]，一位宋朝的著名皇帝授予「空相寺」之名，意即「無起無滅」。這是古剎很特殊的慣例，皇帝恆定不變地賜名予廟，並從此成為廟宇歷史的起點。但在此處，這個名字顯然不適用，因為這座紀念塔數度傾頹毀壞、被冷酷的日本人夷為平地，又在原地依原樣重建。大約十五世紀初，偉大的永樂皇帝曾一度予以重建，在明朝時期它也曾享受一位皇后的榮寵。最後的這一次，皇家賞的不是一個空虛的名字，而是金銀財寶以及一尊神明，因為那時原有的神明似乎已經年久毀損了。圖129的龍華塔高一百二十呎，藉由一個螺旋梯爬上去，頂點可以俯視周遭郊野。

註釋

1 譯註：西元二三〇年應是三國時代，西元八〇〇年左右是唐朝時期。此處應為作者的謬誤。

127|1872 年的上海外灘

128|1869 年的上海外灘

129| 龍華塔

上海獨輪車

如果我告訴讀者，上海人是用獨輪車來代替馬車，某些讀者可能難以置信。圖130就是這項交通工具。如果習慣使用它，它倒也不是那麼不舒服。就算獨輪車沒什麼優點好推薦，它至少便宜，而且還滿安全的，不用擔心那步伐穩重的推車苦力會因為突見燈柱而慌亂，或突然丟下車輛驚慌逃跑。基於種種因素，獨輪車並不怎麼獲外僑圈的青睞，有一度還揚言要禁止這種車輛進入，因為車輪的乾燥輪軸所發出的刺耳聲響，干擾了外僑辦公室平順的商業節奏。為了確保安靜，車輪必須固定上油，禁行獨輪車的風波才告平息。

租界區裡有好幾個獨輪車招呼站，因為本地人還是需要這種交通公具，而在下班時刻形成外灘一個醒目的特色。這時身穿閃亮絲綢的中國商人帶著僕人搭上獨輪車，沿路享受河上吹來的微風，滿面紅光的臉龐洋溢著和諧與歡欣。我常在一種很可怕的超載景象裡看到中國人的親情與省錢之道，全家人擠上一部車子，卻只付一趟車錢。那可憐苦力滿是灰塵的臉上汗如雨下，繃緊神經使盡力氣地跑著，

130| 上海獨輪車

為的只是讓車行順暢，好讓他的主顧可以成為他的常客。

中國苦力不管從事任何工作，都是敬業又忠實。他必須勇敢地奮戰求生，而且容易滿足，雖然一天的工作結束時，他什麼也沒賺到，就是勉強可以糊口而已。如果他在鴉片煙的虛幻夢境裡尋求極樂世界，誰會感覺驚訝呢？獨輪車並非只是用來載客，它也大量受雇於在內陸運送貨物。我在中國不同省分旅行時，就曾遇見它們乘坐火車，上面載滿本地或外國貨物，每一部都武裝以一把長長的火繩槍，在某些情況裡，有一部分會搭船。

紡紗

中國最好的工具機有些仍然十分原始，可以視為我們那些先進機器的雛型。圖131呈現給讀者一台腳動的簡單紡紗機。我覺得它挺有意思，因為它非常好用。左腳踩在架於彎月型鐵軸上的橫桿，以保持橫桿不會跑位；橫桿的另一端有一個樞軸在輪子的孔洞裡運作，紡紗者的右腳踩著橫桿做偏心運動來驅動輪子的運轉，輪子的帶子帶動上面三個紡錘的旋轉，輪子的圓周是紡錘的多少倍，紡錘就以多少的倍數的速度轉動，這個器械讓工作進行快速。

這些紡錘不僅用來紡棉，也可以做為捲線筒，用來捲紡好的線。在這裡，我們看見了一套複雜機械原理的早期樣貌，這套原理孕育了布雷德福（Bradford）與曼徹斯特（Manchester）的織布機。這張照片的額外趣味，是顯示了一位上海女工與她的小孩冬天的服裝。

在一個大量種棉的省分如江蘇，棉花在城裡也許價格便宜，窮人可以無節制地用棉襯墊冬裝；在鄉下，棉花是由小農所種植，並由家中的婦女和小孩進行處理、紡紗以及織布，成為家用織物。圖中的繞頭髮帶為上海婦女所普遍使用，那顏色鮮豔的布製寬大兜帽，則是全中國的小孩都會配戴。

131| 紡紗

中國法庭與刑罰

中國法庭的行政程序與西方國家大不相同，沒有律師來替原告伸張，或替被告辯護，反而是由一些主審法官所御用的衙門官員來替代。這些官員鑽研法律，以期在技術性的問題上指引法官。然而這些人並不為中國政府所認可。除了這些官員，還有參加法庭審理的師爺，負責草擬證詞；此外，還有訟案當事人找來的官員，協助安排送禮並且在他們的頂頭上司面前關說本案。

在中國法庭，證人無需宣誓，事實真相或是某個交差性的說法，僅是利用證人害怕刑求的心理、或是透過刑求取得。假如被告的親朋好友大方撒錢，那麼真相與正義可能會付諸流水，罪惡會得到赦免；窮一點的被告，既無富有的親朋伙伴能夠伸援手，經常下場淒慘。處理這些違法之徒時，美德、正義及清白只能透過正直的法官來彰顯。身無分文的小偷被杖打、入站籠、吊大拇指，或綁吊，而說謊的嘴巴也被打到稀爛，這都是用來教訓那些奸詐狡猾的窮人。

我擁有一張在廈門拍到的照片，是一個窮到沒有油水的小賊，他被人從大拇指吊起，直到他的皮肉爛到離骨。他是個笨賊，他的不幸在於，他不像那些大膽狂賊，有許多戰利品可以和那些衙門捕快密謀分贓。以自身在該國的經驗及書本得來的知識，要書寫中國法律正義的印象，並不困難。然而，我相信那些嫻熟中國法律及制度的本土官員，也能輕易並坦直地指出他們的制度在處理中國犯罪時所具有的許多優點，同時，那些出於明辨是非的熱誠、並根據中國風俗習慣來履行職責的法官或地方官到處都是。

人們害怕中國的法庭，視他們的監獄如地獄。下面的情事是我得自當地消息來源，說明地方官和他的手下在平靜無波的時節，可能會採取的手段。事情是這樣的，衙役發現挑撥項姓與張姓兩個鄰居頗有油水，兩家的不睦最終變成公開的對立，衙役於是建議項家告張家；項家因而付了他們一點買路錢，並且盛裝上衙門。

項因賄賂了門衛，就被放行進去見了地方官。地方官好禮接待了他，還告訴他，他早就風聞街坊里鄰對項君的仁慈及孝心的風評。為此，項懇請地方官原諒他擅入求見這樣一位高風亮節的睿智之人，使得他一想到如此一位稀有好官竟只領得一份薄薪，就讓人日有所憂、夜不成眠。項因而要求以誠實良民的身分向這位好官獻上一份禮物。對方以著淡然的口吻回答說，這對一位地方官來說太多了。「千萬不要，項君，切莫，我處世淡泊，閣下的好意我心領了。但假如您希望惠及貧苦，那就把禮物留下，我會把它分給我的許多慈善活動。為此，我可以為您效勞些什麼做為回報呢？」項因而提出他的訟案。「啊！」憤怒的地方官說道：「張？你說那姓張的攻擊你？那個破壞寧靜的頭號禍首理應盡速繩之以法。」

關於項在地方官面前的種種指陳，張自然得到了通報，他這時也前往官府呈遞告狀，所花的打點費用和禮物都比項還要多。他也得到地方官的好禮接待，地方官告訴他，官府早就盯上項，並且找到他那齷齪的巢穴，他是個危險又不顧後果的惡棍。張的品德又被大肆讚揚了一番，他的餽贈又以同樣的手法被收受了下來。

衙門於是擇日開庭審理，項信心滿滿地預期那姓張的會變成鐐銬加身的階下囚。張也確信會看到那姓項的戴上腳鐐。但那慈悲的法官告訴兩造，想到兩位可敬的人士之間存在著長期不睦，就令他深感遺憾，因此建議他們挽救名聲，並自行和解。費用和禮物都沒有退回，而奇怪的是，那些窮人還是貧窮如昔。

枷刑，處罰微罪犯人的枷鎖

枷刑，或稱為木項圈，是中國較輕的刑罰之一，適用於輕罪犯，像是小偷扒手之類的。犯人所犯的罪，以及犯人的姓名與住所（如果有的話），都會以顯著的字體寫在一張卡片釘在枷上。戴枷者通常會被置於所犯罪的房子或店鋪前面示眾，由於這木頭障物的大小使受刑人無法自行進食，只能仰賴路人的善心餵食。

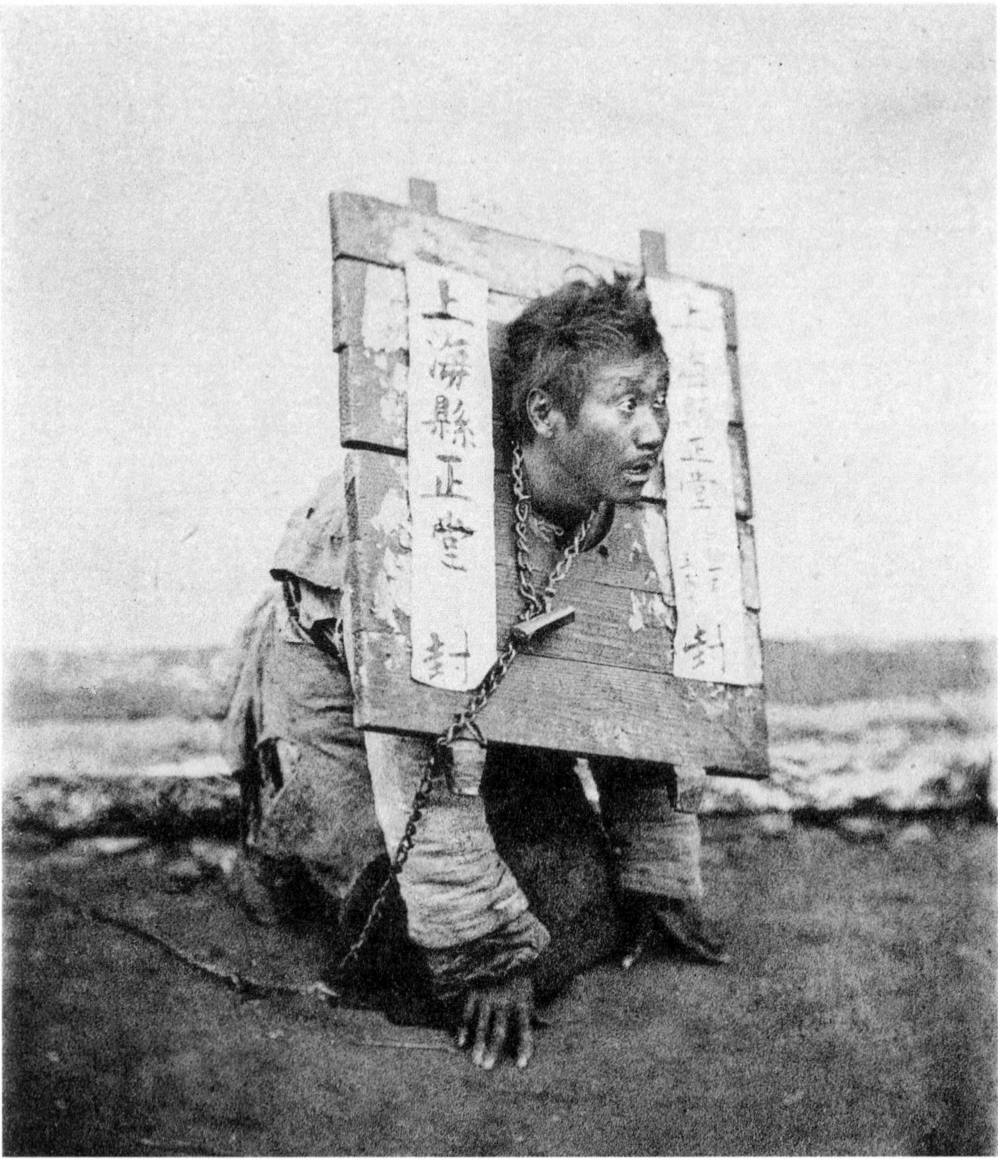

132| 枷刑

處罰極刑犯的站籠

最嚴重的罪行有時候會被處以在籠中餓死（見圖133），這籠子設計巧妙，以致犯人有兩種選擇，其一是吊掛著脖子，讓僅僅觸及板子的腳尖休息一下；或者踮著腳尖讓脖子舒緩一下。在我短暫拜訪福州期間，有一個謀殺犯就以這種刑罰遭到處決。他的籠子被置於那座橫跨閩江的大石橋上示眾。他所犯的罪行極其噁心殘忍。他殺了一個小女孩，為了取下她身上配戴的金手鍊和腳鐲，竟然喪心病狂到將她斷手斷腳。民眾不許對他的需要提供任何援助，連一滴冷水都不行，以致他最後因痛苦不堪而發瘋抓狂，最後終於在語無倫次的癲狂之中吊死自己。

133| 處罰極刑犯的站籠

普陀山上的觀音寺

普陀山是舟山群島一百多個島嶼中的一座。這一百多個島嶼都歸寧波轄下的定海縣所管轄，唯獨普陀山例外。它是由島上那座著名寺院的住持所獨立管轄，這座寺院專門膜拜女神觀音，而這座廟宇也以祂為名。這個不超過四哩長的小島是中國首要的佛教中心，唯一的人口是僧尼。六十多座寺廟分布於山丘和谷地，島上的神職人口據說有兩千人之譜，其陣容有時是以購買年幼的婢奴來補充。他們受僧人訓練，好終生奉獻給佛教那些摧殘心靈的宗教儀式，很多人最後被派到大陸去托缽行乞，以尋求財源來維持島上的寺廟，並供養那些貪欲又懶惰的和尚。

而那些長年在佛前唸誦著讓人昏昏欲睡的經文，以及那些邋遢又懶散（假如髒與懶能夠增進虔誠之心的話）的虔誠窮人一定被當成聖人了。這些佛教隱士的生活非常消極避世。一般來說，他們不參與任何慈善活動或行善，他們的最佳美名是不做損人之事也不做有益之事。

在他們之中，我所見過最偉大的一個，他被譽為活菩薩，他很骯髒，也很沉默，與其說是個人，不如說是個木乃伊。就算一隻蜘蛛爬到他的喉嚨，或在他半閉的眼睛上面結網，也不會打擾到他的平靜，也不會喚醒他靜止的感官。從他成佛的昏迷狀態看來，他似乎已經入定了。但我不敢太嚴厲，因為我曾經得到一些道行沒這麼高的僧人殷勤好客的招待。同時，我也必須以相同的客觀指出，那些忠誠的化緣僧人，或那些佛門的攬客者，在索酬討賞方面從不手軟。圖134就是普陀山最主要的佛寺，那群神聖的建築被濃密的綠葉所遮蔭，後頭有花崗岩為頂的山丘，配上屋頂與牆壁的明亮色彩，還有上頭跨著一座大理石橋的蓮花池，形成了一幅罕見與浪漫之美的圖畫。中國的僧人總是在他們的隱居處飾以自然界的美麗素材，並用盡本土藝術與建築的資源來美化他們的寺廟。神聖之島普陀山有著如畫的山岩和深谷、樹林與廟宇，自然也不例外。當我們經過那座大理石橋，進入那寬敞的入口來探索那許多庭院和起居室，繚繞於祭壇之上的濃煙頓時讓這浪漫的景象幻滅。那濃煙遮蔽了或微笑或目光炯炯的神像，祂們是神明的象徵或是佛教信仰剛猛的守護神。

島上的廟寺始建於西元五五〇年。資助這些宗教設施的財源有三：廟地的租金、

134| 陀山上的觀音寺

香客的捐獻，以及僧人的化緣所得。那些建築似乎已經日漸失修，但是在這個問題上，普陀山的寺廟絕非特例。平心而論，許多熱心的佛教徒認為，蓋一座新廟要比維修一座老廟來得有誠意。至於那些駐寺的僧侶，即便他們有足夠的財力和精力去維修他們的寺院，他們也把這種熱誠視為對俗務過度熱中的象徵。在那些把佛教思想保持得比在中國更加原始純粹的國家，這更加為真。

鐵路引進中國一事，並不乏擁護者；一旦這個計劃完成，將無人能夠否認它可以帶來的好處。但這個勢不可擋的改革措施卻有不少阻礙。其中有一個會被中國人拿來做擋箭牌的理由是，他們的河川、溪流和運河已經提供了一個廣大的互聯網，並遍及中國最富有的省分。

揚子江

揚子江是中國第一長但世界第三長的河川。它發源自西藏一個有待探索的山區，奔流約三千哩後注入中國海。目前所知，汽船可開到宜昌峽谷，距離下游的上海超過一千一百哩。但我相信在不久的未來，合宜的船隻將能穿越那些峽谷和險灘，來一趟超過全長三分之二的汽船之旅。

自古以來，中國的河道就不時為人民帶來麻煩，也令當政者困擾不堪。自從夏朝的第一位皇帝大禹以來，河川不斷改道。每年夏天，北方山上的積雪融化，氾濫的河流沖到岸上，造成下游平原浩瀚肥沃的地區生靈塗炭。確實，在我看來，災害的防治與中國繁榮和平的確保，都直接仰賴政府對全國河道與堤防採取警戒措施。假如在乾季期間強化堤岸並疏濬原有河道，黃河在一八五一到一八五三年因改道所造成的苦難也許就可以避免。

曾針對決堤進行探勘的伊里亞斯先生（N. Elias）說道：「在洪水季節，主要的壓力都由堤防較上面和較脆弱的部分所承擔，卻無人採取任何措施來強化這些堤防，或者疏濬河道，其所發生的重大災難及後果，約珂修士（Abbé Huc）早於幾年前就預料到了。」

天津慘案的翌年，一場出於類似疏忽的洪水將直棣省夷為荒地。這災難帶給人民的厄運，以及我在前往北京途中親眼目擊的慘狀，已經在我腦海留下無可磨滅的記憶。

看起來，在我們使用武力來催促中國引進鐵路之前，我們應該先施壓當局，誘導他們開放內陸以利外貿的推展，並允許外商及他們的貨物自由使用既有的湖泊、河川及運河等交通動脈。如此步驟對政府有利，它除了易於保障人民的安全，也藉著貿易的擴張，讓他們對於最終必然隨之而來的鐵路與電報有所準備。假如中國讓步，中國人會很快體悟到它的實質好處。

註釋

1 譯註：現今河北省。

揚子江上的銀島[1]

我現在要帶領讀者前往揚子江上游的峽谷旅行，距上海大約一千兩百哩路。懷著忠實導遊的理念，我會向他呈現那些常見的有趣目標，以及其他那些因為壯觀及新奇而需要他特別注意的東西。

從上海搭乘「上海輪船航運公司」一艘寬敞的汽船出發，船上有個豪華又舒適的交誼廳，在那裡幾乎不會感受到暈船之苦。我們上行約一百四十哩到達鎮江。在該城下面幾哩處，我們通過大運河的河口，而這條運河可能是中國最重大的公共工程，它至少證明它比知名的長城有用太多了。

在鎮江下方的江心，我們看到外國人稱之為「銀島」（見圖135）的石礁。這是揚子江下游最優美的目標之一，而且像普陀山一樣，它完全被佛教的宏偉建築所占據，島上並由一位僧侶領袖或住持掌管治理。

碼頭有一條寬闊的花崗岩石階，雄踞在石階上面那群莊嚴氣派的建築就是島上的寺院，而其他那些古雅奇特的寺廟則在樹林中若隱若現，樹林掩蓋了這些神聖又美麗的清修之地。

註釋

1 譯註：銀島即現今的焦山。

135| 揚子江上的銀島

揚子江上的金島

金山（或稱金島）的魅力並不亞於鎮江下面那些不凡的姊妹島。但它已經不再是島嶼，因為揚子江漲潮的沖積物已將它和長江右岸連接起來，以致我在旱地尋找空間來拍下圖136，一點困難也沒有。那聳立著高塔的岩石是鄰近地區最險峻最搶眼的目標，而且，不用說，基於這個緣故，它已經成為一個適合建造佛寺的地點。

在一八五三到一八五七年叛軍占領期間，這些宏美的佛教建築都遭到天王那些所謂的基督教追隨者的摧殘，他們所到之處，無不留下斷瓦頹壁。但他們竟然允許這座高塔保留下來，只不過剝光了塔上的值錢飾物，使得它像一座黯然佇立的方尖塔。這些荒蕪與破壞依太平軍粗俗的說法是「天大的進步」，這座高塔可以做為向後世佐證的紀念碑。這些廟宇已經修繕，而比早些年好了許多。鎮江府位於大運河與揚子江的交會處，地形顯要。職是之故，在一八四二年的戰爭裡，此處是守軍拚命保衛的地點之一，而它的淪陷大大地加速和談的進行，並因《南京條約》的簽訂而結束。至於《南京條約》所明定的三個通商口岸，一直遲至一八六一年才正式對外開放貿易，它拖延的原因是太平軍尚未被完全敉平，使得國內的情勢仍處於動盪。

外僑區位於江邊，離大運河很近，它的西端是銀山，它的名字有時會被誤用於江心那座小島。外僑房舍前面照例有一個外灘，面對揚子江。租界區的位置與金山的關係，可以從照片的遠景得到一點概念，因為從河景的一隅可以看到一些外僑房舍佇立其上。

這個港口的貿易在太平軍叛亂期間受到打擊，但它迅速恢復，而且因為一套過境許可的制度獲益不少，這套制度首度於一八六四年推出，其運作對外貿的發展助益良多。這個港口一八六八年的貿易額是一百八十四萬零七百六十九英鎊，一八七一年則是三百二十一萬兩千七百六十九英鎊。過去那些年的貿易似乎又再度下降，不過這次的蕭條在全中國多少都可以感覺得出來。

136| 揚子江上的金島

南京兵工廠一景

南京並不對外開放貿易，如果開放的話，外國人從汽船登岸的方式一定會和現在不同。三名總督家裡的官員，連同我本人、我的僕人和行李，得在天黑之後爬上一艘小船，並在河岸最乾燥的地點上岸，再由船夫領我們到一座旅客候船的草棚。幾盞燈籠在草棚牆上搖曳閃爍，照亮了一群中國人的臉龐，他們或蹲在泥地上，或倚在木長凳上。我被迫在這個彌漫大蒜和菸味的地方過夜，也是在這裡，我深感遺憾地得知曾國藩離世的消息。這位偉大的人物是他的時代裡最著名的政治家之一，他是於三月十四日仙逝。

我透過我國駐北京的公使，得到一封李鴻章所寫的推薦信函，好帶去見曾國藩。李鴻章曾在平定太平天國的戰事中與曾國藩並肩作戰，現為直隸總督。可惜我推遲了走訪南京的計劃，直到我從揚子江上游歸來才動念啟程。如今我的引薦函轉交給他的公子，並得到禮貌的回覆，表達了我沒能及時抵達並為他的父親拍下肖像的遺憾。

曾國藩是湖南湘鄉人，早年以科舉考試嶄露頭角，並很快晉升到長江流域及南方省分的最高統帥。他協助戈登上校討伐太平軍，並在敉平太平軍的戰事上扮演相當的角色。他是內閣成員，湘軍攻陷南京之後，獲頒二等爵位。他的權力此時達到巔峰，甚至傳聞北京對他遼闊的勢力範圍有所忌憚。一八六八年他官拜直隸總督，但在天津教案發生後，他的此一官位迅速遭到拔除，並第三度出任兩江總督。

南京兵工廠是在李鴻章的支持下所建立。它是這類兵工廠的第一座，地近該城南門外的大報恩寺遺址。大報恩寺以及那座塔已遭太平叛軍所毀，現今的兵工廠有一部分是使用該塔寺的磚塊所建。過去傳自寺院大殿沉悶單調的誦經聲，曾經於空中飄揚，如今取而代之的，卻是不再那麼寧靜的聲音，而是引擎的呼呼聲、汽錘的鏗鏘聲，以及測試槍砲或來福槍的爆炸聲。

這座兵工廠是根據最先進的科學方針所興建，由馬格理博士（Halliday Macartney）所督導。這是在中國老舊事物上的驚人革新。假如中國人是首先教導我們使用槍砲者（據聞他們於一二三二年的開封府圍城一役就已經使用此項武器），那麼，我們無疑是加付利息奉還他們——我們正在指導他們如何製造我們最致命的武器。

這座兵工廠每年製造數百噸槍枝和彈藥。我毫不懷疑它的產品在迅速敉平甘陝回民起事上，貢獻卓著。

在圖137裡面，我的讀者會認出一具機關槍，右邊是一個水雷，和火箭筒、一堆砲彈、一門榴彈砲、一座火箭基座，以及一座野戰砲的砲架。那具機關槍剛剛完成，並當著我的面開火。一個中國工人正在向他的長官說明那座器械。這張照片證明，無論中國人如何疏於加強西洋人有關和平的科學，他們正試圖掌握這些戰爭相關的科技。

137| 南京兵工廠一景

南京

南京是於西元四世紀成為中國的首都，彼時中國分裂成南北兩個王朝。但隋文帝楊堅統一南北，並遷都北京。明朝開國皇帝朱洪武復將首都遷回南京，使之恢復舊日的昌盛。這位君王是中國史上最卓越的統治者之一，在他即位之前，中國遭受蒙古人的壓迫，渴望獲得自由。朱元璋以「洪武」之名較為人知，他豎旗起義，解救了中國。他至今仍被奉為睿智英明的君主，在他的領導下，中國昌盛繁榮。他出身低賤，父親只不過是個一貧如洗的勞動者。

他的孫子繼承他的帝位，但經歷了風風雨雨的四年執政，終被朱洪武的兒子成祖永樂罷黜，朝廷隨後移往北京。從那時起，南京就波折不斷。它再度因太平天國民變首領天王的定都，而重返首都的榮耀，但這次卻是問題重重，這個事件發生於一八五三年。整體而言，過去那二十年或許是這個城市史上最重要的時期，然而三十年前，一紙明定開放數個通商口岸的條約卻是簽訂於南京。

圖138前方的地面曾是清軍和叛軍的殺戮戰場，因此地上遍布雙方的墳塚和屍骨，兩者終於融合成相同的塵土。一八六四年，太平叛軍在照片中的城市遭到致命的一擊，南京落入清軍之手。當太平軍走到窮途末路之際，天王平靜地坐在城裡，自信於他的神性天命，相信解救必會從天而降。他信神，也相信基督是來自天國的使者，而全能的上帝則是指派他來挽救中國。他在南京的皇城裡為自己建造了一座豪華的宮殿，當清軍在明孝陵聚集，準備對他的首都進行最後的攻堅時，他卻在他的豪華宮殿裡出奇沉著，對清軍極為憐憫與輕蔑。

他周遭的士兵在挨餓時，他仍然相信上帝；他們向他索討食物時，他卻用聖詩填塞他們的嘴巴，叫他們吟詠聖詩直到上帝前來解圍。這位平靜之君最後的詔令之一，就是在所有的文書裡，他的將士和其他人都必須使用「天父、天兄、天王」[1]的字眼，這是他神聖的三位一體，而出於他的謙虛，他把自己放在這三者的最後面。任何人敢不遵守這個詔令，就會被快馬分屍——用這種方法來處置不聽話的天國臣民，真是溫和又仁慈啊！

城市的狀況一分一秒地變得更像地獄而非天堂，終於，就在破城前的三天，天王據稱親手結束了自己的性命。清軍使南京化為焦土，以三天的時間屠殺造反者，但很多人在清軍破城之前就自殺了，天王許多女眷的屍體據說是在宮外發現，天王的兒子應該是在逃脫的途中被碎屍萬段了。

圖138是拍攝於南門外的一座土丘上。城牆可以看得出來極高，有些地方高達七十呎，座高三十呎。城牆上方的建築群裡，異常高聳的是南門上面的建物，它們已經恢復舊日的光彩；在城外，位於昔日瓷塔舊址的兵工廠，其周遭的遼闊郊區蓬勃發展。在那些與「大報恩寺」還有關聯的物體之中，最明顯的就是一隻龜背上的巨大白色大理石碑。這在圖中南門下面一點的地方可以看見，它在牆外城門右邊大約半吋的地方。

城牆的周長約為二十二哩，比北京圍繞皇城和外城的城牆長了將近二哩。但是在南京，城內有相當大的空間是用來耕種。

這座城市很多地方都已經修復，在我拜訪期間，它昔日的商業也在復甦之中。然而在明孝陵附近的滿人區仍處於荒涼的廢墟狀態，帶著一種可悲的淒涼。我看見一對野雉從一幢老宅的廢墟之中飛起。人們用舊的材料在城牆更遠的地方建造新的街道。南京是以其優質絲綢和緞子而聞名。

註釋

1 *The Autobiography of the Chung-Wang*, p. 64, Shanghai, 1865.

138| 南京

南京明孝陵

南京的明孝陵陳放明朝開國皇帝朱洪武和他的孫子的遺骸，他的孫子繼承了他的帝業。朱洪武執政長達三十一年，於一三九八年駕崩，下葬於南京東城牆附近的西邊山麓。圖139的遠處可以看到這座輝煌的陵墓的一角，守護這一度宏偉氣派的建築物入口的，是全副盔甲的石雕戰士，以及兩排龐大的動物石像。這些古代的雕塑樣本與歐洲當代藝術的作品自然無法比擬，然而這些塑像卻表現出一種本土的完美典型，洋溢一種宏偉莊嚴的恬靜感，戰士臉上的慈祥表情彷彿透露，他多麼樂意執行這個守護往生者屍骨的任務。

這些石像或許用來代表兩位皇帝生前的御前侍衛。他們的武器和盔甲看起來沉重而累贅，然而在實際的戰爭裡，它們的威力或許和同時期的歐洲人所使用的不相上下。一位當地人信誓旦旦地跟我說，像這些雕像這般高大的巨漢在彼時確實是有的。儘管如此，朱洪武必定有一支勇敢又有紀律的軍隊來協助他實現帝業。不過他長眠之地的鐵甲武士卻與不遠之處的兵工廠今日所生產的武器呈現出一種奇怪的對比。

139| 南京明孝陵

140| 南京明孝陵

洋槍隊

圖141呈現的是一支帶有「常勝軍」遺風的中國軍隊，「常勝軍」是一支接受歐式訓練和紀律洗禮的中英聯合部隊。我們沒看到古老石雕戰士的結實體態和慈祥表情，卻只有看到鴉片，這在後者正值全盛時期之際恐怕聞所未聞。寧波有一百五十名這類外國訓練及裝備的士兵，受兩名外國軍官庫克上校（Colonel Cook）及華生少校（Major Watson）的統領。太平天國起事期間，他們的軍團曾達一千人，不過他們現在只擔任寧波城的守衛。這支寧波軍隊裡的本土軍官有一位軍士長、兩位下士、兩位准下士、一位砲兵中士以及一位步兵中尉。南京的警力也由四名外籍巡官擔任督察。

大型的洋槍隊部署在廣州、福州、上海及中國其他地方，這些部隊配備有現代化的來福槍、大砲及彈藥。寧波洋槍隊士兵的軍餉（寧波的軍餉總能正常發放）是一個月六元，或約當一天一先令，包括冬天及夏天的軍裝各一套。夏裝是白色鑲藍邊，冬裝是深藍色鑲綠邊，還有一條深綠色纏頭巾。

圖142呈現南京兵工廠的一個車間，大砲在這裡加工成形、鑽穿及製作膛線。圖中可看見一名本地工人正在操作一部巨大的外國車床。

這個部門讓我最感興趣的地方，一是擊壓並以機器充填來福槍雷管的地方，二是把大砲澆鑄得如此堅固完美的處所，這比起我在歐洲任何地方看到的最好的大砲，毫不遜色。

141| 洋槍隊

142| 南京兵工廠的車間

九江租界

九江是揚子江沿岸第二個通商口岸，距下方的上海有四百四十五哩。這個港口之所以被選定為適合從事外貿的地點，是因為它比鄰鄱陽湖，而且地近以此地為中樞並輻射向內陸的龐大水路運輸系統。但因鄱陽未開放汽船航行，加上九江位於揚子江與該湖交會處上游十五哩，九江從未享有重要的商業地位。

一八六八年它的全年貿易總額估計為三百三十四萬四千三百五十五英鎊，一八七二年的貿易額更下滑到兩百九十四萬零兩百一十英鎊。如果輪船也能像本土船隻一樣航行於鄱陽湖，統計數字也許會大幅提升，可惜它位於江湖會合點的上游而非下游，使得這個具有優勢的租界無法充分發揮效用。

太平軍曾於一八五三年占領九江，使之成了一座片瓦不存的空城。這個城市是一直到一八六一年對外開放貿易，並出現了一個小型外國社群，才開始有了一點信心與安全的氛圍，本地人也蜂擁回鄉重建家園。九江四周圍以城牆，並與外僑區

143| 九江租界

較低的那一端相鄰；而租界，如圖143所示，與河岸平行而建，卻與河岸保持相當的距離，以便能在房舍前面築上一條寬廣的路面。

夏天水流強勁，以致外灘有遭到沖毀的威脅，有必要以硬木樁做成精細飾面來強固河岸。這種結構體經常因年復一年的水位上漲而局部遭到毀損，是外僑圈長年擔憂掛念的根源。

九江街頭群像

中國究竟有多少勤勞人口在街頭就業，而可以被稱為「技工店家」，至今缺乏估計。但是在每個大城市，這類人都數以千計。在我們的城鎮裡，我們會將之歸類為流動修補匠或沿街叫賣的小販，但這個用語根本無法涵蓋各個城市不同角落的熟練工匠，他們窮到不敢奢望有個固定的店鋪，只能在公共幹道上挨家挨戶找事做。

圖144最左邊的是我們可敬的朋友阿鴻，他在九江街頭度過人生。他明白世道艱困，對於太平軍各式稀奇古怪的事跡如數家珍，他們一度擾亂了這裡平順的商業活動。阿鴻是做湯食的，之前他的父親也是。出生在湯食之家，他很早就出師，並挑著他的小小廚房遊走在這座城市的特定地點，在指定的時間裡服務他的老主顧。

圖中的阿鴻氣定神閒地接受蹲在地上的顧客的稱讚，那人還頭頭是道地評論他的美味湯頭。假如我們能引進一群像這樣的廚子，並能以最節省的食材做出衛生營養又便宜的食物，這對我們英國的窮人將是福音。老阿鴻將能以他最拿手的湯食滿足他的顧客，一碗只要半便士。

照片正中央那位老兄是個抄寫員，他正在根據一位女士的口述代筆寫信。但他如果只靠代寫書信維生，根本無法果腹，因為大部分的民眾都可以自行寫信。因此他得結合算命和郎中的副業，一面為人代筆書寫，又宣稱能以特殊技能為人治療眼疾，聲稱能夠醫治七十一種眼疾。他的醫術據說僅限於眼睛。他的桌上有一份清單，洋洋灑灑列舉了他聲稱能夠醫治的疾病。他偶爾查閱這份目錄，以便記得他專業能力的範圍。

身為一個算命師，他能預言顧客要他代寫的書信所引發的後果，不管書信的內容是有關訴訟、兒女情事，或是商業往來。他也會幫人擇定婚嫁的吉日。如有需要，他也會預卜未來，好讓那些容易受騙的人可以一窺未知領域的奧秘。他是個狡猾的老騙棍，利用人類容易輕信的本性牟利，而且無往不利。他的桌子、椅子和用具都是最輕便而易於攜帶的那種。晚上他將這些東西摺起來，夾在腋下帶走。他後面的人物是一位在九江行乞的壞蛋。

代寫員的隔壁是一位流動理髮師，他具有各式各樣的頂上工夫。一如歐洲古老的同行，他不是外科大夫，但他必須嫻熟人類腦袋上的各個「知識門道」。把頭蓋剃光，只留下後腦的頭髮來結髮辮，是他最粗淺的工夫。除此，他還得幫人修剪眉毛、臉頰和下巴，拔除鼻孔和耳朵裡的亂毛，彈撥耳垢，好讓中華大地的各式美妙音響能夠暢然無阻地傳進他的耳朵。他也幫顧客清理那雙滾動的眼珠子，好讓顧客的思路更加冷靜順暢。

理髮師的顧客所坐的櫃子有四個抽屜，最上層裝他所賺的錢，下一個放他的小工具，第三個說不定可以找到一打剃刀，每一把都曾在天朝顧客的腦袋瓜上收割了好幾畝。最下面的抽屜裝他的毛巾、梳子和刷子。他的左邊有個水盆，下面有個小木炭爐。傳說他所扛的這些行頭之所以代表他的職業，是因為古代有個皇帝將這套標誌賜給一個技能傑出的剃頭匠，這位技藝高超的師傅有一次用他的剃刀把停在龍顏上的蚊子飛劈成兩半，蚊子竟然不知道自己已經遭遇如此橫禍，下肢和半截身體還插在這位君王的鼻梁上。

最右邊的是一位木匠和他的客戶，後者正在檢視一柄木杓子的樣式和拋光。我本

144| 九江街頭群像

可用好幾冊的篇幅，繼續細數中國每一條大街幾乎都看得到的各行各業。但我希望在最後一部繼續著墨這一方面的生活翦影，增加一些首都北京重要行業的典型。

九江碼頭

圖145的背景建築是美商旗昌洋行的房舍與辦公室，這家公司的輪船對於發展揚子江航運厥功甚偉。在前景之中，我們看到一座浮動棧橋的局部，它用來讓輪船的乘客及貨物上岸。棧橋上有兩位中國雇員正在指揮一包包外國商品的卸貨。這大包大包的貨物由兩名苦力以一柄竹竿抬走。送進倉庫的捆包數目必須先經過一套滿有趣的程序加以清點。每一大包貨物都用一小塊竹片代表，挑夫進入棧橋時，必須把竹片交給一位可靠的當地雇員，然後他再將竹片的總數載入冊子。

145| 九江碼頭

勞動中的鋸木工

中國人用來支架一大塊木頭，好將它劈開的裝置，真是簡單又天才。就像中國人所發明的那些設備，它確實是達到當初設計時的效果；可是它看起來這麼原始，我們可能會覺得，假如我們活在兩千年前的這片土地上，就會找到相同類型的工人，用相同的器械以相同的方法來做相同的工作。這是中國最令人驚奇的特徵之一，讓外國人看得驚訝連連，尤其這位外國人已經習慣西方文明的進步，且心中有一份渴求新奇事物的病態願望，一如中國人所形容他的一樣。古老的中國必然有些善於發明的天才，他們設計出當今簡單的機械，每一樣在它的領域裡都可以用來從事某些工作，其方法完美得令後代無可挑剔。

這裡面可能有些東西會吸引羅斯金先生[1]。當今的中國人可能會反對引進蒸氣，他們認為蒸氣所能成就的事物同樣可以用古老的方法達成，也可以由數以百萬計的工人靈巧的雙手來完成。我知道有個全村莊都從事紡紗的個案，他們要脅要罷工，因為他們的雇主打算要為那些古老的機器多添購幾只捲軸和紡錘。我問那個雇主，他是個廣東人，為什麼他不採用外國的捲軸設備？「呃，我受夠了。我曾經試圖針對那些古老機器的捲線進行一點輕微的改變，最終目標是引進外國的設備，但這個計劃差點害我破產。」

我想，在這方面，發明天才和改進的努力必然是遭到了阻力。因此早期曾經在各方面都達到相對完美境界的中國人，從此世世代代停滯不前，他們心滿意足地隨時代演進，以孝順的美德來做父輩做的事。也許他們在這種簡單的工法裡得到的真實喜樂，並非我們成千上萬的文明大眾在光榮的十九世紀所能體會。我們的鋸木工和鋸木坑已經是過去式，它們已經被引擎所取代，因為引擎的鋸條幾秒鐘內就可以砍下一棵大樹。因此我們家裡的家具如今都是半蒸氣製造，這與中國今日仍然盛行的工法何其不同啊！

在那裡，木匠到他的店鋪前面上工，他站在一棵粗砍的樹木上面，樹木架在一個三腳支架上，而樹幹本身則形成三腳支架裡的一隻腳（見圖146）。他把樹木鋸好之後，便開始整理木頭，然後將它做成椅子或桌子，除非是在比較繁忙的城市，那裡的工人分工較細。他們最大的鋸子有兩個簡單的手把，穿過刀鋒的兩端。他們也有橫鋸，使用方法和我們的一樣。除此，還有各種鋸子，尺寸不等，最小的只像錶的發條一樣寬。這些較精細的工具是用來切割最細緻的木雕品。

註釋

1 譯註：John Ruskin（1819-1900），英國重要的藝術評論家，提倡美術工藝，以對抗工業化的產品和潮流。

146| 勞動中的鋸木工

織帶機

這部織帶機的主要構造是竹子，所有的內框也都是竹製。夾住經紗，以及托住緯紗的橫軸，也都是細竹所製。腳踩的踏板是竹片，跟風琴的踏板一樣。使用這種小機器，頭腳手要並用，產物就是美麗的緞帶，上頭繡著各種色彩斑斕的花朵。這台織帶機算是結構比較繁複的一型，中國人用它來織造裝飾性的絲織品。這是一台完美無比的機器，巧手的工人可以織造出任何想要的圖案或款式。圖147的廢墟位於一個叫太平村的地方，是在距九江十哩外的群山裡。在這個山區和九江中間，有一個土壤肥沃而高度種作的沖積土平原，上頭密布著看起來很富足的農場，四周有楊柳圍繞。沒有一畝可用的地是閒置的，每一吋土地都由勤勉的農人孜孜耕作。在我造訪期間，新稻才剛在不規則的田野間露出翠綠的葉尖，欣欣向榮的豌豆和各種豆實作物正在開花。山丘的梯田種著蔬菜，上面的山嶺則覆蓋著松樹和灌木，以便在冬天為農人提供柴枝。

我在這個地區所看到的人，大部分都過得不錯，有些人更是衣著光鮮，而他們所

147| 織帶機

有人的油亮臉上都掛著一份寧靜的富足與滿足的神采。的確，江西省的這個地區，讓人想到童年時期所讀的故事書裡面那個理想中的中國。從山上看下去，平原的外觀就像一座碩大的景觀花園，有很多碧綠山丘，頂上有漂亮的挺拔老樹，還有楊柳夾岸的小橋流水。

圖148中所示的兩座塔並不像任何我在中國其他地方所看到的。它們據說是一座佛寺的遺跡，這座佛寺更聽說是天朝史上最偉大的佛寺之一。從地基的土墩判斷，這座寺院必定占地龐大。我在這裡發現了幾塊雕花石頭，它們被拿來蓋後方的一座新式小廟，有一、兩塊顯現圖書館架上的外國書刊的末尾，這或許說明了利瑪竇一五九〇年左右在江西省這個地區的傳道工作。根據記述，這位耶穌會的傳教士在這裡頗受當地人民的愛戴。

我也參觀了那位名滿天下的哲人朱子的墓園。它的外觀沒什麼驚人或可觀之處。不過這位哲人長眠的山丘擁有遼闊的視野可以俯看下面的平原，以及分布在平原上的湖泊或潟湖。

148| 佛寺遺跡

漢口中國人聚落

漢口是當前揚子江沿岸允許外商居住的最上游處，它位處漢水與揚子江最重要的交會處。前者古稱沔水，十五世紀最後十年才形成今日的水道，而漢口的繁榮很大程度歸功於地點上的諸多優勢。在漢水形成今日的河道之前，漢陽在貿易上曾居壟斷地位，並且在遙遠的三國時代據稱是一個繁華的口岸。漢口是在明朝期間躍居中國的商業重鎮，它的繁榮程度在隨後的幾世紀裡穩定增長，卻於一八五五年遭到太平軍的洗劫和焚毀而致貿易停頓。

湖北省的省會武昌、漢陽及漢口等三個城市在遼闊的平原上緊緊相鄰，卻被交會的河流分隔開來。漢陽上面有一排低矮的山，站在其中一個山巔，我的眼前是一幅美妙的全景，武昌就在視野所及的長江南岸，我的腳下則是漢陽緊緊相挨的房舍和狹窄的巷弄；過了漢水，被這條蜿蜒崎嶇的重要支流分隔開來的，我可以分辨出漢口擁擠的房屋和較遠處外僑租界區裡的雄偉建築（見圖149）。這三座城市所坐落的地區或許是中國人口最稠密的地方。光是漢口，其當地人口一八七二年就估計有六十萬人。和這些人口密度高的城市形成強烈對比的，是周遭的鄉下地區，只有稀疏的小村莊和一些孤零零的農舍分布其上。事實是，這片沖積平原夏季常遭水患，使得農人無法冒著傾家蕩產的風險在那裡久留，許多簡陋的小屋都蓋在人造的土墩上面。

沿著漢水往下，我看到一個繁忙又有趣的景象。這條狹窄的河川擠滿了各類當地的貿易船隻，各種大小都有，只讓出一條可供船隻通過的狹窄水道。有一個來自四川的小船隊，船隻是用松樹的粗木做成，這些粗木僅僅是被捆在一起，以便航行到漢口而已，一旦船上的貨物處理掉了，這些船隻就馬上拆解，並賣做木柴。

漢口的主要出口品是茶葉、菸草、絲綢和油。

149| 漢口中國人聚落

漢口租界

如前所說，漢口位於揚子江的左岸，它與漢陽中間隔著漢水，而漢水也在這裡注入長江。

外僑區在揚子江邊有一條臨河路，可惜租界的地勢比當地人居住的地區還要低窪。我不知道當初為什麼選定這裡做為外僑居留地，這個錯誤當地人絕對不會犯，因為水患期間所帶來的苦難實在罄竹難書。但是中國人以著特有的公平態度，對外國人選定這個地方倒是沒什麼意見，他們唯一的要求，就是開出一個令人咋舌的價碼而已。他們最後同意把土地一塊塊出售，每塊要價兩千五百兩。我於一八七一年造訪此地，外國房舍較低樓層的房間內牆還有前一年洪水所留下的水痕。這個洪水淹了外灘約有七呎高，整個外僑區唯一的交通工具是小船。廚房或外房不是被沖毀，就是變得無用，只好雇用當地的大型平底船來供傭人居住以及煮炊。小船用竹篙撐進大廳；裡面的樓梯則變成碼頭；餐廳變成可以游泳的浴缸；家具殘缺不全；房產的地界倒在爛泥裡；有些房子的地基下陷，整個搖搖欲墜。

家禽和牲口得送到山上安置，或者暫時置於樓層較高的臥房，直到洪水退去。高達四萬名當地人則跑到漢陽山上避難，但洞庭湖上方的地區遭水患蹂躪最為淒慘，那裡的城鎮居民被迫離開家園，農作物也被沖刷殆盡。一八七〇年海關的災情公告指出：「在宜昌，半數以上的房屋淹到屋頂，夔州大半成了廢墟」、「萬縣的災情不大，但是比城區大上至少五倍的郊區整個被毀」等等。除了所有的這些，湖北有一部分不滿的災民更起事造反，並且據稱計劃向漢口推進。

中國人花費八萬英鎊的代價造了一道大牆，從漢水到揚子江之間的岸上環著整個外僑區的後面延伸。這道牆是用來防範來自平原地帶盜匪幫派的偷襲。事實證明它最大的用處是做為一道防波堤，它使外僑區免於被氾濫的漢水沖進揚子江。

外灘前面的河岸是以石頭做為飾面，造價高昂，有六十呎深。一八六一年漢口開放外貿不久，外商們更是花費大筆金錢來從事這類工事，以增進該社區的安全與美觀，因為這個地方很可能將成為中國的商業中心。造價昂貴又優雅的社區終於拔地而起，漢口因而成為華疆最精緻美麗的租界之一。

先前所預期的鉅額貿易從未完全實現，而土地和房產的價值卻在一八七一年大跌。假如宜昌對外開放貿易——外國人有一段時期曾經大力鼓吹——漢口現今的貿易將會被新港口搶去大半。本地人的競爭日益激烈，他們逐漸從外國代理商的手中搶到生意，主要是中國商人發現他們可以搭乘河上的輪船前往上海，直接從國內的市場買到商品，這為他們節省許多成本。隨著我們與中國的貿易漸增，這個缺點將會擴大，而不會減少。吾人相信，總有一天，中國商人將會在曼徹斯特與倫敦建立據點。

漢口的英國租界有一條八百碼長的臨河路，路面極厚。從這裡往西，新增的土地是用來建造一家輪船航運公司代理商的房舍；在它的東邊，則是尚未有人入住的法國租界，那裡傲然擁有一座領事館，外觀雄偉，但內部顯然已經失修。包括傳教士在內的外國居民大約有一百人。一八七一的對外貿易額為一千四百萬英鎊。漢口是該地區生產工夫茶的中心。

黃鶴樓

黃鶴樓是揚子江上游這個區域最醒目的建築之一，它位於一排小山的盡頭，這排小山將武昌一分為二，其山勢突然在城市的下方止步。揚子江的對岸，有另一排山勢相同的丘陵在漢陽的上方聳立。

樓塔初建於西元六世紀的上半葉，其時陳朝當政，所選定的位址據稱是一位辛姓酒商所有。黃鶴樓曾毀於太平軍之手，直到大約三年前才完全修復。它目前坐落於堅固的石基上，挺立於江邊，而原始建築的唯一遺物是樓塔前方的古老紀念碑。如果傳說可信的話，據傳建樓的神人從天而降，在此享受仙饗，並在樓中吹奏玉笛。西元前二〇二年或是前後，據傳一位名為費禕的仙人乘坐黃鶴來去。如今黃鶴依然可見，背上卻不再有仙樂飄飄的神人。

圖151就是這座樓塔的照片，但我也是克服種種波折才拍下它的影像。這座雄偉建築前面的大院充斥著一干經常遊蕩於寺廟前院的遊民——乞丐、算命的、叫賣的

151| 黃鶴樓

小販、市井無賴和流落街頭的孩童，我不得已只好退回城牆裡面，以迴避這些人。城門這時是關上的，但那群人仍有辦法爬上堡壘，他們雖然極為文明，卻對我的攝影活動百般好奇，由於他們看見我的相機是對著堡壘，有些人顯然以為我是要對城門開砲。

此外，天氣也和我作對，一陣沙塵暴正朝著上游吹來，引發了一場暴風雨，當我們渡過河川時，水上唯一能看到的本土船舶，只有那裝備良好、船舷寫著黑色大字「太平救生艇」的船隻。

我現在打算敘述我航向揚子江上游峽谷的經歷，來做為本部的結尾。

從漢口到巫峽

在這趟旅途裡，我有幸與兩位美國男士同行。我們在漢口雇用兩艘本土船隻將我們送達宜昌。我們的中國通譯、廚子和中國僕人坐在較小的一艘；我們則坐在較大的一艘。事實證明這個安排很好，我們不會太擠，而且避開了中國式烹飪的不佳氣味；然而另一方面，由於兩艘船的速度不一，導致嚴重的延誤，而且他們那艘船的船員一點也不想盡力追趕。

下面三張圖片裡，圖152是我們的船員在吃早飯，圖153是我們船隻的船艙，圖154是我們的通譯張氏。

一八七一年一月二十日那天，升上英國和美國國旗，我們從漢口啟程遠征，但我們很快就降下那不必要的旗幟，然後撐篙通過在岸邊大排長龍的數千艘本土船隻，那過程極為冗長。

152| 船員在吃早飯

153| 船艙內部

夜幕低垂時，我們在漢口上游十哩處的大軍山山腳下下錨，我們的船被隔成三個船艙，後面是王姓船長夫婦的住處，中間是我們的睡鋪，前面的裝有一個爐子，是用來做為客廳。我們渡過一個嚴寒的夜晚，因為風從每一個隙縫吹進我們的船艙。翌晨我們不得不在各個隙縫糊上紙張，以避免重蹈風寒之苦。不過我們的好眠隨後還是被王船長夫婦的激烈爭吵打斷了。王妻看起來是個烈性的女人和貨真價實的韃靼，她那比她年輕的丈夫想要繼續走，以便上岸採買的心願硬是被她否決了。

這些人你休想叫他們上床睡覺去，因為他們根本就把床揹在身上。他們的襖子塞了厚厚的棉，以至於白天看起來像只活枕頭。他們從來不換衣服，喔不，冬天結束之前不會換，接著就告別了那世上最親密的伙伴。船夫都是可憐人，九個人睡在大約五點五平方呎的貨艙。清晨傳自船艙的氣味令人不舒服，因為他們小心翼翼地緊挨在一起，又根據他們的財力和選擇抽著菸草或鴉片入睡。要叫這些可憐的傢伙早起可十分費勁。他們一個接一個爬出來面對寒冷的北風，接著是他們展現活力的時間；對於那些躲在他們滿是補靪的棉襖裡的眼中釘，他們絕不手軟，發現一律處死。抓完蝨子，他們通常會和王船長吵一頓，再不然就是和其他船員罵成一團。

而終於在七、八點的時候，所有的人手都要開始幹活，並且升錨，用一個製作簡單的絞盤把它拉起來。我們前進的時候，是順著微風而行，帆這時張開了，船夫們都蹲在甲板上享受吞雲吐霧的樂趣，擁抱清風徐來又無事一身輕的悠閒。揚子江這時約有一哩寬，河水的顏色深得跟巧克力似的，水岸很低，因為多次河水氾濫而留下一階階的痕跡。假如有人可以解讀的話，這些黏土牆有著黑暗又悲愴的歷史。到處都是從黏土裸露出來的突木碎片——那殘破的遺跡先前可能曾是一座家園，卻因久遠之前的一場洪水而化為斷瓦殘壁。

在中國船隻上的旅程十分緩慢，古老驛馬車的速度和它比起來，簡直就像閃電了。河上旅行的前半段，我們深受嚴寒之苦，帶來的煤炭無法燃燒，而船上的逆行氣流又使得船艙濃煙彌漫。

這段航行頗為順利，我們十一點就抵達篺洲灣，這是目前為止揚子江最沉悶的部分，因為流川在這裡往西北轉了一個大約二十二哩的大彎，又幾乎繞回原點，一條半哩長的運河就可以把轉彎處的兩端連接起來。寒風在日落時分威力大減，我們在簰洲下錨過夜，這裡距下游的漢口四十六哩。我們翌晨早起，但直到七點才有辦法啟程，因為船長還在後面的船艙賴床，船夫則還窩在前面的貨艙一個緊挨一個。一場有趣的對話乃接踵而來，王船長提醒他的手下開始幹活的規矩，船夫們則回嘴說，船長理當以身作則。

第二天，我們穿過了一個英國海軍部地圖沒顯示的狹長沙嘴，翌晨我們看見了磐石礁，它佇立在距離左岸四分之一哩的河中。由於這個岩礁夏天淹沒於水中，輪船如果駛得太靠近岸邊極其危險。這個地方的河道約有兩哩寬，在這個流域的終點會轉進一條溪流，它是從洞庭湖的湖口流瀉而出。這附近的風景迷人，浩瀚河水的兩岸在我們到訪的季節表現出一種險峻而驚人的景致，而在霧氣瀰漫的遠處，我們可以看出是一排白色的帆，那是貿易戎克船的船隊，像是雲中的圖片，正航向遙遠的宇宙，而肉眼只能看見後面那一小部分的船隻。

過了洞庭湖，揚子江就被當地人稱之為「大江」，即使這個季節的水位是四季中最低的，一艘吃水六呎的輪船要上溯到兩河交會處也沒多大問題。任何一個對於行駛河流有豐富經驗的人，要找出河道及淺水處應無困難，我覺得最大的挑戰在於夏季期間，當兩岸都淹沒於河中，看不出什麼方位指標。在許多漫長又困難的地帶，夏季期間沒有任何樹木或地標可供辨識，以致擱淺在黏稠土岸上面的風險極大，除非有一系列浮標做為指引。

所有的淺灘都由鬆軟的沖積沉澱物構成，而我相信，一旦揚子江上游開放輪船行駛，基於淺灘和河道經常變動，有必要經常針對這條河流進行各項研究調查。這樣的調查如果只是在低水位的季節做過一次，做為翌年航行的依據，將只會造成重大災難而已。

我們的航行中，有一天是下雪的，由於無風，船夫們只好在桅杆綁上一條竹索，在岸上拉縴前行。之後有幾天，例行的航行與拉縴，和周遭的景物一樣單調無聊。水面安靜無波又浩瀚無邊，兩岸的平原與水平面一般高低，完全找不到任何有趣的東西可以劃開這連成一體的線條。終於在二十七日，我們在一個鄉下的小村莊上岸，它的寧靜氣息十分優美，萬物似乎都冬眠了。這個村莊沿著河堤的頂端延伸，後有瘦骨嶙峋的樹木，滿覆白雪的枝椏在陰鬱的天空下傲然挺立。有坡度的河岸也鋪上一層白雪，用蘆葦所生的火堆在門內發出赤焰，在牡蠣殼窗戶[1]裡閃爍。村人沒有任何動靜，地面上的覆冰沒有任何遭到腳印破壞的痕跡，只有在一小塊水平的土地上，冬季作物的葉子成排聳立，在雪白的地上形成一幅淡綠色的圖案。

這樣說難免有點失禮，我發現我們的張通譯作用不大，因為我們的團隊沒人能夠完全聽懂他的方言，我反而發現我那位說廣東方言和流利馬來語的海南僕人用處大些。不過他對那些船夫倒是有點影響力，畢竟看在他的文才的分上，船夫們對他頗為看重。他在當地官員面前送往迎來擔任司儀算是稱職，他也總是詳細記錄議事內容。他自認是我們的保護者，當我們向那些官員呈遞相關文件時，看著他向那些官員打點獻殷勤，確實挺令人滿意。他向那些官員介紹我們的同時，也不忘強調我們所帶的洋酒和雪茄——他之前曾經努力熟悉的東西。

我在圖154裡面將他介紹給讀者，在此之前，他才在昏暗的船艙低聲唸了一整篇古文。左邊的人物是船夫，一位寧波僕人則從船艙看出來。他們的特徵都忠實呈現於圖中，他們的工作繁多，而且多數時間都全神貫注。我拍攝這張照片時，船隻正航行於江心。

154| 我們的張通譯

我們接著停泊在上車灣，這是個小鎮，我們在這裡買到了上等煤炭。此時大約是中午，船夫們正和他們的船長上岸去了，而且毫無回頭上船的意思，雖然此時正有一陣逆流而上的輕風徐徐吹拂。因此四點的時候，我們有兩個人上岸去尋找不見人影的老王，並於近處的酒肆發現正在飲酒作樂的他。由於一大群人已經向我們團團圍過來，我們不敢冒險進城。外國人在這裡相當罕見，我的朋友向一位老人家買了一大堆糕點，分給人群裡的小孩，弄得大家很樂。那老人家看起來好像是裹著一條古老的被褥，而且用灰塵把被褥的表面上了一層防水的釉彩。

我們的張秘書說他得了重感冒，並差了一個船夫上岸去替他買酒。看他差遣人的方式真是受教了。他在船艙裡已經仔細算過錢包裡的錢，然後步出船艙，用著完全信任的神情把錢拿給一位船夫說：「我不知道這裡面有多少錢，需要多少就拿，把找的錢放回來就好。」事實上裡面有大約六便士。

二十九日那天，兩名湖南海關的官員前來拜訪我們；我們同時也注意到岸上有兩艘裝載棉花的戎克船，它們擱淺在一個水流速度明顯為五節的地方。翌日我們發現岸上零星點綴著松枝和黍莖做成的草房，讓我想起在洞庭湖下方看到的松木筏草屋，其終點站是漢口，只是漏了在適當的地方加以介紹。這些木筏體型極大，而且在甲板上運載一個小村莊的情事也並不罕見。這些村莊會在漢口拖上岸，那些木頭就堆起來賣。

三十一日大約午時，我們在石首縣通過了一個危險的沙渚，它從城鎮對面的低窪沙土當中竄出。我們在這裡買了兩條魚，一條像鮭魚，而另一條布雷基斯頓船長[2]先前曾經描述過。牠寬大無齒的嘴上有一柄長刺，據稱是用來將牠的鰭狀獵物從爛泥裡逐出，它的大嘴此時就適時擔任陷阱的功能。牠的全長，從尖刺的頂端到魚尾的盡頭，是四呎兩吋，光是那柄尖刺就有十四吋長。魚肚是白色，魚尾和鰭是白色和紅色，魚背和魚頭是暗藍灰色。石首縣的商業地位不高，曾是太平天國的據點，因為太平軍的蹂躪，局部呈現殘破景象。自從離開漢口以來，這是我們所看見的第一個山勢明顯的山區。

二月二日下午一時，我們抵達知名的商業集散地沙市，大約位在漢口上游三百哩處。這裡的河面有一哩半寬，河道完全暢通無阻。城鎮位於左岸，是揚子江最佳河段之一，而且這裡有足夠的水深可供下游的內河輪船在很靠岸的地方下錨。有一個適合外僑居留的地點是在右岸的山丘上，它位於沙市的對面，這裡不受河水氾濫之苦，也不會與當地人口混雜。另外也有一個位置較低的地點，它位於沙市的下游，這裡也許更具貿易優勢。

這裡很難買到煤炭，雖然我們知道湖南的此處擁有大量煤藏。在沙市上游幾哩處的長陽縣確實會看到不少礦區，那裡的煤炭品質很好，但迄今需求一直不振。宜昌上游峽谷裡的巴東縣和巫山縣也開採煤礦，但除非它們被製成燃料（在這裡他們把煤炭鑄成模子狀），否則此地的需求還是不大。

我們現在正通過揚子江上游的山區，而在遠處，我們依稀可以看到布雷基斯頓所說的「七門山」（Mountains of the Seven Gate）的模糊輪廓，它的高度從河床算起約三千呎。這裡的河面約有四到五哩寬，河底硬而多卵石，也有多處危險的淺灘。

天快黑了，我們建議船夫下錨，但他們堅持續行，而終於在江心擱淺了。他們費了半小時的工夫才讓船脫困，而她又漂回原點，但最終還是下錨了。王船長提醒我們在這裡要保持高度警戒，因為我們正身處一個盜匪猖狂的地帶。我們因而整夜輪值守夜，我是第一個上場值班的人，我趁著這個時間寫信，左輪手槍則放在手邊。有一次，我以為聽到了什麼耳語，又有一隻手在窗口，我抓起手槍，決心為了保命誓死一搏。我聽到船夫們在前艙睡成一團的沉重鼻息，他們渾然不知一場流血悲劇下一秒鐘將接踵而至。然後船艙裡起了一股聲響，終於我的同伴前來輪班才讓我鬆了一口氣。原來是他，讓我如此無端惶恐。

二月四日，通過了一處岩石地帶，我們看見當地人以水獺抓魚。這些看起來很溫馴的動物是用長繩繫在船隻上，只要飼主輕輕推一下，牠們總是很快下潛，抓到魚就浮上來，慷慨地把獵物交給那些漁夫。河北省和湖南省這個區域沿岸的村莊和城鎮有一種富足的氣氛，與下游那些地區形成明顯的對比，從居民的外觀與農地的耕種狀況也可以得到相同的結論。這裡的狗兒品種也迥異於我在其他地方所看到的。牠們的毛短，耳朵長而尖，像福爾摩沙南部的獵狗。

二月五日我們看到了宜昌塔。右岸山峰的險峻懸崖由高而低，峰峰相連穿過雲層。我們在頭頂一千兩百呎高的岩石頂上發現了一座寺廟，它俯視前面一片六百呎深的懸崖。也許，人們盡其所能地將這座寺廟蓋在離天堂最近的地方。我們在宜昌目睹了一場水師檢閱，這支帝國艦隊大約有十二艘船，像是圖155裡面所出現的，但我反而對這奇異景色印象深刻，因為在這些弱小的戰船後面，宜昌深藍的山脈傲然聳立，從四面八方把我們團團圍住，像個圓形露天劇場。船隻停泊成兩排，每一艘都因五顏六色的旗幟和長幡而鮮麗無比。他們的實砲射擊成果不佳，發砲極不規則，有些砲好像一點也不想發射似的。甚至在模擬戰鬥結束後，我們在夜裡還能聽見斷斷續續的砲響。我們參觀了其中一艘戰船，其間我們注意到，擺放笨重來福槍的槍架竟然放置在很顯眼的地方，以便讓敵人望之喪膽。

宜昌在河的左岸沿著一個河灣以新月的形狀綿延開來，並被一條運河分割成兩半。有一半盤踞在高地，另一半地勢較低，後者包含一個廣大的郊區，這個低窪處曾在一八七〇年曾遭受一場嚴重的氾濫之災，但隨後已重建。

宜昌有兩、三個閒置的地點適合做為外僑租界。此處也有各種數量豐沛的建材可以取捨，至於上溯到宜昌的汽船航運方面，我可以毫不猶豫地說，吃水淺的小船要抵達這裡毫無困難，即便是在水最淺的時候也如此。而在夏季期間，那些正行駛於長江下游的輪船所可能遭遇的障礙，並不會比行駛於漢口到上海之間那些已

155| 揚子江上游的砲艇

然克服的障礙還大。

我們將漢口雇用的船隻留在宜昌，以便等待我們從峽谷區回來。我們另雇一艘合適的快船載我們去四川的夔州府，我們的新船有二十四名看起來清瘦結實的船夫，他們對於航行峽谷所面臨的危險、微薄的工資，以及吃重的工作，早已習以為常。

我們於二月七日離開這個內陸港口，幾小時後就通過了宜昌峽的入口，它在宜昌上游十四哩處。這些岩石隘道蔚為奇觀，和我們來時航行數百哩所看到的廣大平原簡直是天壤之別。山的高度從五百到兩千五百呎不等，且長江流經一處狹窄的裂縫，有些地方不會超過一百碼。水道無處不是深邃且清澈，卻籠罩在兩岸的巨崖絕壁下而陰鬱不開，且有時因低空罩頂而色調暗沉。高聳的峭壁上散布幾許簡陋的漁夫草寮，成了此處唯一的人跡。

幾哩之後我們看到一些比較好的房舍，四周還有小片果園。居民靠著販賣果園裡的產品給過路船隻維生。在這些較文明的屋舍之後，接著是一種最原始型態的住所——洞穴茅屋，前面以竹子做為擋板，並搭配相同的材質做為入口（見圖156）。

156| 洞穴茅屋

這些小屋都位於突崖下方無法抵達的地點，被煙燻污的內部讓我想起古老時代，我們的祖先在蘇格蘭威姆斯灣（Wemyss Bay）遮風蔽雨的穴居。在這種荒無人煙的地帶，中國人最能展現其節儉與勤奮的超群本領。有些刻苦耐勞的當地人捕魚維生，有些則是在鄰近的露天採石場營生。無論在哪裡，只要有可能，哪怕是岩石表面的一層薄土，都會被刮起來種菜，細心照料使之長大成熟，這可謂是點石成飯。此處用以建築的石材產量豐富，它們也被拿來做為下方河岸的堤防。同時，我極感興趣地注意到，透過水流在岩石上的運動，那些柔弱易動的微粒是如何被沖刷掉，而形成一些奇形怪狀的圓柱來支撐上頭的巨大岩塊。

二月八日的一場降雪使得山峰登時白了頭，但在峽谷裡下的卻是提神的冰雹，我們過夜地點附近的果園也出現了李花的明亮顏色。這裡的水深超過十噚（約十八點三公尺）。這是大年初一的夜晚，船夫們告訴我，他們打算在右岸黃陵廟的村莊消磨一個下午。這個小村莊四周松樹圍繞，背倚一座兩千呎高的大山。我們有些船員前去向神明獻上牲禮，稍後的傍晚時分，大家要我出面調解一場衝突。小張抗議說，船夫們發酒瘋破壞他寶貴的名譽；不過我很快發現，我們這位可敬的通譯也不是那麼無辜，因為他連站都站不穩哩。船夫整夜喝酒、賭博、抽鴉片、喧鬧，時不時放鞭炮。翌晨，船家宰殺一隻公雞獻牲給河神，又在河上灑了一些酒。奠酒過後，他自己大口大口地啜飲杯中物，使得船夫們一旁乾瞧，直到瓶中的酒水所剩不多，船家才把酒瓶賞給那些船夫。

我們在村莊上游兩、三哩處遇到第一個險灘；而在這裡的一個小村莊，我們以假日的價碼雇用更多人力，耗費不少時間拉縴上行。他們在桅頂綁上一條堅實的竹製繩索拖拉上行，另一條綁在艙面的繩索則是牢牢地固定在險灘上面的岩石，以防萬一拖繩斷裂或跑掉，船隻還可以穩住。這裡的水流速度大約是七節，這個相當危險的激流只有一個河道，四周、頂上和河底都有鋸齒狀的岩石，而這些河底的釘狀岩也只有在這個季節才會露出水面。

我從布雷基斯頓船長與郇和先生的敘述裡得知，當水面上升時，這個地點完全沒有險灘，也不會面對什麼特別的危險。總之，透過審慎的調查弄清楚這些岩石的確切位置，是一件極為重要的事情，因為在它們淹沒於水中的季節裡，汽船很容易被河底的岩石所穿刺。水淺的季節裡，很多岩石可以輕易炸掉，而在峽谷區的其他不同河段，也可比照這樣的方式處理。這條河流通常是在每年二月水深最淺，

七、八月的氾濫期水位最高，此時在峽谷區，水位比最淺時足足高出七十呎，水道最窄之處，水位自然上升最多。

圖152前面所看見的鼓，它的聲音可以蓋過險灘的水流聲和縴夫的嘶吼聲，激勵出他們最大的量能。此時五十名縴夫肩上吊掛著拖索上的竹環，一吋吋地匍匐前進，手腳牢牢地在兩岸的岩石生根似的，直到他們把船拖到上游水流順暢的地方。

我們於二月九日下午通過的牛肝（馬肺）峽呈現一種前所未見的雄偉景象，這裡的群山超過三千呎高，而一千呎高的峭壁則從江水的盡頭垂直升起（見圖157）。這裡的許多岩石都有一種奇怪的豎直孔洞，它們明顯都是由沙子自然穿鑿而成。軟岩凹處裡的小硬卵石在微粒水沙的助力下，隨著時間一點一滴穿透了這些深邃的垂直孔洞，而水在岩石表面的摩擦終於使得這些隧道般的孔洞能夠透進光線。

第二道險灘出現在三斗坪，我們在這裡看到兩處船難，連同我們離開宜昌之後所看到的，一共是九艘本地船隻遇難。在這些粉碎了的船隻之中，有一個很老的船家住在一個以圓桿和蓆子做成的船艙之中，他已經在那裡等了一星期。他看來處

157| 揚子江上游的牛肝峽

境悲慘，我們主動提供援助，但他示意我們走開。翌晨我們上溯至一個小急流（見圖158），就在最大的險灘米倉峽的下方。由於青灘的急流將是汽船航行最大的障礙，它因而成了我的兩個感光板（圖159與圖160）的主題。

在第一張裡，我們可以總覽這個通道的入口，以及青灘這個村莊的位置。急流就在村莊的下方，在這個點的上面可以看見我們的小船正在航行；那艘載著兩個人的小船，是其中一艘隨侍在這個急流下面的救生艇。中國的生意人習慣在這個險灘的下方卸貨，以陸上交通運送至上游水流順暢的地方，再將貨物裝船。他們採取這個預防性的措施，並非因為水道太淺，而是在船隻上溯或下行險灘的時候，用以減輕船隻的重量。

圖160是一幀險灘的快照，是從上方的村莊拍攝。我可以說，這是一張在最不堪的處境下所拍得的照片，因為那些村人從沒見過如此不需任何畫筆來製造影像的邪術，於是對我發動攻擊。我趕緊躲回船上，差點遭到一枝櫓槳的襲擊。小張企圖對群眾說理，卻徒勞無功。我們低調地拍下照片，吞忍村人叫罵火速逃逸。我的兩名同伴自始至終都待在河流另一邊的船上準備溯河而上。有些村民無疑聽過坊

158| 米倉峽下方的小急流

159| 青灘的急流

160| 險灘的快照

間的謠言，說類似像我這樣的神秘影像是利用中國小孩的眼睛所做成。

這個險灘是揚子江上游最雄偉的景觀之一。河流行經隘口時，水面平順，突然之間它就像拋光的玻璃滾筒般彎曲而下，降落了八或十呎，然後向上捲曲成一個壯麗的泡沫頂峰，並以滾滾之姿向下奔流。在這個季節裡，各式各樣的暗礁增添了拍攝這道激流的危險性。在前進的路上，我們說服小張來船上和我們一道，然而當船隻上下俯衝並因木材受力而吱嘎不已時，他因過度驚慌而暈船不適。

青灘的村民都靠著這個急流維生。有一些是舵手，其他的則是縴夫，除此之外，還有很多失事船隻可以幫助他們過活。我們在這裡雇用五十名縴夫，幫我們把船拉到上游。這個急流的水流速度估計約為八節，但我看不出何以布雷基斯頓船長所提及的汽船無法在這裡行駛，在揚子江的任何一處急流，蒸氣動力可以將船隻推升上去，也可以讓它在快速而危險的陡降處減速慢行。假如揚子江開放輪船行駛以及對外貿易，大膽的科學技術必然隨時可以完成這個規劃好的目標。

我們在湖北的小鎮歸州過夜，它建在河流左岸懸崖下的斜坡地。鎮民是靠什麼過活著實費解，因為看不到耕地，沒有船隻，也沒有任何一種生意的跡象；我們碰到的唯一人物是個孤單的乞丐，他也急著要離開歸州。巴東附近有幾座煤礦，而在發現礦床的岩石裡，石灰岩層在江邊形成垂直的牆面。煤從礦坑口沿著岩石表面所切割的溝槽，滑落到水邊附近的貯存處。圖161所呈現的就是其中一個煤礦入口的影像。

礦坑通常是斜斜地凹陷到岩石裡頭，但距離很短，而且只挖到某些地方就放棄了，而那些地方才是我們的礦工要開始起挖的地方。他們不挖垂直礦井，其礦坑也不需要通風設備。那些礦工（有一些在圖162裡有入鏡）從早上七點做到下午四點，平均一天賺三百文錢，每人每週工資約七先令。他們用一盞小油燈固定在頭上，類似我們的礦工在戴維安全燈發明之前所用的。其他村民也在礦場工作，有的是煤礦揹工，他們將簍子綁在背上，如圖163所示，這類工作一天可掙兩百文錢。

年紀小的孩子則製作煤炭，這種煤炭是將煤和水混合而成，用的是這裡品質較差的煤，然後以模子鑄型，再於陽光下晒乾，這個程序顯示於圖164，圖165是準備輸出的煤炭。每一塊重一又三分之一磅，在礦坑口一噸賣大約五先令。中國人製作

161| 煤礦入口

162| 礦工

163| 煤礦揹工

164| 製作煤炭

165| 晒乾煤炭，準備輸出

煤炭的方法仍然極不完善，不過他們用煤炭還是用得很節儉，即使是在這個煤礦可以大量取得的省分。

范里屈荷芬男爵（Baron von Richthofen）已經向我們保證，湖北和湖南有豐富的煤藏，四川的礦田也十分遼闊。他更進一步指出，以目前的消費量而言，光是往南一點的沙市就足以供應全球數千年，然而在先前提及的一些地方，中國人堆積木頭和黍莖做為冬天生火之用的情事也並不罕見，而數不清的煤礦就躺在腳底下。這些廣大的煤田將為中國未來的輝煌建構基礎，這時就應該引進蒸氣來協助發展它的內陸礦產資源。

我們於十八日早晨進入的巫峽超過二十哩長，這裡的河流水波不興，而我們在入口所看到的景致，也許是我們所見過的這類風景裡面最美麗的。群山巍峨聳立之姿令人眼花撩亂，此一流域盡頭最遠處的山峰像一顆切割過的藍寶石，它的雪線在陽光中閃耀，宛如寶石切面閃爍的光芒。其他的絕壁和斷崖的顏色則逐漸暗沉，直到它延伸至前景岩石輪廓清晰的光線與暗影（見圖166）。

166| 巫峽

駐紮在湖北與四川邊境的一艘砲艇上的官員警告我們小心海盜，他們有充分理由提出如是告誡。當晚大約十時，峽谷區陷入極端的黑暗，我們被一艘並排船隻上的船員的私語聲弄醒。我們向他們招呼示意，卻沒有得到回應，於是我們朝著聲音所來的方向對空開火，我們的鳴槍竟得到另一個方向的閃光與槍聲的回應。事情過後，我們整晚守夜。直到兩點，我們又醒來盤查悄悄潛入我們地盤的另一艘船的船夫。這是第二次我們被迫鳴槍，而來福槍打在岩石的劇烈砲聲足以遏止暗處宵小的進一步蠢動。那些夜半騷擾之徒必定十分熟悉這個峽谷的地形，因為即使是白天，這裡還是有些暗，夜半則是漆黑一片，以致沒有商船敢冒險駛離岩石包圍的停泊地。

十四日那天，當我們沿著一個小險灘上行，我們不得不砍斷一條竹索，因為船隻被一陣突來的強風捲到漩渦裡，船身即將傾斜。鬆脫了縴繩的拉力之後，船身很快扶正，並從險灘盤旋而下，直到它在事故地點下方半哩遠的右岸安頓下來。河寬眼下將我們和我們的人馬阻隔開來。最後我們用很高昂的價碼雇了一艘小船，極其困難地將我們的人馬全部渡了過來。

我們於三點左右抵達四川的巫山縣，我們在這裡停腳歇息，這裡距上海超過一千兩百哩。我們原本打算要通過前往夔州府的短短隘口，但我們被一場沙塵暴困住，以致我們的船隻無法前進。巫山峽有好些洞穴，我們聽說其中一個是監獄。這個用作監獄的山洞據稱是在上方的高處，面對著懸崖。要到這個山洞，只能經由懸在岩石上的鍊子才能抵達。在另一個洞穴，幾乎同樣難以到達，我們發現一位年邁的隱士，他只靠草本植物和打坐隻身在那裡度過好些年。

我極不情願地在此打住這個話題，往後的旅途插曲就不說了，主要是擔心讀者對我的敘述感到厭煩。

註釋

1 將牡蠣殼打磨成半透明的薄片，在中國很多地方依然被用作玻璃的替代品。牡蠣殼被鑲嵌在房屋窗戶上的窗櫺間。

2 編註：Thomas Wright Blakiston，英國博物學家、探險家，曾在一八六二年率領一支探險隊溯揚子江而上，著有《揚子江上的五個月》（*Five Months on the Yangtze*）。約翰·湯姆生原書中在此將Blakiston寫做Blakistow。

167| 四川商船

168| 宜昌峽

169| 當地居民

170| 湖北省的山區小屋

第四部

中國的政府

中國的政府可以分為中央、省級與省外（extra-provincial）。第一類包括北京各項要職的官員；第二類包含中國十八個行省的總督巡撫與東三省的首長，後者一般泛稱為滿洲。第三類指的是常駐在遼闊的內蒙和外蒙、蒙古與西藏之間的區域，以及駐在西藏的官員。滿洲的高階官員都身兼軍職與文職。

一六四四年征服中國的滿洲軍隊原來分為四個兵團，以白、紅、藍及黃旗做為區分，在這四個兵團之下他們各自作戰。隨後又加入四種相同顏色的鑲邊旗幟，而隨著時間推移，滿人入侵時與之為伍的蒙古軍隊與漢人軍隊也各自建立類似的八旗。這些軍隊的最高統帥是由三個族裔的高官所分掌，須注意的是，這些軍團都是文武合一的組織，所有人都配備武器，但不是每個人都領軍餉，然而基本上滿人還是處於優勢地位。恭親王是一個旗的將軍，文祥是另一旗的，寶鋆和成林分屬第三和第四個旗，他們又同時是中央機構某個重要部門的首長。

至於軍機處，它是體制外的組織，卻是朝廷裡的重要部門，因為它授予其成員文職體系最高的職銜。內閣是由四位大學士和兩位協辦大學士組成，這個職位以相同的比例任命滿漢蒙三族的官員。文祥是協辦大學士，但他是晚近才被任命。內閣的成員，一如我們在別處所看到，並沒有義務一定要常駐在首都，誠然，表現卓越的省級首長經常被提拔到這個高位，但必須是有缺的時候才如此。接下來的層級是更具實際功用的六個部，它們代表政府裡的許多部門，分別是吏部、戶部、禮部（包括公共制度和國家祭典）、主掌軍事和海軍事務的兵部、刑部，最後是工部。每個部都有兩個主管官員，或稱為尚書，總是滿人與漢人各一。總理衙門的大臣在這些職務的任命上十分均衡。因而，寶鋆和董恂分別為戶部的滿族與漢族尚書，沈桂芬是兵部的漢人尚書。毛昶熙（可能是工部的漢人尚書）也在吏部代理了一個不在任的職務；而現年八十歲的崇綸是工部的滿人尚書，同時也是我們稱為殖民地事務的理藩院尚書，但該院不主掌像是高麗或安南這類的納貢者，而是掌管蒙古和西藏這樣的屬地。文祥、寶鋆和沈桂芬這些大臣所享有的地位甚至高於前述的職位，因為他們像恭親王一樣，全都是軍機處的成員。

掌控中央實權的軍機處是正規部門外的非常機構，事實上，它在滿清王朝建立不久就成立，是由滿人所組成，但其成員並非基於職位而被任命，而是由皇帝所欽點，成員人數並不固定。此時，包括恭親王在內，其成員不會超過五個。第五個是皇帝的私人教席，其他四個則全數為總理衙門的成員。吾人因此可以認定，中央政府其實與外交事務機構是徹底合一的。

在省級機構裡面，文職和武職的區別比京師裡的部門乍看之下還要分明。一個省通常有一個巡撫綜理各項省務，但也有一些例外。我們因而發現兩例，亦即總督，其頭銜雖然翻譯為省長，卻總理兩省事務，另外一例甚至主掌三個省分，其下的巡撫則各自掌管各省事務。因此，李鴻章是直隸總督，北京則隸屬於直隸省。最近離世的曾國藩是江蘇、安徽和江西的總督，瑞麟則是兩廣總督。在這些提及的人物之中，第一個是漢人，也是協辦大學士；第二個也是漢人，第三個是滿人，兩人都是大學士。

總督和巡撫麾下都有一支規模不大的部隊，但他們並不指揮省內的海軍和軍隊。在一些特定的地方，通常是省會，以及沿海與內陸的邊疆地帶，都有部署由高層滿人所統領的滿族駐軍。在廣州，恭親王的連襟長善統領一支滿族駐軍，而該省的漢族部隊則由另一位長官統率，其下設有一系列的部屬，其軍階像我們的軍隊一樣多，可以從少尉算到少將。這些官員都領取薪餉，但指派給他們的軍隊或警力形同虛設。

文職官員所扮演的角色要實際多了。一個省劃分成好幾個區域，每一個區域的大小都和英格蘭的小郡相仿，由知縣和縣丞管轄，偶爾由社會賢達輔佐治理。數個縣組成一個州或府，由知府或同知管轄。州與府之上就是道，每一省或有兩個至五個道不等，由道台統轄，但實際治理的官員則為知府與知縣，後者尤其承擔大部分的工作。在上述名單之外，還有一位主管財政的布政使，他同時也是文職首長；還有一位主管司法的按察使，一位主管糧運補給的督糧道，和一位主掌鹽政歲收的鹽法道（後者有一群龐大的幕僚輔佐）。這份名單固然談不上詳盡，不過看官對於中國及其屬國賴以運作的政府機制，應該可以得到一個基礎的認識。

涉外事務的主管官員在總理衙門集會議事，這個機構等同英國的外交部。有鑑於中國與西方國家之間緊密而重要的條約關係，這個機構乃應運而生，這是繼一八五八年簽署《天津條約》之後一系列重要大事之一。在此之前，所有外交聯絡機構的對口單位是我先前曾間接提到的理藩院，在此情況下，西方列強實際上是與中國那些藩屬國置於同等地位。

一位睿智的《紐約先鋒報》（*New York Herald*）作者曾指出，美國時任公使列衛廉（William B. Reed）是第一個對此提出抗議的外交使節，他認為中國將美國與其藩屬國如高麗及琉球置於同等地位是無禮舉動。即使如此，中國於一八六一年設立總理衙門，是讓人嚇一跳的重大讓步，尤其當我們考慮到其成員都是中國最高層的大臣，而且這代表中國承認締約國的獨立主權及平等地位。總理衙門是由恭親王坐鎮，並得到下列成員稱職的支持：

文祥，滿人，一八一七年生於盛京（今瀋陽），是外交事務的第二號人物，且自一八六一年起就擔任此一工作。他同時是軍機大臣，也是吏部尚書和內閣大學士（多重官職在中國並非不可），他的才智超群，布魯斯爵士[1]曾經形容文祥是他所見過意志最堅強的人物之一。加上他長期在權力核心的經歷，使得文祥被視為中國最有影響力的政治家。先前他被視為少數開明的人物，但最近這些年他則出現一些反動的傾向。圖171就是他的肖像。

171｜文祥

寶鋆（圖172），滿人，軍機處成員，也是戶部尚書，現年六十五歲。

成林（圖173）是外交事務小組最年輕者，還不到四十五歲。三年前他曾短暫擔任通商大臣，為崇厚出使法國所留下的遺缺。

沈桂芬（圖174左），漢人，兵部尚書及軍機處成員，現年五十六歲。稍早曾任山西巡撫，因掃蕩鴉片建功。

董恂，戶部的漢人尚書，是知名學者，著作等身，在史學及地形測量學上的成就尤其斐然。他最新出版的著作（一部四十八冊的專書）是關於中國北方的水道測量學，在我離開北京時才剛剛問世。董恂（圖174中）現年六十一歲。

毛昶熙，漢人，現年五十六歲，工部尚書。他先前擔任左副都御史（圖174右）。

註釋

1 編註：Sir Frederick Bruce，一八六〇至一八六四年擔任英國駐華公使。

172| 寶鋆

173| 成林

174| 沈桂芬（左）、董恂（中）、毛昶熙（右）

李鴻章

李鴻章名列中國十八個行省的總督之首，他對中國的進步與前途具有舉足輕重的影響力。外國人通常把他視為曾國藩與戈登上校的搭檔，他們一起敉平了太平天國的叛變；他最近建立了南京兵工廠，為同類型機構裡的第一座。除此之外，他還致力將外國的軍紀與訓練推廣到中國的軍隊。在他直接與間接的影響之下，中國目前享有相當的安全保障。

在其他方面，中國的兵工廠、造船廠以及訓練學校正運行不懈，還有蒸汽砲艇與鐵甲船艦隊，這些都是藉由當地人的技能所建立，在當地的造船廠所施工，並由中國人操作與指揮，凡此種種也都出現了逐日進步的徵兆，增進了內河及沿海貿易的安全保障。這些當地製造的船艦都配備了最先進的現代化武器，隨時可以在中國海捍衛國家利益。

在陸上，方向一致的進步氣息毫不遜色，大量的軍隊以現代化的戰爭技能進行訓練，配備以最為人知的先進武器，在敉平叛亂以及宣揚中央政府的權威上面，已經展現成果。根據最新報告，他們已經剷除了境內的回變，這些起事的回民在中國境內一直占有幾處重要基地。

英國普遍且錯誤地認為中國沒什麼進步，大家的眼光都投向日本，在那裡發掘東方進步的得意實證蔚為風尚。日本已經從半野蠻的黑暗狀態掙脫而出，像行星一樣，正在尋找一顆更明亮的太陽，以及更寬闊的運行軌道。而，似乎只在古老傳統裡故步自封的中國，也正在經歷變革與發展的漸進過程。但它對先賢哲學的評價仍然崇高如昔，並對那些古老的制度深信不疑，而正是這些古老制度使得中國處在倨傲的孤立狀態長達好幾個世紀。

儘管如此，雖有風水觀念的作梗，出於純粹的需要以及自救的本能，它正緩步接受西方的模式，接納我們的科學，將它的子民送進我們的大學，改造它的重要政府部門，並且以讓步的方式來配合對外密切交流所需的友好條件。中國商人現在可以傲然擁有輪船公司，徹底主導他們在這方面的事業，乃至於在中國的內河及沿海貿易上成功地與外國商家競爭，雖然這對我們而言並不是什麼好事。假以時日，相同的評價也將適用於他們各個層面的貿易及產業，屆時中國不僅能夠提供當地的重要原料，也能提供熟練的勞力以及機械來生產紡織品，而這些東西中國目前還須仰賴進口，也是我們的貿易所百般依賴的。

它的平原上有數百萬窮困又勤奮的工人，隨時可以投身任何能賞他們一口飯吃的產業，他們只要加以訓練就能勝任最高階部門的熟練技術。它的山區滿是金屬和礦藏，它的廣大煤田正向上堆積，以點燃即將來臨的蒸氣與鋼鐵世紀的火花。西方國家已經喚醒這條沉睡數個世紀的古龍，如今它以外國鋼鐵武裝它的利爪和尖牙，準備搏命一擊。

中國想要成為世上最有實力的國家之一，可能需要一段漫長的時間。但那些正在中華大地運作的專業機構，都朝著有利中國的目標邁進。文明的浪潮每年將數萬工人沖向他國的海岸，這對他們的祖國並非毫無影響。因為在海外，中國人學得很快，如此迅速而成功，以致成了西方工匠和技工可畏的對手。而他們總是帶著國外學到的知識以及掙到的資本衣錦還鄉。

我理應詳盡介紹像李鴻章這號人物的生平，他位居中國最顯要的職位，對中國人的福祉有著無遠弗屆的影響力，而這群人可是占人類將近三分之一的人口。

李鴻章（見圖175）在五個兄弟之中排行老二，道光皇帝登基的兩年後出生於安徽。他的父親是個沒沒無聞的文人，儘管家境清寒，仍然勉力讓孩子們完成通才教育。年輕時代的李鴻章，本文的主人翁，在各級科考過關斬將，終於在一八四八年以二十六歲之齡躋身翰林院。當（太平天國）叛軍侵擾他的家鄉安徽時，他籌組了一支鄉勇團練，自己並帶著軍隊為兩江總督效命。在曾國藩之下，他被提拔到道台一職，隨後並統領曾國藩的湘軍在浙江的部隊。

一八六一年，也就是同治元年，李鴻章在曾國藩的推薦下擔任署理江蘇巡撫，接著在戈登上校和常勝軍的協助下，肅清了該省的叛軍。攻陷蘇州時，他下令將太平諸王斬首（這是傳聞，但人們對此看法紛紜），這違背了他當初承諾只要太平軍棄守該城，就免諸王一死。有一位當初在場的軍官告訴我，這並非李氏的背信行為，這個命令來自於別人，且是更高的層級。然而，在投降的翌日，太平首領身穿王袍、披著象徵豎旗起事的長髮來見他時，他十分震怒。他必然是贊同這場

175| 李鴻章

第四部

大屠殺的，中央政府也同意這個血腥且背信的格殺令，同時也真除了李鴻章的巡撫一職。除此之外，皇帝還賜他黃馬褂，這是中國獎勵卓越戰功的最高賞賜之一，還賜他太子少保的頭銜。

現在李鴻章進駐蘇州，但因叛軍已經摧毀前任巡撫的官邸，於是他下榻叛軍首領「忠王」所建的豪華宮殿。他一直待在這裡，直到一八六四年收復南京，接著他受命前往南京接任兩江總督。同時，他因功業彪炳還被封以一等肅毅伯，並受動雙眼花翎。一八六六年，他和曾國藩換防，李鴻章接手平定捻亂，並由北方肅清了捻匪。一八六七年，他被任命為湖廣總督，並派遣一支軍隊前去清剿回亂，這些回民已經在中國的西部省分豎旗起事多年。

天津教案之後，李氏被任命為直隸總督，湖廣總督一職乃由他的胞兄李翰章接任。他目前的正規頭銜是李中堂，他是大約三年之前升上這個二等爵銜。現在，他是最偉大的漢族之子，在相貌上，是我見過的無數中國人之中的人上人。

他身高六呎，體態挺拔，膚色白皙，深色且富洞察力的眼睛與配上八字鬍的嘴巴，透露出一股不屈的決心。

就算被視為離題，也應該讓那些無緣接觸到知書達禮的中國人的讀者知道，李鴻章擁有一種極富教養的優雅以及得體的舉止，這是做為一名紳士不變的特質。實際上，這些特質是他與那些顯赫官員所共有的。

儘管在情感與教育上，他都是徹頭徹尾的中國人，李鴻章對我們的科學，以及西洋民族富創造力的才能，都十分欽佩。他始終樂於承認我們的技藝與設備的優越性，也樂於倡導將它們引進中國。

芝罘外國租界

在我的最後一部，我讓讀者自行從揚子江上游的多岩峽谷找路返回上海，為了在這趟回到下游的單調旅程輕鬆消磨時間，我向大家介紹了中國的顯要人士，雖然他們有些人對這個亞洲最龐大的民族影響深遠，歐洲人對他們卻是毫無所悉。從上海到芝罘大約費時三天，艱難的航行並非罕見，因為這一帶的北部海岸常有風害與猛烈狂暴的氣候。

芝罘的港灣可供最大型的船隻下錨停泊，它的港口（位於山東岬角的北邊，本地人稱之為煙台）是從揚子江到白河[1]整條海岸線上唯一的通商口岸。根據一八七二年的官方海關報告，自從芝罘開放外貿，它的貿易一直穩定成長，特別是在絲綢的出口方面。因山東府絲綢一直穩定增長並成為主要的出口商品，煙台也因此而聞名。一八六八年此一商品的出口量是六百五十擔，一八七二年是一千一百七十五擔；生絲的出口也以同樣的方式增長，一八六八年是六擔，一八七二年則是九百七十七擔；一八六八年的黃絲出口是二百八十九擔，一八七二年是三百零一擔；從國外的進口雖然沒有太顯著的增長，卻呈現穩定的需求。一八七二年海關的總體稅收為三十二萬零九百七十二兩銀，其中英國貿易就貢獻了三分之一以上。從這個事實可以看出，一如其他通商口岸，對於我國的貿易而言，芝罘是個重要的地方。

它也是上海外僑炙熱夏天裡的休閒勝地，在這個中國沿海的最佳海港之一，可以享受到清涼的微風與海水浴。靠近那片有坡度的沙灘，有一家外國旅店，經營的格局很適合上海有錢的商賈與官員，他們成群蜂擁來到這個休憩地，以洗滌工作的勞累與酷暑的折騰。

芝罘的市區，不如說是租界外僑區，本身並不怎麼漂亮（見圖176），而我同意韋廉臣先生[2]的看法，就它的貿易設施和外僑生活的舒適度而言，它的地點選得很糟，完全「暴露在西北風的吹襲裡」[3]。我自己也有西北風的慘痛經驗，當我拍下用來介紹給讀者的圖片時，我是站在十八吋厚的雪堆裡。溫度計顯示的度數很低，大約是攝氏零下十八度，我得雇用一群苦力托住我的暗箱，因為強風隨時可能將它的腳架吹倒。當我沖洗底片上的氰化鉀時，水分竟然在表面上結冰，還在邊緣形成垂冰。為了挽救照片，我只好把底片帶到鄰近一戶人家，用火把結冰烤融。

山東的天氣某種程度上很像歐洲某些緯度較高的國家，雖然在兩個月的夏天期間，最高溫比較熱些，冬天的溫度則經常很低。然而它的四季如此分明，使得農人可以栽種溫暖氣候的水果和穀物，也可以種植較冷地區的作物，像是梨子、蘋果、小麥和大麥等等。該省有些地區極為肥沃，一年可以三收或四收。

山東省約同於大不列顛和愛爾蘭的大小，雖然它是中國歷史悠久之地，但在外國人之間的名氣還不夠。大禹的工程有部分在這裡進行，孔子於西元前五五〇年誕生於山東，孟子也在一百七十九年後出生於此。因而，這其中一位名人是與畢達哥拉斯同時代，另一位則與柏拉圖同時。婆羅門教的偉大改革者與佛教的始祖釋迦牟尼是在孔子出世前七年過世，這個事實同樣讓人感覺有趣。

「歐洲的學者們大致同意，佛祖釋加牟尼離世的最可能年分是西元前五四三年。」[4]我們因而發現兩人大約在同時代發光發熱，他們的宗教與道德學說幾世紀以來，在中國發揮著最強而有力的影響。孔子的父親據稱曾經治理兗州府，孔子

176| 芝罘租界外僑區

和孟子的直系後裔現今也都還住在山東。

再搭輪船到天津，一段橫越渤海灣的小航程將我們送達白河口，我在這裡參觀了鎮守河口著名的大沽砲台。這些泥造的堡壘已經多次被詳加介紹。在我參觀期間，防禦土牆內的大砲並未好好架設，主管輪船信號的外國人告訴我，當地的砲兵操演極有問題。總之，自那時起，一排德國克魯伯砲就取代了老舊的滑膛槍，砲台也妥善駐防，並進行徹底的整修。我是從最權威的來源得知這個消息，否則我會覺得不足採信，因為在我造訪期間，排砲、砲台和駐防呈現出粗劣臨時代用品的樣子。無疑的，在這個節骨眼，河上這些重要的國防措施混亂成一團有其原因，而我們正是通過這條河流抵達首都。

事實上，一場洪水造成山東低窪的地區（也就是大沽和天津之間）殘破不堪，吵著要食物和避難所的飢餓災民大量蜂擁到天津。因此，天津就需要一支有能力的軍隊來維持治安。我們搭乘輪船溯河而上的沿途景象已經深印我的腦海，郊外是一片水鄉澤國，本土商船則是朝著天津的方向直線揚帆而去，它們從田野、庭園以及殘破家園的上面開過去。主要由泥土和黍莖建造的村莊和農舍，都化為潮濕的土墩，還可以看到住戶和那些繫在椿上的家具和牲口都棲身在他們房子傾頹的屋頂上，他們刻苦地抓魚，冀望有所收穫。人們也確實從水中捕獲了大量魚類，使得數千災民免於餓死的命運。就在我們快接近天津時，經過一處廣大的墳場，在那裡，人們忙於將棺木繫在樹木和柱子上，而許多屍體都朝大海漂流而去。

朝廷竭力賑濟糧食、衣物和收容所，以設法減輕災民的苦難，而多半來自於中國人自己的善心，大量的民間賑災物資從沿海及中國各地紛飛而來，這是沿海快捷的汽船航運所帶來的好處之一。遺憾的是，我們滿心歡喜地注意到中國進步的明顯訊號之時，特別是在那些與外國密切交流而受到文明影響的地區，我們卻無法忽視那些經常出現在中國內陸的敗壞徵兆。

在那裡，道路失修，橋墩和堤岸毀壞而遭棄用，人民赤貧。這類事情很多是導因於官員的怠惰與貪婪。對於中央和地方政府而言，將注意力轉向改善境內舊有商道、修復及強化河堤，以保障人民免受河流一再氾濫的肆虐，才是較為明智的政策。簡言之，政府行事只要秉公正直，人民就會深信這個政府和社會值得捍衛，也會得到激勵。

看樣子，當局只孜孜於研習現代化的戰爭策略，用最致命的武器來武裝一支待遇微薄的軍隊。去年，儘管政府撥下大筆經費來研究並修復河堤，直隸的洪水又再度爆發。這項任務並未被切實執行，可想而知，河水氾濫的恐怖景象再次發生。看起來，中國北方的河堤已經損壞至此，連本土工程人員也無能為力。

註釋

1 譯註：現今海河。

2 編註：Alexander Williamson，蘇格蘭傳教士。

3 Davis, *The Chinese*, p. 222.

4 E.J. Eitel, *Three Lectures on Buddhism*, p. 9.

天津人

天津府在沿海呈東南走向，遠達山東半島，府下有一州六縣，天津是它的府邑，位於大運河與白河的交會處，其重要性在該省僅次於北京。一七八二年之前，它不過就是個保護水上交通的軍事基地，然而到了一七八二年之時，它已搖身一變成為府邑。目前人口估計約四十萬，其中可能有一半住在城牆內。

圖177呈現一群天津工人，當時我看見他們正在清除仁慈堂[1]的斷瓦殘礫，多名修女前一年在這個地點慘遭殺害。教堂裡的東西除了四壁之外，無不傾頹倒塌（見圖178）。基於這個血腥事件的可怕細節無疑還停留在讀者們的腦海裡，對於這個課題，我無庸細數。從這裡看過去，一直到白河，望海樓天主堂[2]的廢墟顯然是天津最醒目的目標。我不禁想著，以我對中國人特質的瞭解，這棟宏偉的建築必然很招忌，它的高度竟然超過任何當地廟宇，並從天上布下邪惡的法力。就在教堂上頭，我們發現了一座有趣的浮橋，必須把橋的一部分拉起來，我的船隻才能通過。

天津有一個建築良好的小租界，但裡面有很多外僑飽受洪水之苦，因而四周的花園都泡在水裡，英國俱樂部和《天津條約》的簽約地點海光寺只能划船抵達。租界裡的唯一旅館「利順德大飯店」幾乎是隱藏在題著店名的碩大看板之下。

這個旅店是泥造的，如今有一邊的窗戶已經脫落，另一邊的牆壁已經坍塌。我看了一下非常不堪的內部陳設和房間，也和那位英籍業主談了一會。我看著他對自己身家財產的劫難欷歔不已，一片產業只剩兩個套間，其中一間有個很好的撞球檯，另一間有酒吧。有兩個臥房已經坍融，可以從斷牆看見它的融解狀態，從家具的各個突出部位可以看出睡覺的地方。後面的馬棚已經泡在水裡，之前在乾季時，只能從大群飛舞的蚊虻當中朦朦朧朧地看到那地方，蚊虻是外僑區裡的害蟲。天津有一座製造西式火藥的工廠，不少外國人長期受雇於此。

註釋

1 譯註：為天主教仁愛修女會的教堂與孤兒院，於一八七〇年的天津教案中遭暴民焚毀。

2 譯註：望海樓天主堂也在天津教案中與仁慈堂一同被焚毀。

177| 天津工人

178| 天津傾圮倒塌的教堂

北京國子監入口

北京有一座由一位活佛掌理的藏傳佛寺雍和宮，它的西邊有一座設在孔廟裡面的學院，名為國子監。在乾隆之前，經典古籍在這裡傳授講習。但這位帝王決意仿效更古老的建築，於是建造了這座雄偉的辟雍殿，我們可以透過圖179裡面的拱門看到它。該建築是四方體，其他三面和圖片顯示的正面一致。上層屋頂坐落於一組精雕細琢的木頭托座上；較下層的屋頂以木柱支撐；整座建築的最頂端則冠以一顆鎏金的銅球。其基座是大理石，並以四座大理石橋通達，橋身跨越大理石防護的圈水，四周圍以白色玉石欄杆。大殿位於一座庭院的中央，左右兩側是一條開敞的長廊，內有大約兩百塊筆直的石碑。沿襲自漢唐兩朝的構想，石碑上面刻著九部古籍的全文，「這兩個朝代都用一系列紀念碑以相同的方式銘刻經典」。[1]

註釋

1 *Journeys in Mongolia, &c.*, Rev. A. Williamson, seq. by Rev. J. Edkins, vol. ii.

大殿前面有黃色琉璃瓦製的三重拱門，或說是牌樓，拱門最內面的部分是用漢白玉所建。這張照片便是從這個結構體的中間拍攝而來。

179| 北京國子監入口

北京觀象台

李明神父（Louis le Comte）於一六八八年參觀了北京觀象台，那時指導建造這些新儀器的南懷仁神父（Ferdinand Verbiest）剛過世不久。李明似乎對這些中國古代儀器評價不佳，但那些儀器已經被移走，並放置到牆下院子一個偏僻的廳堂。他描述那些舊儀器是埋在灰塵之下而遭到遺忘，不過他也只是「透過一扇裝了鐵條的窗戶」看到。

我在這裡所呈現的是其中一個遭到棄置的儀器，自從那時起它就被安置在院子的一端。我確信假如這位虔誠的傳教士有看到它，即使以它今日的狀況，他對這座儀器的優美以及工藝上的造詣將會有較高的評價。

雖然這些古老的中國天文儀器有著令人驚訝的建造技術與精準度，現在也是毫無用處。因為那時候天文觀測的方式與現今的觀測系統大相逈異，除此，天體運行軌道的分度也不精確。

如我所料，南懷仁神父所監造的儀器也並沒有比那些中國天文器材優異多少。它們無疑是比較精細準確，但他們也是由中國技師所造，而李明神父對他們的看法是，「我寧願信任一個巴黎優秀技師做出來的象限儀，其半徑範圍才一呎半，而不是塔台上面這個半徑六呎的東西。」其天體運行軌道的分度雖然比那些老儀器精確一些，還是極不完美。

我收藏了一本由南懷仁神父口述的中文書，書中描繪了他所必須使用的簡陋器材。唯一令我驚訝的是，他竟然有辦法做出諸如我在圖180所呈現的那些儀器。這本中文書裡面展示了這個大圓圈在鑄造之時是多麼的粗糙；它們如何被裁鋸成形；以及它們最後如何被放在一個水平車床上加工，這個車床做得像是中國尋常的麵粉磨，還用一頭驢子來拖的那種。

此外，書中還描述了這個天體球環被車削成圓形的方法。這個球體被放進了它的外框，它有一個軸，軸的一端有個把手，就像一個巨大的圓形砂輪的把手一樣。它的運轉是透過把手傳動給球體，也藉由踩踏在金屬球體上部表面的操作者的雙腳傳動，一名操作者的一隻手則用來保持運轉工具的穩定，好為這個金屬球拋光打磨，使它成為一個完美的球形，並準確地安置在軸上。

所有的工具都同樣原始，軌道的分度必然是在某個開敞的棚子裡以手工為之；然而在現今的歐洲，假如要對一個重要的軌道進行分度，就必須把分度機建在堅固的磐石上，在一個密閉的空間裡面進行分度，保持恆溫直到分度工作完成為止。藉著這樣的設施，可以避免金屬球體冷縮熱脹，否則分度程序的精確度就會受到影響。

李明神父對這個球體的敘述如下：「天體儀，在我看來這是所有儀器中工藝最佳最美麗的一個。球體本身是銅製，渾圓光滑；星辰做得極好，位置也準確，所有軌道的寬度和厚度都勻稱。它安裝得極好，一點點力氣就能轉動它，雖然它的重量超過兩千磅，連幼童都能將它推到任何度數。」

這個球體在圖180的左側，雖然它已暴露在戶外長達兩世紀，而沒有任何遮蔽，目前還保存得極為完美。天體球儀上的星辰都是黃銅浮雕，並根據它的星等加以區分，以方便在黑暗的夜裡進行探觸。中國古老的分度方式在這些儀器上已經棄而不用，它的軌道被分成三百六十度，而每一度又有六十分，跟在歐洲一樣。

在圖180當中，渾儀位於北京觀象台的陽台上。這也是在南懷仁神父的督導下建造。軌道有分度，外部與內部都有，以十字線劃分為三百六十度，每一度分為六十分，每分再以小針分為十秒。

我很感謝偉烈亞力先生（Mr. A. Wylie）所提供的關於觀象台以及北京其他場所的寶貴資料。

180| 北京觀象台

北京觀象台的渾儀

北京由內城與外城所組成。內城是滿人區，皇城就位於中央；外城是漢人居住區，也是天壇和地壇的所在，天子在此舉行祭祀大典。

內城幾乎呈正方形，四周護以厚實的城牆，每邊大約有三哩半。城牆以九個城門貫穿，三個在南面，其他三面各有兩個。

內城原應只有皇城、王公貴族的住所，以及先前提過的旗兵的兵營，這些旗兵是皇帝的禁衛軍。然而許多原因造成內城原狀的改變，最重要的原因是，這些旗兵長期住在京師，他們與那些不顯尚武的漢人往來密切，他們鄙視生意買賣和各種手工藝，但政府提供給他們的津貼少之又少。許多古老的旗人家庭因而陷入貧困。滿清當初入主中國所分配給他們的土地，都易手賣給漢人，因此內城現在也住著相當數量的漢族。

外城位於內城的南牆之外，也有城牆，呈平行四邊形的形狀，長五哩、寬三哩。外城有七個城門溝通內外，北面有兩個，東向和西向各一個，南面有三個。外城人口不多，城內大部分的地區都用來耕種。艾約瑟先生估計北京的總人口大約超過一百萬，然而他說，中國人的記載是兩百五十萬。

我踩上建造良好的石頭坡道，邁向城牆的頂端，發現自己通過了一道三十呎寬的鋪設路面，並以海拔五十五呎高的視野來俯視京城。城牆上的景觀談不上多迷人，視野所及只是一大片低矮的屋頂，以及圍在磚牆內的有錢人家的遊園，裡頭伸出一些灌木和樹林；或是一大片落魄旗人的土造茅屋，之間隔以寬闊的幹道，劃分出清楚的界限，又有通向牆內住宅的狹窄巷道切割其間。

如果你觀看一個中國城市，像是眼下的北京，你會不由得驚訝於它迷宮似的高牆。你得首先爬上城牆，這時就會發現腳下有無數巷道蜿蜒在許多高聳的磚牆之間，在這裡，所有住宅無論貧富都被磚牆隔絕在自己的圓環之內。看來家家戶戶都在防範竊盜或擅闖。

房舍是如此精心安排，以致內部的居家住所也就孤立於某種神聖不可侵犯的隱秘狀態，它與外界唯一的聯繫是外面的一個小通道，經過一道死牆，進入一座庭院及外廳，後面的就不許陌生人進入了。接下去是一個迎賓廳，再進去就是專屬於家人的起居住所。

我不禁認為這是民族性的一項缺陷，使得這種可怕的重重關卡成為必然。此外，當我望向市中心時，皇宮的黃色屋頂所反射的光芒照進了我的眼睛，我發現居家隔絕的觀念是透過厚牆和圍繞在紫禁城四周的護城河來實踐，皇帝和他的家人住在裡面，他的太監也注定過著一種奢華的悲慘生活。除了皇帝的宮殿和親王們的府第之外，附近有些莊嚴的廟宇，打破了這種單調的景象。

在內城東側靠近皇城的地方，城垛之上有個高台，那裡就是觀象台。它建立於元朝，接近十三世紀末。郭守敬是中國史上最知名的天文學家之一，時任主管天文觀測的司天監之首。圖181所示的儀器就是在他的督導下建造，目前置於庭院東端的牆下，它的體積龐大，是以堅固的銅所鑄造，做工極美。這個機械裝置具有一種神話上的意涵，它的設計展現卓越的藝術性。在中國風水學上具有重要地位的四條龍與地面環鏈相扣，高舉著球體。這座金屬儀器的完美塑造與堅固，說明了鑄造之術在當時已經十分發達。

堅固的金屬地平圈與雙環子午圈直角相交，形成渾儀外在的架構。地平圈的外弧面有十二個均等的刻度，分別標示「子、丑、寅、卯、辰、巳、午、未、申、酉、戌、亥」等字體，代表中國人劃分日夜的十二個時辰。

地平圈的外環也刻有這十二地支，與「星紀、玄枵、娵訾、降婁、大梁、實沉、鶉首、鶉火、鶉尾、壽星、大火、析木」等符號配對，這其中八個取自天干、四個取自《易經》。地平圈的內面也刻著古代中國所分成的十二國，而帝國之下的每一個地區理應受到天空某個特定區域的影響。

渾儀裡面也有一個赤道圈，裡面有一組圈環可以繞著子午圈的南北極軸轉動，包含了一個赤道環、一個雙重黃道環、一個二分環，和一個雙重二至環。赤道被分為二十八個不等分，各以許多不明的古代星宿名稱標誌之，如「角、亢、氐、房」等等。每一個星宿的起算點都被當成許多條子午線來使用，使得所有的的距離都可以測量出來，正如我們使用春分點來做為赤經的起點一樣。

黃道環分成二十四等分，代表一年裡的季度。同樣的，它的裡面也有一個雙重子午環，具有雙軸線，中間有一條窺管，可在中央旋轉，用來觀測。這所有的圓圈都被劃分為三百六十五又四分之一，對應一年的天數；而每一度又再劃分為一百等分，因為那時候盛行百分法而非度數，直至十七世紀耶穌會的傳教士來到中國之後才廢棄。

基座的四個角落，也就是龍的外面，有四座微型銅山，各自題有「乾山，西北或天山；坤山，西南或地山；巽山，東南山；艮山，東北山」。這些大概都是關於古老傳統的象徵。

181| 北京觀象台的渾儀

北京大官宦邸

就我所知，關於中國的居家建築，目前尚無詳盡而令人滿意的介紹。造成這項疏漏的一大主因，是對這個課題缺乏完整的瞭解。實情是，這個國家幅員遼闊，各地的民房建築雖然高度雷同，在建造上卻也呈現不小的歧異，以適應各地不同的氣候和地形。另一個難處來自於中國人極不喜歡讓陌生人進入其住宅內院，他們認為居家內室神聖不可侵犯。隱私與居家隔絕的觀念被奉行至此，以至於幾個世紀以來，中國人蓋房子都是以隔離為原則，好像是要將陌生人阻絕在外，甚至連親戚朋友也一視同仁。

我不敢妄論我所觀察到的有關中國各省的建築風格。我只能侷限於若干籠統的評論，但圖182、183及184則需要較多的說明。

我有幸享有這個特殊待遇，得以搜集權貴階級隱秘生活以及居家布置的點滴，因為我從不放過任何機會自告奮勇替他們拍攝家庭肖像，這使我可以拍到像是照片中所呈現的群像與內部情況。

我要向讀者介紹的是楊氏宅院。楊君是一位顯赫的仕紳，在北京為官。像其他類似的住所一樣，他的府第也是圍以高牆，只能通過一扇簡樸的通道，穿過一道胡同邊上高高的磚牆，才能進入。門內是兩個高掛的絲製燈籠，上面寫著楊君的名字和頭銜。通過門楣六呎處，有一道可移動的屏風遮住內院，這也是一種風水的擺設。進入牆後的第一個庭院之後，帶著一條大狗的門房讓我站著等候，這頭毛茸茸的傢伙不時露著猙獰的獠牙。

門房將我的名片拿去給楊君，後者因而來到一個內院會見我，並領我進入一條古雅狹窄、長滿葡萄藤的通道，抵達一種中國式的樂園。這個樂園裡面有個小型蓮花池，上頭有一座大理石橋橫跨而過；還有一個小型大理石寶塔聳立在一頭，上面有蔓藤和果樹遮蔭；另一頭則建有一個假山庭園，蕨類和花兒從它長滿青苔的裂縫挺生而出。

穿過一條大理石砌、頭上有屋頂的走道，前方是個半花園、半四合院的庭園，我接著抵達會客廳。圖182就是會客廳裡面，而我必須承認，在我漫遊中國期間，從未有任何風景能比我現在從會客廳看出去的第二個小庭院更古雅更美麗，也就是圖183。盡可能接近完美的對稱，在這個建築的設計以及細節上表現無遺；這個會客室的內部則針對這個中國住家的特色，傳遞了一個恰如其分的印象。這個嚴格的對稱結構也出現一個例外，那就是中間的窗戶，其窗櫺呈現不規則的排列，中間鑲上一片片歐式玻璃，這個情況主要是楊君極端喜愛外國用品，關於他，我們隨後還會再提到。

其他的窗戶設計得很勻稱，上面黏著白紙，這在富有階級的住家很常見。大家一定會以為，白紙是用來防止好奇窺探，但事實並非全然如此，這些被嚴格禁足於閨中的中國婦女想出了一個可以看穿內裡、自己卻不會被發現的方法，以窺探賓客的容貌和舉止。她們的做法是悄悄地湊近窗戶，用她們濡濕的舌尖舔一下窗紙，柔軟的紙質馬上化成一個小洞，霎時一隻明目馬上可以瞧進這個不許她進去的禁區，另一隻敏捷的耳朵就可以盡情聆聽這些不該被她聽到的對話。會客室的上座位於中央那扇窗戶下方，面對雕梁畫棟的入口；會客室左右兩側的座位供社會地位較低的人使用。中央窗戶的上方，總是在相同的位置上題有銘文，多是迎賓之

182| 北京楊氏宅院的會客廳

183| 北京楊氏宅院的小庭院

詞或是古訓。眼前的這方匾額寫著「悅芳軒」。

吾友饗我以美味的餐點，其中的葡萄令人回味。說實在話，如同在中國其他許多地方，我得到了最好意又最熱誠的接待。我隨後又依約拜訪了楊君，以履行先前的承諾，向他說明如何用北京可以取得的材料，來製作攝影用的化學物。圖184所呈現的是那種將庭院與庭院分隔開來的建築，以及它的各種充滿古怪之美的裝飾，同時也顯示出，它的設計是多麼切合北京氣候的特殊需要。這裡的夏天炎熱似熱帶，冬天又嚴寒似冰島。厚實的磚瓦屋頂會把熱反射出去，又把寒冷隔絕在外，而陽台走廊可以完全開敞，或緊密關閉，如此就可防範兩種極端的氣溫。牆壁的材質是灰磚，橫梁、托梁、柱子和壁板都是硬木製成，外表再塗上一層厚厚的亮光漆來美化外表，同時也避免昆蟲的入侵及蛀蝕。那些鏤空的雕花托架，其支力也一如堅實的材質，為整體上的設計增添額外的優美和輕盈。

不過，在此我不敢妄述更多關於中國房屋的細節，假如我要出版一本關於我在中國旅行的全紀錄，我還有其他更具趣味性的課題可以發揮。圖184的群像呈現了吾友、其子，以及家中女眷及更年幼的孩子。

184| 北京楊氏宅院

出於他對外國器械的熱愛，他在女眷區的一個院落裡安裝了一具蒸氣幫浦。基於這個目的，他移除了一些大理石板，然後把幫浦放下去，直至碰觸到水，而那具古怪又生鏽的「紀念碑」至今還挺立在那裡。這具蒸氣引擎的主人就那麼一次成功發動它，而他似乎沒辦法及時停掉它，因為這具昂揚運作的幫浦竟把四合院給淹了，直到我前來拜訪的期間，水還沒退去。

有一條狹窄又陰暗的走廊通向另一個女眷區，其中有一個床間擺了一張紅眠床，床是用極硬的黑檀木巧雕而成，床上有一只漆亮的木枕，前面垂著刺繡華美的絲簾。房間的屋頂裝有飾板，上頭覆蓋著拉平又粉刷過的布料做為天花板。在一張長雕花黑檀桌子上面，有一排化學及電氣用具，其間散置著一些中國古物和古籍，還有一、兩本經由傳教士翻譯成中文的西洋現代科學專書。的確，桌上赤裸裸呈現了現今正為復興中國而纏鬥不休的兩股勢力，而這在其他東方國家亦然。這些古物和古籍讓我們看見中國人對古老智慧根深蒂固的崇敬，也在那些現代器材上面看到逐日推動文明世界蓬勃進步的元素。

吾友楊氏在黑暗中摸索許多這類事物，他亟欲摸清它們的適當用法。他犯過不少錯誤，例如，在一個相鄰的院子或雞舍裡，他擺放了一個鋸木坊、一台刨床，和一座帶有輪子的蒸氣引擎。至於鋸木坊，他說那是一個很棒的裝置，因為他用這座機器生產了許多木柴，同時也為他帶來麻煩。他還說，可惜這機器只用了一天，在這段時間裡面他完成了數量驚人的工作。事實上，他把想得到的東西都拿去鋸了。

總之，事實證明這部機器並非北京人所能擁有。因為這部裝置所發出的嘶嘶聲和震動，以及鋸子的呼呼聲，讓北京人紛紛拿著梯子爬到牆上，以致房子的上面滿是黑壓壓評頭論足的觀看人潮。除此之外，有一些家禽被機器運轉聲嚇破膽，不是嚇死，就是喝到攙有氰化鉀的相片沖洗液而毒死。

中國婦女的髮型和頭飾

一如其他國家，中國在梳妝打扮方面也迎合善變的流行式樣，但絕不像英國人那樣受時尚的支配奴役。中國人所知的時尚原則恐怕僅是脫下冬裝，換上夏衣罷了。冬夏兩季的衣著款式相當類似，他們所做的，只是在夏天的外套裡面墊上一層比較暖和的棉花，以便冬天穿著，或者在裡面加一層裡襯，有時是貂皮，有時是其他次等的皮毛。對於在外套裡面加一層裡襯，中國人會把皮毛充作內面，而以絲綢做為衣表，我們則會把絲綢充作裡襯。除了上述的變化，另有一種服裝是特別在婚禮穿著，而另有一種只適宜在喪禮上穿著。富貴階級的仕女及仕紳所穿的長袍極為漂亮，其材質的華麗與繁複同樣值得稱道。除此，他們的服裝頗為寬大典雅，而且適合各種天氣，夏天夠輕盈，冬天也夠暖和，而不需要在戶內生火取暖。

大約兩世紀前來到中國的李明神父如是描述中國女子的服飾，他的評論即便到了今天仍然合宜。「中國女子同於男士，身穿一件緞製或布製的長馬甲，根據她們獨特的偏好，紅的、藍的或綠的都有；年紀較大的則偏好黑色或紫色；除此，她們還會穿上一件大衣，袖子極為寬大，如果不往上拉一點，就會垂到地上。婦女那雙小腳則使她們迥異於全球其他婦女，並在某種程度上成為一個獨特的品種。」李明只舉出三種時髦的衣著顏色，不過今日婦女的流行顏色在種類及濃淡度上並無限制。容我補充說明，清淡含蓄的色彩最得婦女歡心。紅色是嫁裳的顏色，藍色是淡淡的憂傷，無瑕的白袍則是用於大喪。

圖185顯示通行於汕頭婦女之間的另一種髮型；圖186、187、188及189呈現滿族已婚婦女或遺孀的髮型。後面這組髮型與漢族迥異，其中圖186及187分別顯示完整的正面與背面，它是如此清楚，我的忠實讀者如果有興趣的話，可以用她們的髮絲來親自體驗一下。它的基本用具是由一片約一呎長的扁平木片、象牙或是貴金屬組成，做法是將一半的真髮綰上來在這根大簪子上繞成寬條狀，之後它就會橫在頭腦上。我坦承我沒辦法說清楚如何把頭髮捲上去的方法，但是仔細端詳圖片（我看不出為何行不通），假如讀者們想要打扮成滿族婦女的模樣，一定能從中找到竅門。其風格簡約典雅，有人一定會認為，這樣的設計代表頭上長角，讓自己有本錢抗衡不懷好意的丈夫。它或許可以稱為三角髻，因為看得出來，假如我們從下巴那

一點做出兩條線到髮髻的兩端，就可以得出一個等邊三角形，它的三個邊支撐了這個原理：「與同一個東西相等的物體，它們彼此之間也是相等的。」而我忠實的讀者也能自行推演出一個公允的結論，即一個女子絕對與她的夫君平等。

說正經的，我誠心建議我國的婦女來試試這種髮髻，它將大為改進時下流行的髮型，而假如她們的丈夫或兄弟從事藝術或文藝工作，她就可以輕易把頭髮盤成畫筆、直尺或裁紙刀的樣式，花朵和其他飾品也可以在女士們經常光顧的地方找到。

圖190的老婦人展示出另一種不同的髮型，這是蒙古婦女冬天的穿戴。頭罩是皮毛做的。由於沒有高起的帽心，乍看之下我們或許會以為那是她的頭髮。然而，那整個實際上就是穿戴者的帽子，它講究舒適，又不失裝飾性。每一種氣候下的女性所不可或缺的珠寶或飾物，在這個例子裡，主要是掛在耳垂。這張有著高顴骨的臉孔，完全就是蒙古人的特徵。

185| 汕頭婦女通行的髮型

186| 滿族婦女的髮型

188| 滿族婦女的髮型

187| 滿族婦女的髮型

189| 滿族婦女的髮型

190| 蒙古婦女冬天的穿戴

北京正陽門大街

圖191裡的景觀是從北京的城牆所拍，靠近正陽門，它介於北京的內城與外城之間，呈筆直的線狀，連接到皇宮的中央，是皇帝到天壇祭祀的必經之路。在它的前景我們看到一座白色大理石橋橫跨在護城河之上。如同內城所有的主要幹道，這條街道很寬廣，是人潮川流不息、交通繁忙的地方。

天壇高聳的三重簷屋頂出現在遠處。左邊的磚牆是城樓的一部分，北京的每一個城門都有這樣的建築。這些雄偉的建物原本是用來儲放軍火彈藥，但圖中所示這一座多年來都用來儲存印書用的木刻板。過去它存放所有典藏佛經的木刻板，經書數目超過六千冊，但最近已經被搬移到北京東北角的一座佛寺裡。橋心禁止車輛通行，那是皇帝專用的通道。不過那是乞丐喜歡的景點，其他還有好幾個，北京的歐洲住民稱之為「乞丐橋」。這裡可以看見乞丐成群聚賭，或是躺在橋上，眾目睽睽之下裸露瘡傷或赤裸身體。每年的初冬總有很多這類不幸的流浪漢凍死在皇橋上。

北京的主要街道滿布小攤子，有些蓋得像愛丁堡高街（High Street）上的售物亭。每一條街的中央都有一條供四輪馬車通行的墊高砌道，寬闊得足以讓兩部牛車或馬車並排。砌道和兩旁商店之間有一條寬大的空間，但都被緊緊挨在一起的亭子、帳篷和攤子所占用，只在靠近商店的一邊留下一條窄狹的過道，另一邊則是一條滿是爛泥的深陷凹溝。用來塗灰及修理砌道的材料就是從這些凹溝挖來。這些凹溝大部分都污濁不堪而且非常骯髒。

我造訪北京期間，最不愉快的經驗之一，就是行走在路上時，凹溝裡的爛泥被舀上來淋壓灰塵。灰塵確實是壓了下來，換來的卻是一股腐臭味。不過假如我像當地人一樣，在暗夜裡不慎誤踩凹溝而掉進爛泥裡，情況可能更慘。爛泥溝的邊上滿是有趣的生物。

那些攤子的生意人不乏興高采烈的顧客來採買他們昂貴的商品。我就看過其中一個小亭子，它並沒有比倫敦小販的攤子好上多少，亭子裡卻堆滿價值上千銀兩的珠寶。那亭子吸引了行人的目光。這些亭子裡的商品琳琅滿目，應有盡有，到處都擠滿人群在聆聽一些拍賣商機伶巧妙的長篇叫賣，這些拍賣商具有罕見的敏捷與機智，用著即興的韻腳來推銷那些被物主丟棄的二手絲綢、緞子和毛皮。

我想起其中一個亭子，有一個清真肉販勤快地做著生意：這位先知的信徒臉上堆滿笑容，四周盡是羊的屠體、可怖的羊頭和內臟，他站在一張木頭小櫃檯的後面，手裡握著屠刀，遞了一塊嫩肉給一位年輕女婢，女婢黝黑的臉上洋溢笑容，臉蛋因兩頰的嫣紅粉彩而生色不少。在這個亭子的另一個櫃檯，一位飽經風霜的母親抱著一個孩子，她撫摸著一些粗劣的骨頭，正和一位渾身油膩的夥計討價還價。

此時有一個可怕的景象吸引我的目光，在亭子的暗處有一雙充血閃爍的眼睛，那不是叉在鉤子上的可怖羊頭的，而是一個市井叫花子飢腸轆轆的眼珠子。乞丐赤條條的，渾身只有一層厚厚的污泥而骯髒不堪。有一群北京街頭的流浪兒糾纏捉弄這個可憐的傢伙，直到他終於抓起那個帶頭的，並以手上的一把爛泥做為武器，把那為首的流浪兒好生塗抹了一番。

與這個亭子比鄰的，是一個說書人的帳篷，他正在娛樂一群衣著體面的聽眾，他們坐在一張長桌前的兩排長板凳子上。我趨近帳篷時，他放下手中的月琴，朝這街頭閒晃的外國人惡作劇似地推了一把，登時在他的聽眾之間引起一陣爆笑。

這帳篷旁邊，是一位廚子的攤位，棚子的前面有一排磚灶和火爐，並從這裡散發出濃濃的烤肉香。一只熱氣騰騰的大鍋上，散置在一方乾淨盤子裡的包子令人垂涎。一群流浪兒和乞丐聚集在棚子前面流口水。掌廚的大師每次在他的包子塞進香氣撲鼻的餡料時，總會大聲吆喝敬告諸鄰。他的二廚左手忙著捏麵糰，右手在板子上快捻擀麵棍，以吸引顧客的注意。大廚的尖聲嘶嚷和助手的快旋麵桿，交織成持續的喧嘩和醒目的忙亂，好讓顧客掏錢購買。我給了一個男孩兩文錢，這禮物立刻讓他實現了他最渴求的願望。他買了一個熱騰騰的包子，然後用著熾熱的眼神看了它一眼，接著滿心歡喜地大口吞下。

商店旁邊的過道呈現一種饒富趣味的景象。通道常被一些載滿煤炭的駱駝占據，因駱駝的主人到最近的茶坊去歇腳，路人只能從旁邊的狹窄空間經過，或繞道到他處，以免踩到店家擺在地上的商品。我們偶爾也會與某個達官貴人垂了簾子的轎子擦肩而過，這時他的轎夫和隨從就要大聲吆喝清道，叫大家讓路給這位大人。

191| 北京正陽門大街

之後，也許會碰到一個珠光寶氣、衣著光鮮的滿族仕女。可以看出她的臉蛋精心搽得粉白，下唇也塗上一抹迷人的朱砂紅，身後跟著婢女，她們的姿色為主人的後宮平添嫵媚。對於接受女主人的指使提拿採購物品，以及承受多舛的命運，她們同樣逆來順受。

身穿制服的衙役匆匆掠過，他們頭戴插著紅羽毛的圓錐帽，臉上有一抹對洋人頗為不屑的輕蔑。

做手工藝品的工匠利用每一吋可使用的空間殷勤招攬生意；穿著體面的商人來來去去奔波忙亂，每一個人都專注於自己的生意；而每一百步至少就有一百個中國人經過，他們沒什麼特徵，在一個外國人看來，他們全都長得一樣。

北京鐘樓

中國人似自古以來就使用鐘，據《書經》記載，西元前二一五九年的仲康時期，每歲孟春[1]，「遒人以木鐸徇於路」。時至今日，我們依然可以看到當代版的傳令官以木鐸或大頭錘敲鐘，可見這些傳令員或更夫（這些職務在英國幾乎都已不存在）具有源遠流長的古老傳統。

在我停留北京期間，我和一位大使館的代辦前往北京的「古董街」，我在那裡看到一個小鐘，據說是全中國最古老的一個。它有某種現代鐘鐸的線條，卻有著最古老字體的銘刻，它的外部綴以一系列的圓突，依它的排列方式，只要以大頭錘一個接著一個敲擊，就會呈現一種全音域的旋律。因此，極可能古代的宮廷傳令官是以韻律的方式來傳達皇上的政令，並以單一古鐘的和諧音符來吸引公眾聆聽。

圖192裡的鐘樓坐落於北門外四分之一哩路的地方，明朝永樂帝即位的時候，曾鑄造五口大鐘，這座鐘樓裡的大鐘就是其中之一。這五口大鐘每一口都重達五十三

噸，而根據南懷仁所言，它的大小是寬十三呎、圓周長四十呎、高十二呎。有一口是在皇宮內的太和殿旁；另一口大鐘目前懸在北京西北城外一座寺院裡，它的外表銘刻了一部佛經全文；第三口在這裡；第四口在鐘樓附近一條無名巷弄裡，處於半掩埋狀態，而第五口則在另一個寺廟裡。

這些鐘都稍微呈圓錐形，頂部也呈圓穹狀。第四口因為鑄造上的缺陷而遭棄置，其他四口則直逼今日歐洲水平，工藝境界完美；我先前介紹過的、在相仿時期鑄造的天文儀器，工藝水平亦然。鐘樓裡的大鐘有著豐潤悅耳的聲音，當守夜者夜半敲鐘時，全北京都能輕易辨認得出來。

註釋

1 Legge, D.D., *The Shoo-King*, III. Iv. 3, Jas.（譯註：《書經》又稱《尚書》，原文出自《尚書．夏書．胤征》）。

192| 北京鐘樓

北京鼓樓

北京的鼓樓位於鐘樓偏南的方位上，同樣是建於十五世紀初。艾約瑟先生信誓旦旦對我說，它初建完成時，有一個計時的漏壺。這一類的漏壺含有四個貯水器，加上一個小型的奏時器，我在北京舊觀象台一個廳堂裡就見過一個古老儀器的殘餘部分。很難說中國人的水鐘是得自何處。

希臘哲學家恩披里柯（Sextus Empiricus）說：「迦勒底人在星球的公轉期間，藉著讓水流出一個小幽口的方式，將黃道帶劃分為十二個部分，每一個部分理應相等，然後再將這液體分成十二等分。」[1]然而德國科普作家貝克曼（Johann Beckmann）卻聲稱：「這個我們當今稱為水鐘的精巧儀器，是十七世紀所發明。」[2]顯然他並不知道十五世紀期間，北京就已經在使用水鐘了。

那座塔樓現在有一個大鼓，一如我們可以在中國其他城市看到的一般，是用來報時，或是火災警報，以及其他類似功能。中國在遠古時代就使用鼓，與國家的儀式祭典有關。周朝的記載已經提到一個八呎長的鼓，顯示鼓在兩千五百年前就已經存在。學者也認為北京孔廟的石鼓亦造於相仿的年代。

註釋

1 Beckmann, *A History of Inventions*, p. 82.

2 出處同前，頁八二。

193| 北京鼓樓

北京義聚公絲綢店

在描繪一條北京街道時，我刻意略過那些店鋪的美麗正面，圖194正是這種店鋪的極佳典型。有許多店鋪的外觀比這更精緻奪目，卻也有不少店鋪在各方面稍遜。這家店鋪的地基與地板都是花崗岩，高約三呎的牆壁也是相同材質，但牆壁的上半部是鍛燒良好的磚塊所建。北京的店鋪在許多方面都異於中國南方城市的商店。

一如圖片裡面看到的，北京商店正面的隔牆是採用精雕細琢的硬木，加上狹窄的拱門入口。入口上方是窗簾，或說是遮陽棚，可以拉起來，也可以水平伸展到店鋪的前面。上方的欄杆總是呈現一些中國圖案，很漂亮，都是開敞式的格子細工，上有代表店名和售貨內容的大字。我們從上方的鍍金大字得知，棉花和曼徹斯特商品是進口貨，而從下面的店號招牌可以得知，這裡也賣絲綢錦緞和其他布料，前方台座上的立牌則告知這裡也用「加一大尺」的尺碼。

194| 北京店鋪

第四部

活人墓

在佛教思想盛行之地，建廟或修廟都是大功德，除此之外，若還能兼具克己無我與苦修的善行，那功德就更大了。在佛教思想比中國更純粹的暹羅，蓋新廟宇和寺院是富人的習俗，以便死後可以轉世為更高尚聖潔的生命。在當今中國，新建的廟寺並不多，以現有的來收容僧尼充斥的人口，已經綽綽有餘。因此，這裡的佛教熱心人士只能投身於修復老舊的雄偉寺院。

記得我曾經在北京一條胡同遇見一個僧人，他步行挨家挨戶募集善款來修廟。

這位苦行者敲著銅缽，試圖喚醒墮落眾生的靈魂，以將他們導正到慈善的正軌。他的模樣很可怕，一根鐵針貫穿他的臉頰和舌頭，極度痛苦地大步走在街道上，身上穿著血跡斑斑的袍子，臉色蒼白如死人。

李明神父講述了他在中國期間，有些和尚的詐騙行為。「兩個和尚有一天在一戶富裕的農家後院看到兩、三隻大鴨子，他們便跪伏在門前，悲傷嘆息流淚。那好心的婦人從房間的窗戶看到他們，就出來問緣由。他們說，那幾隻鴨子是他們父親的靈魂所轉世，生怕農家會把鴨子殺了。婦人說，我們確實是想把鴨子賣了，但既然牠們是你們的父親，我們保證會留下牠們。」這些好人令婦人深受感動，婦人於是把這些鴨子送給了和尚們。當晚，和尚就把他們投胎為畜生的父親宰來飽餐了一頓。

他另外還提及一位僧人，他筆直地站在一個轎子內，「轎子的內部看起來像個耙子，釘滿了釘子。」這些釘子緊緊貼著他，只要他一搖動，就會傷到皮肉。兩個人抬著這位虔誠的信徒挨家挨戶地去，他到處說他這樣做是要替大家祈福，而且絕不離開這個囚籠，除非大家把轎子裡約兩千支釘子全部買下。「我告訴他，他這樣痛苦折磨自己一點好處也沒有，因此建議他走出囚籠，去找個有正信神明的廟宇追求極樂之道。他平靜而禮貌地答覆說，他很感激這個好意的忠告，但假如我能買下一打釘子，他會更感激。」這種方式的苦行在中國仍然極為盛行。

圖195的主題是北京郊區一座寺院前面的小塔。這小塔是蓋在一個活著的僧人上面，他與外界唯一的通聯是透過那四個小窗。我看到他時，他已經禁閉在裡面好幾個月，而且決心如有必要的話，要保持如此狀態數年，直到募足善款來修復後面那座廢墟狀的寺院。他唯一的工作，似乎是每隔固定的時間，就以前面小洞伸出來的繩索敲鐘。

195| 北京活人墓

中國的醫者

中國使用醫藥的歷史極久，西元前一三〇〇年在位的商王武丁已經發現了藥物的功效，因而告誡他的大臣傅說曰：「啟乃心，沃朕心。若藥不瞑眩，厥疾不瘳。」[1]刺激身體某一部位的疼痛或不適，來療癒身體其他部位的病痛，這樣的民俗療法至今仍然為中國人所遵奉，例如有人為劇烈的頭痛所苦，就捏痛他的頸後，直到瘀青。這種刺激療法有時確能發揮療效。

德貞醫師於一八七〇年發表於《教務雜誌》（*Chinese Recorder*）一系列有趣的文章，就記述了盛行於中國的古今療法。

在忽必烈統治期間，北京成立了一個太醫院來指導學員。該學院有十三科，教導以下課程：大方脈，專治男性疾病，或是與成年男性有關的脈搏之學；雜醫，即各種不同的疾病；小方脈，即小兒科；風，即傷風寒病；產，即婦科；眼；口齒及咽喉；正骨；金瘡腫；針灸；祝由，即神符治病，也可以稱為性靈派的超自然醫學，以及第十三科的按摩。我們今日的醫學事實上就由這個科目裡的第一、三、六及第七科，再加上前述科目沒有包含的外科所組成。總之，港督戴維斯爵士（Sir John F. Davis）認為中國的醫術極受「金木水火土」五行學說所影響，他指出，土星、木星、火星、金星及水星被視為是主宰五臟、元素、顏色和味覺之星。

元朝太醫院裡的針灸教學，是以黃銅鑄造的人體模型，再以針扎入其血管的孔洞裡。在考試當日，這具人模會覆上一層紙，學員的專業技能端視能否準確地扎入紙下模型的針孔。

戴維斯爵士將中國的脈搏相關理論評為「一派江湖郎中的騙術」；李明神父卻認為針灸簡直卓越非凡，甚至是美妙極了。然而他也不忘提醒，「千萬不可以信任他們」，因為在病人上門之前，為了保住聲譽，「他們總會盡其所能暗中打探病人的狀況。」

英明的忽必烈曾經親切接待英王諾森四世（Innocent IV）所派出的傳教士，馬可．

波羅也曾記載他的歷史，極有可能他在首都建立太醫院的想法是受到這些到訪外國人的啟發。雖然這個機構幾世紀以來一直遭到忽視，這些金屬模型也已廢棄不用，但那裡現在似乎出現了更光明的契機，以迎向未來的醫藥科學，其他學科的知識亦然。這個跡象來自於北京同文館最近設立了一個解剖學教授的職位，並任命一位英國籍的教授擔任之。除此之外，多位具有醫學專業的傳教士，像是雒魏林醫生（William Lockhart）、德貞醫生、馬雅各醫生及其他多位，也都積極地把他們的醫術教導給那些曾經協助他們行醫的本土從業者。

儘管如此，如今仍然充斥大量的江湖郎中，多達數萬名庸醫堅守城池抗拒來自國外的創新，並準備以占卜之術或強力藥丸來治療或害死那些輕信的病患。這些藥丸幾乎是什麼都含有一點，他們利用選擇性親和的原理，讓疾病從這個具有各種不同成分的混合物裡面自行吸收所需要的解藥。像這樣的庸醫，中國到處都是，他們的黃色小招貼污損了所有大城市的牆壁。即便那最平庸的街頭理髮師也都擁有某種替人治病的技能。他翻起病人的眼簾，以便清潔及修整病人的眼睛，他清除眼裡的潤滑黏液，結果造成中國人一種極為普遍的眼疾的竄升。他們也經常拳打病人的背部，以治療或預防風濕病。許多城市郎中在街頭角落，眾目睽睽之下製成他們的藥物，也在那裡滔滔不絕地向他們的顧客推銷藥丸與藥膏的功效。

在北京期間，我派人去請來一個牙醫。他帶來一箱子象牙製的獠牙，表示可以為我裝上看來像貓科動物的犬齒，方法是利用鐵線綁在鄰近的牙齒予以固定，要價約一先令。我謝絕了這個裝飾品，但付了他一點諮商費用。

圖196的主題是個專治雞眼的遊醫，正在為一個顧客點雞眼，並為他修剪指甲；下一個患者則在一扇破窗戶裡抽著菸桿，安靜等著輪到他。

註釋

1 譯註：出自《尚書．商書．說命上》。意謂願君如良藥，開啟心中所有，來灑灌我的心靈。藥物若不使患者頭昏眼花，就無法治癒他的疾病。

196| 中國醫者

北京的街頭娛樂與消遣

在中國所有的城市，總可以看到各種巡迴藝人，包括雜耍團、變戲法的、算命師、戲班與拉洋片。除外還有唱曲的、一名擔任串場的說書人，和那些經常出入茶館和娛樂場所的觀眾。其他還有一些供中國人賭博或是抽鴉片的公共場所，或者一些供老百姓與親友聚餐的地方，那裡有月琴和琵琶伴奏，又有女性樂師吊嗓吟唱助興。

在這些上門找樂子的常客眼中，有些唱曲的女子必然是美如煙波仙子，如一陣鴉片輕煙，又似燈花幻影。帶著一點距離看她們，這些少女有不少看來單純而美麗，但近一點看就沒那麼優美了，只因她們的臉蛋都塗白得像搪瓷，又穿得像玩偶般的金光俗豔。她們的頭部看起來都像是製作巧妙的泥人，而且可以活動自如。這使我想起天津當地人用黏土所做的彩繪雕像，比其他各地的還要栩栩如生。每一個塑像都是完美的藝術傑作，但塑像師的所得卻又和農民一樣微薄。

布袋戲——完全就像我們街頭的傀儡秀——在中國極為普遍。它的操作原理是以食指穿入頭部，拇指和中指伸入傀儡的兩袖，而頭部可以變換自如，以將更多不同的人物帶進故事的場景，滿足劇情的需要。

另外還有一種不同類型的夜間傀儡戲，以迎合廟會或慶典的場合。這種皮影戲的演法是利用布幕後面的燈火，將各種不同角色的傀儡投影在白色的布幕上。圖197裡的拉洋片頗受大眾喜愛，它的前面裝有一系列的鏡頭，透過鏡頭，觀看者可以看到一連串的世界奇觀。用中國人的方式來呈現這些西洋圖片，搭配一些可移動的人像，加上展演者介紹這些神奇景象的現場口白，再利用一連串的繩索巧妙操縱這些道具，就顯得魅力無窮。不過有些題材倒是極盡傷風敗俗。這個攤子，其實是整組設備，極為輕便靈巧。攤子是以若干繫在一起的鐵條做成，以便立刻在箱子下面交叉合攏。摺疊好了之後，展演者就會扛著箱子前往下一個招徠的地點。

圖197所示的展演者，他所穿的冬裝正是北京勞力階級的絕佳實例，是粗棉布做成，以羊皮為裡襯，或是墊以棉絮。那最小的人物是個滿族女子，足下所登是滿族婦女所穿的鞋子，她們並不裹足。另外那一個是貧窮的旗兵，身穿標準的羊皮長襖。

197| 拉洋片

古玩商

和所有曾經造訪北京的外國人一樣，有個晚上，曾有六個古玩商透過我在天津聘雇的僕人，在門外等著見我。

這些古玩商在我面前展示各種古老的瓷器，以及各式物品，就如同圖198裡所呈現的那些。至於價錢，他們則是獅子大開口。但他們似乎一點也不急著賣出去。事先就有人警告我，應付這些人得非常小心，不過我終究還是不止一次受騙上當。中國人有個習慣，對於出售一樣商品，這類的商人會給居中介紹的僕人回扣，因此他們必然會高賣這項商品，以便兩人都可拿到他們的份額。這些古玩商人來自北京的三條街，一條是賣書的，另一條是賣字畫，第三條街主要是古董商。這是北京最有趣味的商店，那裡除了有五花八門的店鋪，店家做生意的方式也別有特色。因此，假如你進入商店，店家會以最冷淡的態度對待你，他會繼續吸著他的菸斗，文風不動坐在櫃檯後面。你可能會東看西看，獨獨不看你要找的東西，然後隨口問問那樣你決心要買的東西的價錢，以鬆懈他的警戒。但你所有的掩飾都

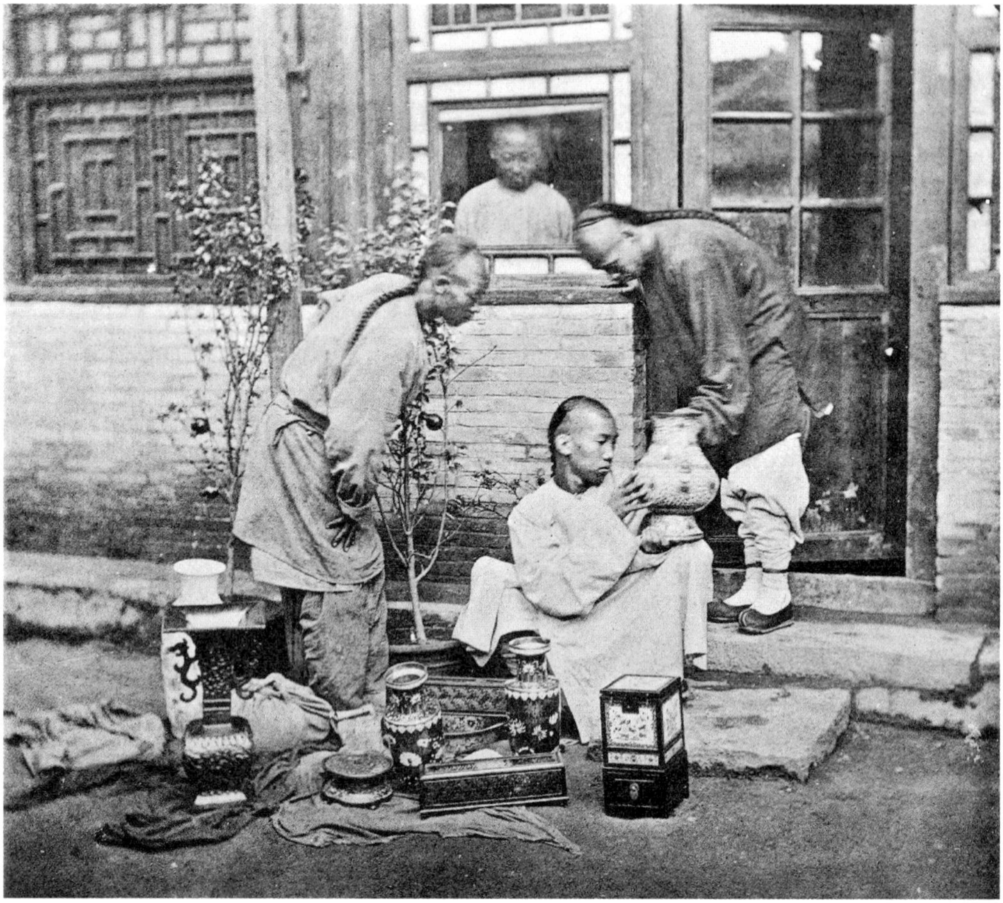

198| 古玩商

第四部

是白費心機，因為店家似乎都能嗅出你意有所屬的東西，而開出令人咋舌的價錢，然後以著雲淡風輕的口氣告訴你，這商品在北京的頭號收藏家之間可是吃香得很，他現在所開的價錢非常公道。

你出個價，而他只是搖個頭繼續抽他的菸，任你靜靜離去。但那無賴的沉著面容，以及他的精心穿著、禮貌卻漫不經心的態度，以及打理得有條不紊的店面所凝聚的高度信賴感，都會讓你隔天乖乖回頭。你發現此處和此人都和昨天一樣，但你所屬意的東西在你心中的分量卻上升了。你照他開的價錢買了，然後帶著東西走人，還對這個圓滑的渾球心存感激，而他很可能才剛把你給坑了。有一位多年來與北京基督教團體關係密切的女士，她曾經丟了兩、三只普通的外國盤子，有一次經過大柵欄時，竟發現有一只被陳列在一家商店裡求售。詢問之下，她被告知，就其特點而言，這是一件稀有的珍品，是一件古瓷器，開價六兩銀，換算成我們的貨幣是一英鎊十五先令。

這條街當然也有一些極為可靠的商店，一如其他街道一樣，那些精通當地語言的外國人可以用合乎行情的公道價格買到屬意的東西。確實，以我的經驗，整體說來，我相信中國各地的商人做生意的公道，並不亞於歐洲的商人。我不敢說他們在原則上的誠實無欺，堪與基督教文明裡的商人匹敵，但他們發現公平交易好處多多。這對中國的商賈更加適用，而且我們那些在中國具有龐大利益的商人的經驗將能予以佐證。

圖199是沿街叫賣的水果小販的一種類型，屬於低下階級。此人將他的店鋪扛在肩上，他正在大聲通知窄巷裡的住戶，他帶著當季最美味的葡萄上門來了。當他成功招徠一名顧客時，後者會和他攀談，並自備一把量尺狀的東西，但實際上卻是一桿秤子，用以確保他買的水果不會被偷斤兩。這種秤桿在中國各地普遍使用，中國人並沒有「輕量」的概念。

199| 沿街叫賣的水果小販

中國古青銅器

中國人以青銅及金銀製造花瓶的歷史悠久，不過這項工藝據稱已經失傳，它在材質及工藝技術上，都被認為優於當今工匠的作品。中國歷代總有一些本土的古物收藏家，有些人更留下價值匪淺的著作，其中不乏古銅器的精心繪圖，更有鑄印在銅器表面的遠古文字的描摹，這使得現代的古物研究者可以鑑識出這些器物的年代與類型。因而，有一本名為博古圖[1]的中國著作，堂堂十六卷，包含數百張商周及漢朝禮器的整頁插畫[2]。我相信中國學者對於器物上的古銘文的真實性，看法是分歧的。商朝第一個皇帝登基於西元前一七六〇年，他在位期間，出現了不少工藝極致的祭皿。

野心勃勃的秦始皇，也就是長城的建造者，為了開創一個嶄新的時代，不願以聖賢古訓來勾勒施政藍圖，因而下令將先賢古籍付之一炬。儘管他的「焚書坑儒」的決心強烈，中國的文人卻違抗他的命令，偷偷把古籍藏起來，還把那些禮器和祭皿埋起來，使得許多古籍和古物得以留存至今。

圖200裡面，上面那排中間最高的花瓶，是一件了不起的古器，其他環伺四周的器物多少比較現代，用於寺院裡面。圖中呈現在讀者眼前的古器與現代作品，兩者在設計和青銅工藝上的比較，應能佐證我前面所說的。

註釋

1 譯註：應指宋徽宗敕撰、王黼編纂的《宣和博古圖》。

2 Thoms, "Ancient Chinese Vases", *Journal Royal Asiatic*, vol. i.

200| 中國青銅器

中國古瓷器

中國最優良的瓷器產自鄱陽湖以東的「景德鎮知名工廠，它是以宋朝一位皇帝為名，這些工廠是他當政期間——即西元一〇〇四年——所成立。」[1]這些集散地仍然供應全中國優良的瓷器，這個產業據稱雇用了一百萬名以上的工匠。許多景德鎮製造的品項是在當地進行彩繪，其他的則是留白，隨後才在目的地彩繪及上釉。

「圖201上面那排中央的花瓶對於今朝早期的山水畫作提供了一個絕佳的範例，它大約是成於康熙時期（西元一六六二至一七二二年）。右側置於木墊上那一個，可能是這裡面最上乘的一個，它是在明朝典型的青花瓷的白底上面繪以花卉。它的時期顯示在上頭的六個字——大明嘉靖年製，即西元一五二二至一五六六年。

「另一個相同特色及時期的花瓶位於下排中央，上面繪以皇家的五爪龍，四周是代表海浪的線條。其左側是個奇特、精心彩飾的花瓶：容器是鏤空的，透過空隙可以看過到一層巧繪的同心內胚，成於乾隆時期（西元一七三六至一七九五年）。

其他不同類型的幾個在底下也都以篆體寫有製造年代。下排那個加蓋瓷杯有個彎彎的把手，顯示乾隆年間來自西方的影響。下排最右邊那一個，有著舍利子塔的形狀，這種塔普遍豎立在墳墓或佛寺聖骨之上。」[2]

註釋

1 Williams, Middle Kingdom, vol. ii, p. 92.

2 摘自Dr. Bushell的註解。

201| 中國古瓷器

滿族女子與滿族婚禮

在女性美與優雅的理念上，滿族婦女整體而言，比她們的漢族姊妹更接近我們西方人。前者享有較大程度的自由，她們的天足並不捆綁，看來也自然嬌小而美型。她們華麗的衣裳總是顯得優美，但她的臉，唉，塗成桃花似的，更加凸顯我們英國佳人的美麗了。雖然這些滿族婦女所受到的禁閉不像漢族婦女那麼多，她們臉上的粉彩倒是像一層面紗，把她們真實的面容隱藏了起來。因此，我們或許能用愛爾蘭詩人穆爾（Thomas Moore）的詩句來形容：

啊，何其純潔與神聖，
如是之美　卻自絕於庸俗塵世
她的光芒照亮的
僅是一己的深閨

在滿族家庭裡，當兒子的年齡已屆十四或十六歲，他的母親會替他挑選一個伴侶，並把她帶進家裡來，這時她得完全接受公婆的支配。因此，假如這個小新娘有個難纏的婆婆，可以預見她頭一年的婚姻生活必然悲慘如奴隸。而且，假如她怠忽了身為一名家庭長工的職責，還可能會遭到婆婆或者老公的毆打。因此，假如新郎的母親已經過世，這可是會讓小新娘的姊妹淘們羨慕死了。富裕家庭的兒子會比窮人家的兒子早婚，但滿族女子十四歲之前不得訂婚。通常年長的婦人會扮演媒人婆的角色，而且媒婆必須服膺四條重要的守則，雖然這些守則也不怎麼被嚴格遵守。第一、這女子必須有禮可親；二、她不能太多話；三、她必須有勤勞的好習慣；最後，她不得缺腳缺眼，必須面貌清秀。媒婆會和她的雇主一起喝茶，談談這件事，然後前者會向雇主詳細說明她四處牽線的結果，和幾個可能的對象。當他們最後物色到一個合適的女孩時，他們會找個命理師來挑個吉日好見見這個女孩，並驗收媒人婆奔走牽線的成果。在這個場合裡，她會被快步帶到她未來的婆婆面前，好讓準婆婆細細檢視一番。如果覺得合適，就會再次召來命理師，商定一個送禮和文定的吉日。命理師是根據事主雙方的姓名及生辰來替他們合八字，他也能決定兩人是否合適。

訂婚那天早上，年輕女子被告知她的命運，並根據家裡的財力，穿上一件買來或借來的簡單紅色棉袍或絲袍。然後她會被帶到炕上或床上坐著，等待未來的夫家來送禮。求婚者的母親接著會在準新娘的左腕戴上一只鐲子，一位女性友人則在她的右腕戴上另一只鐲子，她們在致贈新娘禮物時，會祝她幸福長壽。訂婚之後，就會敲定結婚的吉日，而在這個大喜之事完成之前，這位少女不得在公眾面前拋頭露面，她得開始準備嫁妝，首先是做鞋，她得準備七到三十雙，許多鞋子上面都有華麗的刺繡。她的父親和兄弟會替她張羅家具，大約包括三張桌子、四個衣櫃、四口大皮箱、四個箱子、兩面鏡子、兩只銅質臉盆和洗臉架、毛巾、掛物用的橫杆、椅子及腳凳。茶壺、杯子、燒水壺、梳妝盒、一只百寶箱、花瓶和托盤，以及一個金魚缸。

新娘的嫁衫也因身分地位而異。結婚一個月前，夫家會送另一批禮物到新娘家，通常是四頭豬、四頭羊、四隻鵝和四罈酒。除此，還有二十條餑餑，同時也有幾套替換的衣服，附上用翠鳥羽毛做成的髮飾，再加上約一磅的銀子，即所謂的「聘金」。明細上面還有寢具用品、兩個床墊及兩副床罩。由一、兩個家裡的僕人帶頭，夫家雇來的挑夫會抬著這些聘禮遊街。夫家還會委託一位生育多名兒女的婦人來為新人料理床褥，寡婦或沒有生兒育女的婦人絕對無緣承接這個任務。

202| 滿族女子

婚禮舉行的十天前，邀請賓客的喜帖就會送出。帖子是印在紅紙上，長約一呎，寬約半呎，裝在同樣巨大的信封裡。

結婚當天，在婚禮之前，女孩的嫁妝會以遊街的方式抬到夫家，護送的挑夫可高達八位，或者視身分地位由八人到一百二十人不等，並請來十個衙門當差的官員伴隨嫁妝隊伍，以為這樁婚禮增添光彩和面子。當新娘坐進轎子，她必須把頭轉向某個特定方向，當她下轎時，又必須把臉轉向另一個特定方向。轎子會遮以緋紅色的簾子。她的蓋頭也是布滿刺繡的緋紅色。滿族人士最時興午夜的婚禮。

太多冗長的繁文縟節緊接而來，這也是枯燥單調的滿族婚禮所不可或缺，就這方面而言，簡直比那沒完沒了的滿族喪禮更令人厭煩與痛苦，而且完全不知道能否平和結束。賓客們最明智的舉動，就是喝下一杯祝福他們百年好合的告別酒來向這對新人告辭。接著這對新人坐下來用餐，但新娘會離席，她的官人理應自行吃早飯，儀式很快就結束了。

婚後第九天，新婚妻子為了展現勤勞，會替她的官人縫製一條褲子。這個習俗的由來是因「褲」與金庫的「庫」同音。

203 | 滿族新娘與女傭

204 | 滿族女子

205| 裝扮中的滿族女子

北京孔廟裡的孔子牌位

通往孔廟的寬闊石板路兩旁古柏參天，形成北京最莊嚴的景象之一。爬上兩段白色大理石砌的階梯之後，你會來到大成殿前面的漢白玉看台，這兩段階梯也是被一大片有坡度的白色大理石板所隔開，石板上雕有高高隆起的皇龍圖騰。大殿裡，高聳的屋頂由高達五十呎的柚木柱子所支撐，當你進入大殿時，這位偉大哲人的牌位就正對著你。

牌位前面有個簡單的祭壇，上面有一只銅製香爐，祭壇兩側有銅質燭台。牌位是一片素面的木板，它出現在圖206的中央，上面以滿文及漢文雕有如下文字：「大成至聖文宣王」，旁邊還有他的四位重要弟子的牌位，上方的鎏金大字寫著「萬世師表」。大殿較不顯眼的地方也供奉孔子其他二十二位門生。

祭孔大典是在春分和秋分舉行，以祭祀這位偉大哲人的牌位，然後會殺牛宰羊，並在牌位前的架上獻上剝皮的牲禮。一般認為聖人靈魄會長駐牌位之上，因此世人會祭拜牌位。

每個中國城市都有一座用來祭祀孔子的廟宇，其中一座，也是我所見過最精美的，位於福州。誠然，中國各地都看得到孔廟，每一座都設有孔子得意門生們的牌位，故而更加生色。

206| 北京孔廟裡的孔子牌位

李善蘭與他的門生

李善蘭是北京同文館教授數學的總教習，現年約六十歲。他年輕時期鑽研本土數學，閱讀耶穌會的翻譯著作，也研讀本土作者的書籍。二十多年前他曾造訪上海，並在那裡結識英國傳教士。

他持續翻譯數學及自然科學的著作多年。如果不是那些英國新教徒傳教士寶貴的襄助，中國不可能傲然擁有李善蘭這樣的數學家。

他得利於偉烈亞力所翻譯的《幾何原本》（*Elements*），或者不如說是他完成了利馬竇兩個世紀前翻譯了前六卷所遺留下來的未竟之功[1]，他也完成了《代數學》與《代微積拾級》及其他類似著作的翻譯。

大約五、六年前，他被推介給今上，而被任命為同文館的數學教席至今。他已彙編數本較小型的數學著作，大部分都是他原創的研究成果，顯示他天生具有一顆鑽研數學的頭腦，一個細密而準確的推理者，運算精準又快速。

圖207所呈現的就是李善蘭，包圍在他身邊的是他的學生。

註釋

1 譯註：李善蘭（1811-1882），生於浙江海寧縣，為中國現代數學的先驅。利馬竇與徐光啟於一六〇七年共同完成《幾何原本》前六卷的翻譯；李氏與偉烈亞力則於一八五六年共同完成後九卷的翻譯。

207| 李善蘭及其學生

一座北京牌樓

這座牌樓位於道觀大高殿的入口處，大高殿是皇帝祈雨的地方。像這樣的建築物北京很多，其中不少是橫跨在最寬闊的幹道上，碰到它剛上過漆的時候，它的明亮色彩和壯觀氣勢，總是為一成不變的單調景觀帶來新氣象。百姓可以獲准立一座牌樓來彰顯自己或孩子；有不少是建來紀念已故的雙親；長年為摯愛的亡夫守貞的寡婦，也可以立一座牌坊來顯揚自己的德行，而非用來紀念亡夫，同時將皇帝頒賜的榮顯聲名銘刻在牌樓的正中央。李明神父說，早期這些牌樓都位於內陸商道的交叉口，上面標示旅人所欲遵行路線的方向，以及前往不同城鎮的距離。

208| 北京牌樓

北京的滿族喪禮

滿人與漢人一樣，都認為到了年邁的時候，就須開始為自己料理後事。因而，他們會決定用什麼棺材將自己的遺體抬往墳墓。假如口袋夠深，他們就會買一口四川好木所做的棺材，換算成我們的錢，這種棺木有時要價約三百英鎊。年長的棺木主人十分在意他們人生最終居所的漆亮程度和最後的修整；他同時也細心購置壽衣，那是紅色緞面，淺藍內裡，裡面填得厚厚的，還附有一個床墊以及枕頭。如果是個官家，就會在他的遺體上面擺上一套他最好的官服，他躺著的地方就委婉稱為「壽棺」。中國人採取這樣的用語，是因為他們不接受死亡的概念。他們的大限之日只不過是往生到另一個生命，從現世到另一個世界，或者是從一種生存的狀態轉變到另一個不同的境界。

在他臨終時，會被置於殯葬業者提供的擔架上，四周圍以黑緞做成的柩衣，然後這個臨終之人會被換上他最貴重的衣服。他們相信，假如死者死後才換上壽衣，而非生前換上，他的靈魂將赤裸著往生；然而，假如是在斷氣之前就換上壽衣，他的靈魂將帶著這些衣服與身分步上輪迴。北京人也不會讓臨終者在床上斷氣，以免他們的魂魄以後會常常在床上出沒。假如是女性，她所戴的金子會別在頭髮上，手鐲會放在身體兩旁，而不會戴上，以防閻王爺用來當手銬禁錮她們。基於相同的理由，官員也不會佩戴他們的朝珠。

中國北方的滿人所用的枕頭裡面填塞小米殼，但往生者的枕頭卻是以紙張充填。每一個小殼都代表一段時間，這會使死者的靈魂久久無法進入另一副皮囊；枕頭上面會包覆枕頭套，套子上面繡有古典語句。這會幫助死者的靈魂步向南方的天堂。基於相同的目的，祖先的牌位和神像也要蓋上一百天。一顆包上紅紙的珍珠會讓死者含在嘴裡，如果是窮人，就讓他含一點茶葉。這是用來做為護身符，以防屍體腐爛。他們絕不會用呢料或毛皮做為壽衣，以免死者的靈魂投胎成羊隻或者毛皮所屬的動物。

假如死者是父親或母親，孩子們就會跪下悲傷地大聲嚎哭，然後鬆綁他們的頭髮，並剪下約兩吋長，如果死者是母親，就把剪下來的頭髮放在她的右手裡；如果是父親，就放進他的左手。接下來風水師會卜出靈魂離家的日子，並在遺體的胸前放一張紙，上面壓一面小鏡子。在卜出的那一天，會聽到靈魂即將離去的聲音，接著家屬又會召來風水師為出殯看日子，並替墳墓看風水。出殯的那天必須是該月的奇數日子，像是五日或七日，不可以是偶數日子，像是六日或八日。守喪者身穿白色粗棉衣和白鞋，並用白線來編髮辮。出殯那天，樂師會坐在門口，有男性弔唁者前來，就打鼓通報，是女性就吹嗩吶。

來客通常會出一點錢來幫助貧窮的親戚支付喪葬費用。僧侶和道士會主持喪禮並唸經。龐大的債務有時就這樣欠下了，因為喪葬費用在中國北方沒有上限。紙紮的房子、家具、馬匹、車輛和紙傭人，會在住家前面燒掉，這樣它們就會化為死者的房舍和隨從。喪葬儀式極其繁複且昂貴，光是棺材就可以由六十四個人來抬，上面還可能覆蓋著精心刺繡的白緞子。女眷坐在覆上白布的貨車上跟隨，一路大聲嚎哭。

圖209呈現的是出殯儀式中雇來的執幡者。他們通常是乞丐，經殯葬業者一番打扮後從事喪禮的工作。據說北京有一名鹽商花了四萬英鎊為他的亡妻辦喪事。如果一個新娘死了，他們通常會把她的昂貴嫁妝燒了，好讓她在陰間使用。滿人使用

的旗幡和喪葬用品與漢人所時興的大不相同。政府會給旗人一份微薄的喪葬津貼。

為父母守喪的期間是三年，假如兒子是當官的，他們三年內不得擔任公職，直到守喪期滿，這是中國極為古老的風俗。根據《書經》的記載，堯的駕崩使「百姓如喪考妣」，他的繼位者並沒有立即登基，直到三年服喪期滿。[1]

註釋

1 感謝北京艾約瑟牧師的夫人提供關於喪禮以及滿人婚禮的資料。

209| 出殯儀式中雇來的執幡者

班禪喇嘛的清淨化城塔

這個紀念塔可能是北京最壯觀的建築，它位於北城牆後面一哩多處，坐落於一大片建物當中，稱之為黃寺。據說它的所在地早先是一座皇宮，其歷史可以追溯至將近一千年前。上一個世紀，它被當作西藏喇嘛寺使用，卻在乾隆末年轉化為接待班禪喇嘛之用。

班禪是僅次於達賴喇嘛的第二號人物，被當作佛陀較次要的化身看待。由於西藏歸順中國，皇帝對於班禪喇嘛與英國友好一事頗為吃味，因此殷勤邀請班禪訪問北京。後者據說沒什麼訪京的意願，就假裝說是怕得天花或是中毒什麼的。無論如何，看到皇帝滿紙禮數周到的殷勤召喚，使他無從推拒，遂勉為其難地於一七七九年七月十五日從拉薩啟程，並於翌年初抵達他的寺院。他最害怕的事情終於發生。

就在皇帝以聖尊之禮款待及膜拜班禪之後，他終究罹患天花（傳說是這樣），並死在他的寺院旁邊的寢室裡，或者，照中國人的講法，他的靈魂只是改變了一個住所，轉世於一位西藏幼童的身體。外界強烈懷疑他是遭皇帝授意毒死。

圖210的紀念塔造價昂貴，是用來紀念喇嘛的到訪，以白色大理石依西藏寺院的造型所建。那鐘形的圓屋頂及上面的裝飾是鎏金，整個以富有寓意的主題精雕細琢；下方八角形須彌座的側面以浮雕呈現這位聖人在靈界裡的諸多生活景象[1]，而位於主塔四角的四座精美塔樓也刻有漢字的梵語經文。正面的兩面牌樓也載有古代梵文的字句，圓柱上刻有漢文。這棟建築被細心保存，木門內的台階飾以花朵。這位喇嘛的遺體被送回西藏，但據聞他的衣冠葬在此處。

註釋

1 譯註：清淨化城塔的主基座（即須彌座）八面各刻有佛陀從降生到圓寂一生的故事，而非班禪的靈界紀事。

210| 北京紀念塔

北京的圜丘與天壇

皇宮以南三哩處，也就是在漢人居住的外城，有一片公園般的遼闊圍場，內有圖211與212所示的圜丘與天壇。這個圍場有兩個祭壇，一北一南，外有三重圍牆保護，最外層的圓周接近三哩長。北側的祭壇，通稱為天壇，顯示在圖212裡，與南側相對應的祭壇幾乎相同。兩者都是大理石所建，都有三重露台，都圍以白色大理石欄杆。

總之，北側祭壇中央的建築有三重頂，覆以藍色琉璃瓦，象徵蒼天（該祭壇的原始架構並無這個上層建物），而南祭壇的上面卻是素樸的露天大理石平台，每年十二月二十一日的冬至，皇帝在這裡祭祀天帝，祂是主宰天地宇宙的神祇。

這些祭壇是遠古中國原始祭祀形式的遺風，當時所盛行的信仰可能是一神論。根據李明神父所說，我們也許在這裡看到儒家思想出現以前以及佛教傳入之前，形式更為純粹的族長祭祀。這種由皇帝擔任主祭官的社稷儀典，其細節至今仍被嚴

211｜北京圜丘

格遵循。

李明說：「中國的第一個君王伏羲氏細心豢養七種動物，用來獻祭主宰天地的神靈。如今用來獻祭而特別培育的動物則養在鄰近的園子裡，在獻牲之前必須由皇帝監督。閹牛是黑色的，經過最仔細的挑選，以防有傷疤，連挑選較小型的動物也一樣不含糊。我參觀過屠殺及準備牲禮的屠宰間，這棟建築必須穿越一條七百呎長的迴廊才能抵達，目前已經失修，但我確信在冬至之前一切都會適時就緒。」

艾約瑟先生說：「南祭壇是中國所有宗教建築最重要的一座。」他也針對它的尺寸，以及形成上層平台、三重露台、欄杆，甚至台階的石頭數目做出相當有趣的描述。在這些實例裡，九以及九的倍數是最重要的組合，因為九是中國哲學裡頗受喜愛的數字。「該祭壇有三層圓形露台，基座為兩百一十呎寬，中層是一百五十呎，上層是九十呎。這裡提到的都是三的倍數：3 × 3＝9，3 × 5＝15，3 × 7＝21等等。上層的平台是大理石砌成，形成九個同心圓，最裡面的一圈由九塊石板組成，它們被裁切成圍繞中心石板，並與之緊密接合，它本身也是一個完美的圓形。

皇帝跪在這裡，並被環繞著，最先是被圓形露台及四周的圍牆所繚繞，再來是被地平面的圓形所圍繞。如此一來，他自己以及他所在的場地，似乎就處在宇宙的正中央了。」諸如此類，相同的象徵在這座祭壇的細節上處處可見。

冬至祭祀是在日出之前舉行，三個巨大的燈籠懸掛在高聳的柱子上，它們的火紅光芒照耀祭壇，空氣中彌漫著焚燒祭品的煙霧以及奏樂的音響。關於這個題材進一步的細節，我介紹讀者們參看韋廉臣先生所著的《中國北方遊記》（*Journeys in North China*），其最後一章收錄有艾約瑟先生關於天壇的有趣記述。

祭祀天帝的祭壇還有其他幾個，我曾參觀過位於福州府的祭壇，皇帝的代表官員每年會加以整修，用以祈雨。這樣的祭壇讓我對天壇最原始的形式有了一個最清楚的概念。李明說，有某位皇帝曾在山頂向天帝獻祭[2]；在福州，我們於該城的一座山丘頂上發現了一個簡單的石製祭壇。這解釋了「南壇」，或「南丘」的意涵，這也是北京南側祭壇為人所知的古老名稱。誠然，它只是平坦的原野上隆起的一個人造小丘，而北京就坐落在那個平原上。

212| 北京天壇

有人提出一種理論說，這個祭壇原來可能是一個古墳，但我可以說，沒有任何有力證據可以支持這個假設。這些古老的中國祭壇早期位於土丘或山上。正如奢爾必烏斯（Servius）所說，古人在地基或小丘上設立祭壇，用來祭拜主宰天庭或至高無上的神祇；在族長制的時期，祭壇則建在山上敬拜天神。

註釋

1 譯註：圜丘壇最上層據稱台面直徑是九丈，名「一九」；中層十五丈，名「三五」；最底層二十一丈，名「三七」。

2 *The Empire of China*, p. 322.

滿族士兵

本書對於中國軍人以及他們在現代戰場所使用的武器，已經著墨甚多，然而關於他們軍事技能的檢測倒是迄未觸及。這些測驗定期在中國的主要城市舉行，期間主事機關總會提供一些獎賞給士兵，對於那些表現英勇以及軍事技能卓越者，也能得到晉升。

總之，雖說拔擢那些表現英勇以及軍事技能卓越者是好事一樁，但中國人，或者不如說是滿人，如果要抵禦周遭那些日益茁壯的國家，就必須改革他們的軍事檢測。拉弓射箭與蠻力的測驗已經不符潮流，必須代之以工程知識、部隊紀律和指揮作戰，以及任何被我們歐洲認定為現代戰爭技能的項目。目前，除了檢測老式武器的使用能力之外，受檢者還必須提交一篇簡短的中國軍事策略論述。

圖213及214是兩個中國北方滿族士兵的良好典型。一八七一年九月十八日，我親眼目睹一場軍事檢閱，軍隊裡的士兵就像圖中這些，他們散布在內城安定門外北側

的曠野上。聚集在那裡的軍隊，很多都配以弓箭，更多則是裝備以圖213所示的老式火繩槍，腰上掛著一排彈藥包。圖214的人物是個軍官，而且是個勇武的神射手。

213| 配備舊式火繩槍的滿族士兵

214| 配備弓箭的滿族軍官

蒙古人

圖215所示的蒙古人是居住在蒙古大草原的遊牧民族。冬季期間，他們帶著自己的牲口成群來到北京，還帶有大量冷凍的獵物，以及數量眾多的蒙古著名皮毛。英國公使館的後面有一個蒙古市集，他們在那裡聚集紮營。我發現這位老婦人租了一個中國式的住處，奇怪的是，她把她的騾子拴養在房子裡，自己卻在院子紮營。這種做法在蒙古人之中算是普遍，顯示這些遊牧民族的習性如何變成第二天性。

衛三畏博士對於蒙古人的外貌給了如是一個正確的描述，他說：「蒙古人通常是結實、矮胖、皮膚黝黑、其貌不揚，有著又高又寬的肩膀，鼻子短闊，下巴尖，牙齒長而齒縫大，眼睛是黑色、橢圓而眼神飄忽，粗短的脖子骨頭極為突出又緊張，大腿強壯，但腿短，身高與歐洲人相當。」

他們如今似乎已經遺忘了沙場技能，而確實，自從成吉思汗之後，他們整個天性也都改變了。

215| 蒙古人

朝鮮人

朝鮮是中國的藩屬國之一，雖然她的君王可以獨立行使主權，但每年仍派遣一支使節團赴北京朝貢。一八七一年朝鮮使節團抵達時，我恰巧在北京，我有幸為其中兩名官員拍得一張單一照片（圖216）。他們那種被我稱之為歐洲臉型的相貌讓我極為驚訝。我在朝鮮人居住區碰到使節團長以及他的隨從，從他們的容貌看來，我所提及的這種特徵在他們的族群裡似乎頗為普遍。我也對他們衣著的潔淨無瑕印象良好，他們的衣服幾乎是純白。他們下榻的房間也打理得清淨無塵，使人不忍踩在閃閃發亮的蓆子上，就怕自己的腳上有灰塵。

那位使節團的先生與歐洲人應對起來似乎略感羞怯。有一次，我看到一位美國使節在那裡忙著與朝鮮使節團長討論事情。他們彼此語言不通，但基於各自的理由，他們沒有聘請中國人來當通譯，於是他們的談話只好以中文書寫來進行。依我們對朝鮮人硬頸精神的瞭解，假如日本人要與朝鮮人一戰，相信日本人將有一番硬仗要打。那些訪問過朝鮮的中國人，莫不以著熱情洋溢的字眼來描繪朝鮮及其人

216| 朝鮮人

民。朝鮮人民據稱是精於耕作、經商及冶煉。朝鮮製的刀劍在韌度上十分卓越，他們的槍砲彈藥工藝精巧。

韋廉臣說，唐朝的皇帝曾經打了一場硬仗，才將朝鮮人趕出遼東地區，朝鮮人占領該地區長達兩百六十年。

他們仍然閉關自守，只在邊界外面一些固定地點有些市集活動，他們抵制任何增進對外貿易關係的努力，甚至對鄰近的中國亦然。朝鮮的土地據稱肥沃，據說它的許多山脈也礦藏豐富。

圓明園

這座皇家遊樂園地坐落於北京西北大約八哩處，而圓明園是大家最普遍熟知的名稱，不過嚴格說來，它指的是圍牆內專供皇帝御用的部分。萬壽山以及它的周遭景物也許是最廣為外國人知曉的地方。這個避暑勝地有宮殿、湖水以及園林，占地十二平方哩，是由康熙規劃。它過去必然是個令人著迷的地方，即使我看著這個被英法聯軍夷為廢墟的遺跡，它本身仍然令人神迷。整座園林呈現出一座中國景觀花園的樣貌；蓮花朵朵的湖水有白色大理石橋橫跨其上（見圖217），夏日涼亭錯落在湖中小島之間。山丘頂上也有寺院和高塔，許多化為頹垣的宮殿已經被樹林覆蓋，成群小鹿和動物在林中優游。

圖中的漢白玉橋有十七個拱孔，是我在中國所見過最優美的一座，或者事實上，是我在東方見過最美的；我可以想像，當湖中的蓮花綻放嫣紅，空氣瀰漫宜人花香，「芬芳四溢，如無所不在的精靈」，而冶遊的人兒泛舟湖上，他們的衣彩為這幅圖畫平添繽紛，是何等景象啊！

馬國賢神父[1]為這座皇家的夏日靜養勝地留下了極為有趣的記載，他當時正在宮廷任職，時為十八世紀初。

遠處的山丘是萬壽山，頂上有一座白色大理石和瓷瓦所建的廟宇。像那座白色大理石橋一樣，雖然雄踞在廟宇前基座的兩頭巨大漢白玉石獅已遭祝融摧殘，這座寺院幾乎未受到任何破壞。在這座遼闊的圍場裡，許多山丘有著雄偉的靜修處，它們是為皇帝及皇親國戚的休閒娛樂所建。但整個園地一如當初聯軍摧殘後的景象。

至今看不出任何修復圓明園的企圖。誠然，我相信中國人一直無心也無錢進行如此艱巨的工程，或者是故意保留它的殘破荒蕪，以激發愛國人士同仇敵愾之心，也為外國人的野蠻殘暴留下永恆的見證。許多中國的知識階層視我們的行徑為一種冷酷的破壞狂，並認為我們對中國政府施壓的方式，在某方面應該要符合我們所自我吹噓的文明才對。

註釋

1 譯註：Father Ripa（1682-1746），為義大利耶穌會傳教士Matteo Ripa，康熙年間在中國傳教，是知名漢學家，一七三二年在拿坡里成立了義國第一個漢學研究機構「中國人學院」（Collegio dei Cinesi）。

217| 圓明園的白色大理石橋

萬壽山的銅亭

圖218是圓明園最具趣味的建築之一，它坐落在萬壽山腳下一座漢白玉的地基上，其門窗、柱子、屋頂以及其他，全都是青銅所做成。這是中國廟宇建築一個完美的範例，展現出結構上最精緻的細節，以及中國在金屬工藝上的造詣，並將這些特色推廣到幾乎所有的用途上。

拍這張照片時，相機正對著太陽，或說是背光，以凸顯這座廟宇的清晰線條，好讓一道柔和含蓄的光束照在遠景的物體上，用這種方法來強化一種繪畫般的效果。

我們參觀圓明園期間下榻臥佛寺，我有幸與一位在北京極為知名的外國紳士為伴，另外還有一位中國文職官員，他當時正在學習攝影藝術。寺院裡的建築華麗，鋪砌完善的院子古樹成蔭，瓷架上一盆盆紅花綠葉，還有一列列乾淨的迴廊，住持與寺僧待人和善，以上種種都為我們的造訪增添愉快與樂趣。

218| 圓明園的銅亭

一位僧人告訴我們，該寺過去幾年間並未得到足夠的資助。誠然，當圓明園遭到摧毀時，那些貧困、看起來虔誠無比的僧人都差不多走光了。他們有土地，但不足以維持寺院的生計。他們從皇室得到一份微薄津貼，有時也出席皇親國戚的婚喪喜慶。而愈多的婚喪喜慶與愈多造訪臥佛寺的善男信女，愈能為這座寺院帶來收益。

臥佛寺是一座優美的靜修處，坐落在一座青翠山峰的懸崖邊緣，安臥於與世隔絕的靜謐之中。當我凝望它時，我感覺我應該會喜歡在這裡耗上幾個月隱退的生活——一種與世無爭的夢幻情境，靠著土裡的蔬果維生，這裡儼然就是一個植物王國的化身。

周遭的山巔都有瓷瓦和大理石建築，其中有一座距離臥佛寺不遠，隱身於一座山峰頂上的密林深處，幾年前必定還是一座華貴的宏大建築。我們通過一條岩石林立的小徑，抵達這座建築的遺址，終於在其中一個內院看到一個大理石水池，裡面仍然貯滿清澈冷冽的水，還有大量的魚。這裡也許是宅院裡的女士們在乏味的孤立生活之餘，消磨時間的場所。接鄰的房間必然一度巍峨莊嚴，但昔日的輝煌已經幾乎不留痕跡。烏黑又憔悴的牆壁如今爬滿常春藤，爬藤並穿梭在損壞的欄杆之間，並以它的新綠嫩葉在大理石雕飾上形成一環環的項圈。

明陵的石像生

明朝諸皇的陵墓位於北京以北三十哩，整體的設計同於南京的明孝陵，關於後者我先前已經描述過。然而，這些陵墓在規模上仍然比明朝開國皇帝朱洪武的陵寢更壯觀。

陵寢所在的山谷背靠一排新月形的山丘，其半徑為二到三哩，十三位明朝帝王就長眠於此。第一位埋葬於此的是成祖（即大家所知的永樂帝），明朝的第三位帝王，他推翻侄兒而取得王位。

我選擇永樂帝的陵墓來做為這個主題的圖片，部分原因在於其歷史趣味，部分原因在於它為中國帝王陵寢提供了最好的範例。除此，它們之所以引起人們的興趣，在於它們具有紀念性及神聖性建築的耐久性。中國並沒有什麼年代久遠的建築遺留下來，其原因從來沒有被清楚解釋過，有人歸因於政治的動盪，有人則認為是中國人經常使用比石頭更不耐久的建材。不過奇怪的是，中國人卻將那些書寫在竹簡上的古籍保留下來。我們或許能從中窺知中國人的實用觀。中國先哲所教誨的不朽真理與智慧箴言，對於維持國家的完整影響深遠，因此，他們或許對那些石頭建築較不熱中，畢竟它們沒什麼用處，只不過是個空殼子而已。中國許多哲人與皇帝都認為，沒什麼是比自己的功業透過現存的經書代代傳誦下去，更為榮顯。中國最古老的歷史遺跡是用來抵禦塞外敵人入侵的萬里長城。

要抵達永樂帝的陵寢，首先要通過一條動物夾道的通道，這些動物是用白色石灰石雕刻而成，接著須通過兩排石雕戰士。後者所呈現的特徵與他父親在南京的陵墓前面那些戰士較為相像，他的父王早他二十四年下葬，藝術在那段期間似乎沒有長足的進步。所有的戰士都面容安詳，認真地執行守護亡靈的任務。至於那些動物，每一種都有兩對，其中一對跪著，一對筆直站立。因而我們首先遇到兩對獅子，然後是兩對獬豸，接著是兩對駱駝，其中一隻駱駝出現在照片前景。尾隨而來的是兩對大象，再後面是兩對傳說中的「麒麟」，再往前走是身穿鎧甲的戰士。

219| 明陵的石像生

長陵祾恩殿

要抵達祭祀永樂帝的祾恩殿之前，訪客須先穿越一個外殿與一個地砌大理石的庭院，到達它的二進院，祭祀是在這裡舉行，時至今日，皇室仍然在這裡向這位前朝皇帝獻上供品。圖220是從外殿的大理石平台所拍，而呈現出祾恩殿的正面影像。這個殿堂同於中國大多數的寺廟，都是朝南；這個法則也極大程度適用於中國住宅，雖然在中國各地也不乏例外。

那些滿族帝王雖然祭祀著明朝皇帝的亡魂，但是對陵寢建物的維護卻不怎麼用心。大理石鋪砌的地上、台階上、扶手欄杆及屋頂上，到處雜草叢生。儘管如同上述種種，建築物的結構卻一直在抵抗光陰所帶來的荒蕪。

祾恩殿的內部金碧輝煌，支撐下簷的三十二根雲南來的柚木[1]柱子必定曾是森林之王，每根柱子都是四呎寬、三十二呎高。上簷也距下簷三十二呎，大殿的面積長七十碼、寬三十碼。供桌及永樂帝的牌位與圖206孔廟裡面的那些相似。這座殿堂的外簷是鋪以黃色琉璃瓦，屋簷則比牆壁挑高十呎。

主殿之後，還有一個院子，它的北側有一條蓋得很好的地道，有三十碼長，從墓穴通到陵墓的入口；另有一條地道與之呈垂直相交，而形成T字型。兩邊的盡頭各有一條階梯通往古墓上面的露台。抵達頂端時，我們發現墓碑上銘刻著永樂的謚號——成祖文皇帝之陵。

院子裡和墳墓上的樹木是柏與橡。

註釋

1 譯註：此處應為謬誤。祾恩殿全殿為香楠所建，內殿的巨柱也為楠木。

220| 長陵祾恩殿

北京的守衛

圖221裡的主人翁是一位老旗人，在滿族陣營裡地位卑微，他夜間在法國旅館的門外守夜。雖然是受雇於政府，也有一份足夠糊口的津貼，但薪水經由官方管道到達他手裡的時候，已經縮水到每月約合六先令，還有每年一件正式的羊皮大衣。我記得他叫老王，他也許是常規軍裡一個時運不濟的士兵，這支英勇的軍隊曾經征服中國。老王身穿破爛的內衣物，裹著那件羊皮大衣，整個寒冷的夜裡，他躺在外頭入口的台階上，只偶爾醒來回應鄰近守夜同伴的呼叫。這種呼叫聲是由北京守衛之間一個傳一個。

老王也會敲打梆子，讓屋內的人知道他在執勤，順便嚇走宵小。在北京，這樣的場景並非不尋常，亦即，當屋頂上的竊賊被發現時，屋主會打開下方院子的一扇門，好言規勸竊賊，說去偷下一家可能比較好。通常這名宵小會接受屋主友善的忠告，爬下他的木梯子，轉戰他處碰碰手氣。

221| 北京的守衛

圖222的主人翁，我們可以稱他為文藝中盤商。中國人對文字極為尊敬，因而雇用像是我們這位老朋友一樣的人，去撿拾印刷廢紙，然後帶到一些廟裡去燒了。總之，這只是這位老人的工作之一，他也在垃圾堆裡撿拾破布和骨頭，一天工作結束之後，他會把撿來的五花八門的戰利品轉手給業者。這可憐的老人家靠著一點點錢就能生存，甚至沒什麼花費可以說嘴。他從不脫下他的外套，除非是溫暖的晴天，以便做點例行事務，因為當他在太陽下晒衣服時，他會把小小的蝨子一隻隻抓出來弄死。

像他這樣看起來貧苦又悲慘，他也並非沒有自己的家庭和朋友，而且他的年紀為他贏得敬重。

222| 北京拾荒者

北京的駱駝

在特定季節裡，總可以看到數以萬計的駱駝馱著茶磚，越過戈壁大沙漠，前往俄羅斯的邊界。在缺乏金屬貨幣的蒙古、西伯利亞及西藏，這些茶磚是通貨的代用品。造訪直隸省的時候，我就眼見一隊長達兩千頭駱駝的商隊，要運送茶磚去俄羅斯的市場販賣。

這些動物也在各省之間運送煤和其他大宗商品，由於牠們易於駕馭，而且只需要少量的食物和水，就可以在不毛之地長途跋涉，蒙古人對牠們評價甚高。如同許多我的讀者所知，駱駝適宜橫渡亞洲的沙質平原，這裡也是牠們的大本營。牠的胃裡有囊袋可以貯存新鮮的水，同樣地，駝峰也可以將食物以脂肪的形式貯藏，一旦需要的時候，就加以吸收。

圖224是北京的騾轎。假如人們想舒舒服服走訪塞外地區的話，這是中國人頗為常用的運輸工具，兩柄長桿抬著轎子，長桿尾端套在兩頭騾子的背上。我就是搭乘

這種轎子踏上我的長城之旅。我對北京騾子的聰慧和耐性有著高度評價；但經過這趟轎子的經驗之後，我對牠們的溫馴印象更佳。被稱為南口隘口的狹道極為高低不平，那條通道也時而通過粗糙險峻又危險的山腰，時而經過鋸齒狀的岩石和巨礫；但騾子的步伐總是謹慎又精準，從不絆倒，只會讓轎子的乘客感到輕微晃蕩。騾轎的木桿假如近距離檢視，其長度足以權充彈簧，可以克服劇烈顛簸，這是此種北京車轎的一大特色。

223| 北京的駱駝

224| 北京的騾轎

南口隘口

我們在距離北京約三十哩處進入南口隘口。這條隘道是一條險峻多岩的狹路，將中國內地與蠻夷之地分隔開來。我走訪了這個地方，也去了長城，並有幸與偉烈亞力先生同行。他正是數年前讓銘刻在居庸關拱門上的佛教優美圖騰重見天日的人。這條隘道靠近關內這一端，有個小村落，我們就是在這裡看到長城的第一道支線，或者不如說是一道內城或堡壘，它在古代必然是防禦遊牧民族入侵的最後屏障。

進入這條狹道時，我們驚訝於它的凹凸不平又美麗如畫的外貌，它根本就沒有路，除了往昔蒙古商道的一點點遺跡之外。這條蒙古商道過去必定是一條輝煌大道，但屬於它的歲月已經遠颺，當今的商路延伸在看起來像河床的地面，並且通過巨礫，進入不是被切斷就是已經磨壞的石階。不過，還有一部分殘留的古路，路況還算相對良好。我們在這裡發現一大片斑岩、各種顏色的大理石和花崗岩，但都被世世代代來來去去的旅人給踩得光滑了。

當我們穿過隘口時，四面八方都是裸露的石灰岩，直到我們來到距離長城四哩內的地方，才偶然碰到圖225所呈現的景觀。在這裡，通道明顯變小，而且來了個急轉彎。左邊的岩頂有一座小巧的寺廟，供奉主管文采的魁星，對面的深谷有一座兩層樓的小廟宇，靠著一條鑿石為階的陡峭石梯抵達，樓下那層供奉戰神關帝爺，上面那層稱為觀音洞，下面的岩石以漢文、藏文和梵文銘刻經文。在某些我沒有拍到的地方，人們一定會以為這條隘道幾乎無法通行。那是虛假的錯覺！連路況最差的地方都經常有人通過。我們看著這些地方，除了沙沙石石，荒涼一片。然而再看，那景象一下又活了起來，只見趕驢人和趕騾者從這顆岩石跳到那顆岩石，領著他們步伐安穩的牲口通過凹陷的裂縫，並步出坑洞，最後消失於群岩之間；這樣的交通往來年復一年，卻沒有任何人想去改善路況，或去協助那些疲累於途中的商人。

225| 南口隘口

居庸關拱門上的古佛雕

有一道雙線的城牆從居庸關的村落升起，朝山區的方向延伸，接上雄踞在山頂的另一道牆。這裡被視為居庸關最重要的地點之一，而且據說是成吉思汗揮軍直入中國的地方。這個村落有個極為不凡的拱門（見圖226），顯然是元朝所建，而且據聞頂上原來有個佛塔。改朝換代不久，明朝的天子將上面的高塔拆除，以懷柔蒙古人，因為蒙古人基於某種迷信，不敢從神祠下面經過。

這個拱門如此非凡，在於它的八角造型，以及拱上那些脫胎自印度神話的奇怪人物。這些雕飾和柬埔寨所發現的廟宇廢墟上的高度相似。我看到它的時候，先是一驚，再將它的柱頂與我在一八六六年攝於柬埔寨的照片相互比對後，證實了我起初的印象。

可以看出，拱頂石上面有一個神話人物，兩側各有一個頭戴七頭蛇王冠的角色，七頭蛇的身體則蜿蜒貫穿雕飾的兩側。這個拱門建造的日期約於西元一三四五年，無論如何，這正是銘刻在內面的經文的日期。韋廉臣先生曾經提到張家口附近有一座精美的拱門與一座大理石橋，上面的大理石雕為猴子和大象等等。往更遠的雕刻風格去探究，這些建築或許是同一時期的產物，並與柬埔寨有所關聯。

我有進一步的根據可以佐證中國人對古柬埔寨人的認識，這為古柬埔寨最輝煌時期，或說是停止征戰期間的歷史，提供了線索，他們藉由豎立巨型石碑來保存輝煌記憶，明確顯示出邁向衰敗的信號。但由於這個題材與本書主旨不盡相符，我無法多做說明。

拱門的內部也精雕細刻，內面的兩邊也各刻有一個佛教天神。至於上頭的表面，則是布滿了大量小型佛陀的淺浮雕。兩個佛教天神之間是梵語經文，以及藏、蒙、維吾爾、契丹及漢文五種語言的譯文。關於這個銘文的完整內容，詳見偉烈亞力發表於《皇家亞洲學會誌》的翻譯。

226| 建於元朝的拱門

中國長城

讀者們在感情上必然同意，任何有關中國的圖文作品如果缺乏一張長城的照片，就不配以中國為名。長城既不美，也不怎麼讓人讚嘆。把它當一道牆來看，我們發現它的石造工程缺陷重重。它也不是那麼堅固，或者像第一眼看到的印象那樣，以為它建造得很扎實。它只有最精華的部分才是石面建築，或者應該說，它含有兩道石製撐壁，裡面是土堤。在其他地方，它是磚面，在某些最古老的部分，我們發現它僅僅是一道土堤。

不少旅人認為，長城是由那些被錯誤教導的工人所建造出來的人類最偉大的紀念碑，而那些對金字塔所涉及的現代科學理論缺乏瞭解的人，也會贊同這個觀點。不過我覺得，相較於埃及人宣揚他們的金字塔，中國人更有立場來顯耀他們的長城。長城是用來抵禦北方遊牧民族的入侵，這個目標確實是達成了，特別是這個國家處於穩定政權的時期。因而，成吉思汗被驅逐於內牆之前。這道長達一千五百哩的長城是秦始皇最後的功績。這位君王被稱為中國的拿破崙，據說他在任內完成了其他更有用的著名功績，像是建造公共設施、開鑿運河、造路，從事一些當今中國極為需要的工程。他也同時獲得了焚書坑儒的惡名。在我眼裡，萬里長城彷彿呈現一種中國人的民族特徵。中國人自始至終喜歡在他們的土地上離群索居，勤勉營生並追求平靜，對他們而言，中國始終是他們中華大地。城牆裡，該有的東西都集中於此；城牆外，狹窄又貧瘠的土地上散布著掠奪成性的野蠻部落，他們一心覬覦天朝的天堂樂園。這些外來的野蠻民族（連我們也被悄悄地歸為同類）如今在長城外的北方、今日東邊和南邊的沿海，以及西部山區，一直都是沒完沒了的麻煩之源。

這張照片攝於內牆北邊的八達嶺。這道內牆一直延伸到南口隘口的北端，蜿蜒在許多無法抵達的懸崖峭壁。它經過不同時期的整修，初建於西元五四二年左右，也就是魏武帝時期，長度約五百哩，其盡頭連接較為古老的外牆。牆面所用的花崗岩和石灰岩是南口地區所盛產。城牆築有方形瞭望台，在那些關口上，瞭望台之間的距離較短，在那些較難抵達的地區，瞭望台之間的距離較遠。在圖227的背景部分，我們可以看到長城許多支線中的一道，直直貫穿南口隘口。當你

227| 中國長城

出現在右邊所看到的入口，你一定會對這道建築的龐大與外觀上的堅實心生敬畏。城牆的高度超過三十呎，上面的寬度為十四呎。

斗膽針對這道古老的屏障進行更多的敘述，只是重複讀者們可能已經很熟悉的老掉牙故事而已。因此我將在此擱筆，希望這部作品能針對我所到訪的地方以及所遇到的人民傳達一份忠實的印象，如此一來，我五年的努力就沒有白費了。